C Programmieren für Einsteiger

Markus Neumann

Bibliografische Information der Deutschen Nationalbibliothek
Die Deutsche Nationalbibliothek verzeichnet diese Publikation in der Deutschen
Nationalbibliografie;
detaillierte bibliografische Informationen sind im Internet über http://dnb.d-nb.de abrufbar.

©2020 BMU Media GmbH
www.bmu-verlag.de
support@bmu-verlag.de

Lektorat: Matthias Kaiser
Einbandgestaltung: Pro ebookcovers Angie
Druck und Bindung: Wydawnictwo Poligraf sp. zo.o. (Polen)

Taschenbuch-ISBN: 978-3-96645-060-7
Hardcover-ISBN: 978-3-96645-061-4
E-Book-ISBN: 978-3-96645-059-1

C Programmieren für Einsteiger

Inhaltsverzeichnis

17. Grafische Benutzeroberflächen in C gestalten 249

18. Anwendungsbeispiel: Ein Programm für einen Immobilienmakler erstellen 267

19. Ausblick 286

20. Glossar 289

21. Index 295

Alle Programmcodes aus diesem Buch sind als PDF zum
Download verfügbar. Dadurch müssen Sie sie nicht abtippen:
https://bmu-verlag.de/c

Außerdem erhalten Sie die eBook Ausgabe zum Buch im
PDF Format kostenlos auf unserer Website:

https://bmu-verlag.de/c
Downloadcode: siehe Kapitel 19

Kapitel 1

Einleitung

Programmieren zu lernen, stellt sicherlich eine anspruchsvolle Aufgabe dar. Allerdings ist diese auch sehr lohnenswert. Gute Programmierkenntnisse sind in immer mehr Berufen von Bedeutung. Wer sich in dieses Thema einarbeitet, verbessert daher seine Chancen auf eine Anstellung oder auf eine Beförderung deutlich. Außerdem stellt das einen guten Einstieg dar, um eine Berufsausbildung oder ein Studium im Bereich der *Informatik* aufzunehmen. Schließlich stellt das Erstellen eines Programms auch eine interessante intellektuelle Herausforderung dar. Man kann diese Aufgabe wie ein Rätsel auffassen, das es mit logischen Schlussfolgerungen zu lösen gilt.

Wer mit dem Programmieren beginnen will, muss sich dabei zunächst für eine *Programmiersprache* entscheiden. Hierfür gibt es unzählige Möglichkeiten, die sich für ganz unterschiedliche Anwendungen eignen. Zwar ist es später jederzeit möglich, eine weitere Sprache zu erlernen, doch gibt die zu Beginn getroffene Entscheidung häufig bereits die Marschrichtung vor. Dieses Buch befasst sich mit der Programmiersprache C. Daher stellt das erste Kapitel die wesentlichen Eigenschaften dieser Programmiersprache sowie deren Entstehungsgeschichte vor.

Für dieses Buch sind keine Vorkenntnisse erforderlich. Es richtet sich zum einen an Leser, die noch gar keine Erfahrungen mit dem Programmieren gemacht haben. Zum anderen eignet es sich jedoch auch für Personen, die bereits eine andere Programmiersprache kennengelernt haben und nun auf C umsteigen möchten. In diesem Fall wird das eine oder andere Detail, das hier erklärt wird, eventuell bereits bekannt sein. Doch weist die Programmiersprache C zahlreiche Besonderheiten auf, sodass es dennoch sinnvoll ist, sich nochmals genau damit auseinanderzusetzen.

1.1 C: eine Programmiersprache mit langer Geschichte

Die erste Version der Programmiersprache C erschien bereits 1972. Insbesondere in der Informatik stellt das einen sehr langen Zeitraum dar. Doch auch der eine oder andere Leser wird damals noch nicht einmal auf der Welt gewesen sein. Auch die Verwendung von Computern war zu dieser Zeit noch eine ganz andere. Die Rechengeräte, die damals zum Einsatz kamen, waren zwar riesig groß, doch wiesen sie im Vergleich zu einem heutigen PC eine verschwindend geringe Leistung auf. In Privathaushalten war damals in der Regel noch überhaupt kein Computer zu finden. Deren Verwendung war aufgrund der enormen Kosten im Wesentlichen großen Unternehmen und Forschungseinrichtungen vorbehalten.

Auch das heute übliche Betriebssystem Windows war damals noch in weiter Ferne. Drei Jahre zuvor wurde gerade das *Betriebssystem* Unix vorgestellt, das daraufhin die Computer-Branche für einige Zeit beherrschte. Die Entstehung von C ist eng mit Unix verbunden. Die erste Version des Betriebssystems schrieben die bekannten Informatiker Ken Thompson und Dennis Ritchie 1969 in *Assemblersprache*. Dabei handelt es sich um eine Sprache, die genau an der Prozessorarchitektur ausgerichtet ist. Das bedeutet, dass sie genau die Befehle verwendet, die anschließend dem Prozessor zugeführt werden. Die Assemblersprache wird als Programmiersprache der zweiten Generation bezeichnet – nachdem die Sprachen der ersten Generation noch mit konkreten Zahlencodes arbeiteten.

Die Arbeit mit der Assemblersprache ist ausgesprochen aufwendig und kompliziert. Daher waren die Entwickler von Unix darum bemüht, die nächste Version in einer höheren Programmiersprache zu verfassen. Allerdings stand damals keine geeignete höhere Sprache zur Verfügung, die es erlaubte, ein komplettes Betriebssystem zu erstellen. Daher beschloss einer der beiden Entwickler des Betriebssystems Unix – Dennis Ritchie – hierfür eine eigene Sprache zu entwickeln. Dieser gab er den Namen C. Diese Bezeichnung macht deutlich, dass es sich hierbei um eine Weiterentwicklung der Programmiersprache B handelt, die die beiden genannten Programmierer bereits zuvor entwickelt hatten.

In den folgenden Jahren gewann C immer mehr an Beliebtheit. Bis in die 90er Jahre handelte es sich dabei um eine der am häufigsten verwendeten Programmiersprachen. Sie diente nicht nur der Erstellung der neuen Version des Unix-Betriebssystems, sondern auch vieler daraus abgeleiteter Systeme. Ein bekanntes Beispiel hierfür ist das Betriebssystem Linux, das noch heute bei vielen PCs Verwendung findet. Auch das Apple-Betriebssystem iOS ist in C geschrieben – genauso wie einige Teile von Windows. Hinzu kommen die Kerne der beliebten Smartphone-Betriebssysteme Android und iOS. Das zeigt nicht nur, welchen großen Einfluss diese Programmiersprache hat. Darüber hinaus wird daran deutlich, dass sie auch heute noch für sehr moderne Anwendungen zum Einsatz kommt. Obwohl mittlerweile höhere Programmiersprachen wie Java, C++ oder Python stark an Bedeutung gewonnen haben, ist es daher nach wie vor sehr lohnenswert, sich mit C zu befassen.

1.2 Die Anwendungsmöglichkeiten von C

Bei der Entscheidung, welche Programmiersprache man erlernen will, spielen die entsprechenden Anwendungsmöglichkeiten eine wichtige Rolle. Daher ist es sinnvoll, sich mit den typischen Einsatzbereichen von C zu befassen.

Im vorherigen Abschnitt wurde bereits erwähnt, dass C entwickelt wurde, um das Betriebssystem Unix zu programmieren. Das zeigt bereits eine der zentralen Anwendungsmöglichkeiten: die Entwicklung von Betriebssystemen. Fast alle heute üblichen Betriebssysteme sind zumindest zum Teil in C verfasst.

Daraus lässt sich eine der wesentlichen Eigenschaften von C ableiten. Das Betriebssystem stellt die Schnittstelle zwischen dem Anwender und der Hardware dar. Das hat zur Folge, dass es für die Steuerung der einzelnen Komponenten zuständig ist. Hierfür eignet sich C ausgezeichnet. Im Vergleich zu vielen anderen Programmiersprachen ist hierbei das Abstraktionsniveau vergleichsweise gering. Das bedeutet, dass man mit C die Abläufe der Hardware sehr präzise steuern kann. Das ist nicht nur für das Erstellen eines Betriebssystems notwendig. Auch wenn man einen Treiber für ein Peripheriegerät erstellen will, bietet es sich daher an, C dafür zu verwenden.

Diese Eigenschaft führt dazu, dass C sich auch hervorragend für die Steuerung von Automatisierungsprozessen und für Anwendungen im Bereich Internet of Things eignet. Obwohl es sich hierbei um eine recht alte Programmiersprache handelt, kommt sie daher auch für viele moderne Anwendungen zum Einsatz.

Das geringe Abstraktionsniveau hat zur Folge, dass man bei Programmen, die in C geschrieben sind, alle Regeln sehr genau beachten muss. Das mag insbesondere für Anfänger lästig erscheinen. Allerdings lernt man auf diese Weise sehr viel über die Funktionsweise eines Computers. Dafür ist zwar etwas mehr Disziplin erforderlich als bei anderen Programmiersprachen. Doch erwirbt man auf diese Weise ausgezeichnete Grundlagenkenntnisse, die auch für viele weitere Anwendungen sehr hilfreich sind.

Nicht besonders gut geeignet ist C hingegen, wenn man Programme mit grafischen Benutzeroberflächen gestalten will. Typische Windows-Programme, die mit Fenstern arbeiten, lassen sich hiermit zwar ebenfalls erstellen.

Allerdings ist diese Aufgabe deutlich komplizierter als bei vielen anderen Programmiersprachen. Wenn man sich hierauf spezialisieren will, stellt C daher sicherlich nicht die richtige Wahl dar.

1.3 C – Grundlage für viele weitere Programmiersprachen

C ist nicht nur eine der ältesten Programmiersprachen, die noch heute eine breite Verwendung haben. Darüber hinaus hatte diese Sprache einen enormen Einfluss auf viele verschiedene Entwicklungen im Bereich der Informatik – insbesondere auf die Gestaltung neuer Programmiersprachen. Das bedeutet, dass es hierbei zahlreiche Ähnlichkeiten gibt. Diese beziehen sich zum einen auf die die *Syntax* – also auf den strukturellen Aufbau und die Regeln zur Gestaltung der Programme. Darüber hinaus sind die Befehle dabei häufig recht ähnlich.

Bei Programmiersprachen wie C++, C#, C-- oder Objective-C wird die Beziehung zu C bereits durch die Namensgebung deutlich. Auch der Name der Programmiersprache D zeigt, dass es sich hierbei um eine Ableitung beziehungsweise um eine Weiterentwicklung von C handelt. Daher übernimmt D ebenfalls zahlreiche Elemente von C. Doch auch die Programmiersprachen Java, JavaScript, Perl, Python, PHP und einige weitere weisen Verbindungen zu C auf – wobei diese bei manchen der genannten Beispiele nur gering ausgeprägt sind. Dennoch bleibt festzuhalten, dass es kaum eine moderne Programmiersprache gibt, die nicht in gewisser Weise auf C aufbaut. Das zeigt, wie groß der Einfluss dieser Sprache ist.

Auch das ist ein Grund, der dafür spricht, C zu lernen – insbesondere wenn es sich hierbei um die erste Programmiersprache handelt, die man sich aneignet. Auf diese Weise lernt man die Grundlagen vieler weiterer Sprachen kennen. Wenn man später eine Anwendung programmieren will, für die die Verwendung einer anderen Programmiersprache sinnvoll ist, fällt der Umstieg in der Regel leicht, da die Grundlagen bereits bekannt sind. Daher stellen gute Kenntnisse in C eine hervorragende Basis für vielfältige Aufgaben im Bereich der Informatik dar.

Kapitel 2

Vorbereitungsmaßnahmen für das Programmieren in C

Wenn man mit dem Programmieren beginnen will, ist es zunächst notwendig, den Computer auf diese Aufgabe vorzubereiten. Zum einen benötigen wir ein passendes Programm, um den Programmcode zu verfassen. Zum anderen ist eine Software notwendig, die diesen in ein ausführbares Programm umwandelt. Daher müssen wir zunächst die entsprechende Software auf unserem Rechner installieren.

2.1 Texteditor und Compiler: die Grundlagen für die Programmierung in C

Wenn wir ein Programm schreiben, verwenden wir hierfür Befehle, Zahlen, Variablen und ähnliche Elemente. Diese bestehen aus Buchstaben, Ziffern und einigen weiteren Zeichen – also aus Text. Die meisten Anwender nutzen ein Textverarbeitungsprogramm wie Word, um Texte auf dem Computer zu erstellen. Wenn wir jedoch ein Computerprogramm schreiben, stellt dies nicht die richtige Wahl dar. Der Grund liegt darin, dass derartige Programme neben dem eigentlichen Text noch zahlreiche weitere Informationen abspeichern – beispielsweise die Schriftart, die Schriftgröße, die Farbe und den Hintergrund. Diese zusätzlichen Informationen sind bei einem Computerprogramm nicht nur überflüssig, sie stören hierbei sogar. Das führt dazu, dass wir ein Programm, das wir mit einem Textverarbeitungsprogramm geschrieben haben, nicht ausführen können.

Aus diesem Grund benötigen wir eine Software für die Programmerstellung, die ausschließlich die Schriftzeichen abspeichert, die wir eingeben. In diesem Fall spricht man davon, dass die Datei in reiner Textform gespeichert wird. Hierfür kommt ein sogenannter *Texteditor* zum Einsatz.

Fast jedes Betriebssystem verfügt bereits über einen standardmäßig installierten Texteditor. Unter Windows ist dies beispielsweise der Microsoft Editor – besser bekannt unter der englischsprachigen Bezeichnung Notepad. Dieser ist zum Programmieren geeignet. Allerdings ist sein Funktionsumfang nur minimal. Daher ist es sinnvoll, einen etwas höherwertigen Texteditor zu verwenden. Dieser sorgt beispielsweise für eine automatische

Syntaxhervorhebung. Das bedeutet, dass unterschiedliche Schlüsselbegriffe des Programms in verschiedenen Farben markiert werden. Darüber hinaus rückt er zusammengehörige Blöcke automatisch ein und sorgt auf diese Weise für übersichtlichere Strukturen, so wie dies in Abbildung 2.1 zu sehen ist.

```
beispiel.c ✖
1    #include <stdio.h>
2    main(){
3        printf("Willkommen zum C-Kurs!\n");
4    }
5
```

Abb. 2.1 Ein Computerprogramm in einem Texteditor (hier am Beispiel Geany gezeigt)

Nachdem wir das Programm in einem Texteditor erstellt haben, ist es jedoch noch nicht unmittelbar möglich, es auszuführen. Dazu ist eine Art Übersetzungsprozess notwendig. Die Schriftzeichen, die wir hier verwendet haben, kann der Prozessor nicht interpretieren. Hierfür ist es notwendig, ihm einzelne Kommandos zuzuführen, die wiederum aus binären Informationen – also aus einzelnen Bits – bestehen. Damit wir das Programm ausführen können, müssen wir es daher in eine Abfolge entsprechender Kommandos umwandeln.

Um diese Aufgabe zu erledigen, gibt es zwei unterschiedliche Möglichkeiten. Es gibt sogenannte interpretierte Programmiersprachen. Hierbei kommt ein *Interpreter* zum Einsatz, der den Programmcode bei jeder Ausführung aufs Neue einliest und ihn in die entsprechenden Befehle umwandelt. Diese führt er außerdem direkt dem Prozessor zu, sodass es zur Ausführung kommt. Diese Alternative bietet insbesondere den Vorteil, dass die entsprechenden Programme plattformunabhängig sind und auf jedem Betriebssystem ausgeführt werden können, auf dem ein entsprechender Interpreter installiert ist.

Um ein C-Programm auszuführen, kommt jedoch eine andere Alternative zum Einsatz. Hierfür verwenden wir einen *Compiler*. Dieser übernimmt den Übersetzungsprozess ebenfalls. Die Befehle führt er jedoch nicht direkt dem Prozessor zu, sondern er speichert sie ab. Auf diese Weise entsteht ein ausführbares Programm – unter Windows durch die Programmendung .exe gekennzeichnet. Hierbei muss der Übersetzungsprozess nur ein einziges Mal durchgeführt werden. Danach kann man das Programm beliebig oft ausführen. Das sorgt für eine deutliche Steigerung der Performance.

Wenn wir ein C-Programm ausführen wollen, benötigen wir daher einen Compiler. Diesen müssen wir daher ebenfalls auf unserem Rechner installieren. Für alle gängigen Betriebssysteme sind kostenfreie C-Compiler verfügbar.

2.2 Die IDE als praktische Alternative

Im vorherigen Abschnitt wurde gesagt, dass wir einen Texteditor und einen Compiler benötigen, um ein C-Programm zu erstellen und auszuführen. Nun wäre es einfach möglich, hierfür jeweils eine passende Software zu installieren. Für beide benötigten Programme sind kostenfreie Angebote im Internet erhältlich. In diesem Fall müssten wir das Programm dann im Texteditor schreiben. Wenn es fertiggestellt ist, rufen wir einen Kommandozeileninterpreter auf. Dieser ist auf allen Betriebssystemen bereits verfügbar. Dort geben wir dann zunächst den Befehl zum Kompilieren des Programms ein. Danach können wir es aufrufen, um es auszuführen.

Diese Vorgehensweise ist jedoch recht kompliziert. Deshalb haben wir im vorherigen Abschnitt auch keine Installationsanleitung für diese Programme gegeben. Die Erklärungen dienten lediglich dazu, den grundsätzlichen Ablauf der Programmerstellung zu verdeutlichen. Mittlerweile gibt es aber nur noch wenige Programmierer, die auf diese Weise arbeiten. Heutzutage kommt hierfür fast immer eine *integrierte Entwicklungsumgebung* (IDE – Integrated Development Environment) zum Einsatz. Deren wesentlicher Vorteil besteht darin, dass sie die Funktion des Texteditors und des Compilers in einem Programm vereint. Das bedeutet, dass wir das Programm in der gleichen Umgebung erstellen, kompilieren und ausführen. Das vereinfacht diesen Prozess und steigert die Effizienz bei der Entwicklung neuer Programme dadurch erheblich. Deshalb wollen wir in diesem Lehrbuch von Beginn an mit einer IDE arbeiten.

Anmerkung: Genaugenommen bieten viele integrierten Entwicklungsumgebungen keinen eigenen Compiler an. Sie verwenden stattdessen eine Verknüpfung zu einer separaten Software, die unsere Programme kompiliert. Für den Anwender ist dieser Unterschied jedoch kaum bemerkbar.

Eine IDE bietet noch zahlreiche weitere Funktionen, die bei der Programmerstellung sehr hilfreich sein können. Beispielsweise ist häufig eine automatische Überprüfung auf Syntaxfehler integriert, sodass diese besonders leicht zu beheben sind. Darüber hinaus ist meistens eine Debugging-Funktion zur Beseitigung logischer Fehler vorhanden. Auch eine Autovervollständigung für die am häufigsten verwendeten Befehle ist üblich. Hierbei handelt es sich jedoch nur um einige wenige Beispiele für die vielen praktischen Funktionen, mit denen eine IDE die Programmerstellung erleichtert.

2.3 Code::Blocks für die Programmierung in C installieren

Nun ist es an der Zeit, eine IDE auf dem Computer zu installieren. Zu diesem Zweck ist es jedoch zunächst notwendig, sich für eine passende Software zu entscheiden. Hierfür gibt es vielfältige Angebote. Viele davon sind gratis verfügbar. Doch gibt es auch zahlreiche kostenpflichtige integrierte Entwicklungsumgebungen. Für dieses Buch wollen wir eine kostenlose Software verwenden. Diese reicht für unsere Zwecke vollkommen aus.

Bei der Auswahl einer IDE ist es außerdem wichtig, darauf zu achten, dass sich diese für die entsprechende Programmiersprache eignet. Nur so ist es möglich, von den Vorteilen dieser Software in vollem Umfang zu profitieren. Für alle gängigen Programmiersprachen gibt es geeignete Angebote.

Wenn man nach einer kostenlosen IDE für die Programmiersprache C sucht, stößt man in erster Linie auf zwei Möglichkeiten: auf Visual Studio und auf Code::Blocks. Die erste dieser beiden Alternativen stammt vom Software-Hersteller Microsoft. Hierbei gibt es eine kostenpflichtige Ausführung für professionelle Programmierer. Darüber hinaus ist jedoch auch eine kostenfreie Version mit etwas reduziertem Funktionsumfang verfügbar. Diese würde für unsere Zwecke jedoch vollkommen ausreichen.

Für dieses Lehrbuch verwenden wir jedoch die IDE Code::Blocks. Diese ist ebenfalls hervorragend für die Programmiersprache C geeignet und bietet hierfür viele nützliche Funktionen. Hierbei handelt es sich um ein Open-Source-Projekt. Das bedeutet, dass nicht nur die Nutzung kostenfrei möglich ist. Darüber hinaus kann man auch den Code einsehen und bei Bedarf anpassen. Der entscheidende Vorteil dieser IDE besteht jedoch darin, dass sie für alle gängigen PC-Betriebssysteme verfügbar ist: für Windows. Linux und für MacOS. Daher kann sie jeder Leser installieren – unabhängig davon, welche dieser Alternativen er verwendet. Um Code::Blocks zu installieren, rufen wir zunächst folgenden Link auf:

http://bmu-verlag.de/c1

Hier klicken wir nun auf den Link mit der Bezeichnung „Download binary release". Dieser führt uns zur aktuellen Version der IDE. Alternativ dazu könnten wir auch den Quellcode der Software herunterladen. Das würde es jedoch notwendig machen, das Programm aus dem Quellcode selbst zu erstellen. Das macht nicht nur etwas umfangreiche Kenntnisse erforderlich. Darüber hinaus würde dadurch der Aufwand erheblich ansteigen.

Wenn wir den entsprechenden Link anklicken, gelangen wir zu einer Seite, die uns zahlreiche Download-Optionen für verschiedene Betriebssysteme anbietet. Leser, die Windows nutzen, sollten dabei die Version codeblocks-17.12mingw-setup.exe auswählen – wobei sich die Versionsnummer dabei selbstverständlich im Laufe der Zeit ändert. In den vorherigen Abschnitten haben wir gelernt, dass wir für die Ausführung eines C-Programms einen Compiler benötigen, dass die IDE diese Funktion jedoch anbietet. Code::Blocks verwendet jedoch keinen eigenen Compiler. Diese Software sorgt lediglich für einen automatischen Zugriff auf dessen Funktionen. Es ist allerdings notwendig, den Compiler ebenfalls zu installieren. Für Windows-Nutzer bietet sich der Compiler MinGW an. Wenn wir die oben genannte Auswahl treffen, laden wir nicht nur die IDE herunter, sondern auch gleich den hierfür notwendigen Compiler. Der Installations-Assistent installiert daraufhin beide Programme. Dabei müssen wir lediglich bei der Auswahl der Komponenten darauf achten, dass MinGW ausgewählt ist – so wie dies in Abbildung 2.2 zu sehen ist.

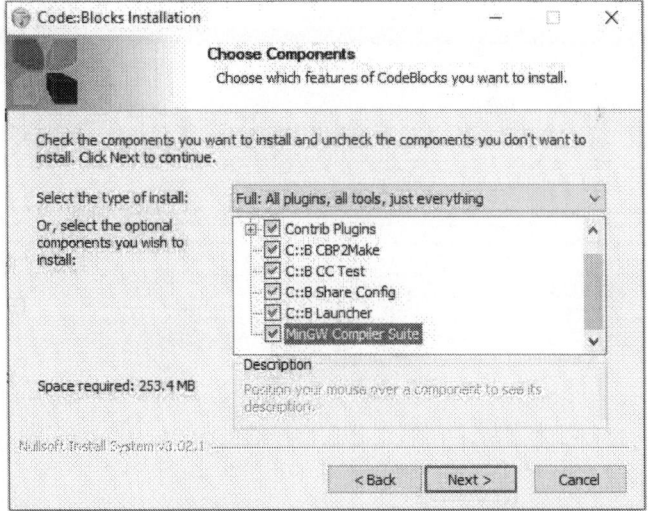

Abb. 2.2 Den Compiler zusammen mit der IDE installieren

Wenn wir Code::Blocks unter Linux oder MacOS installieren, müssen wir den Compiler separat hinzufügen. Beide Systeme bieten hierfür einfache Möglichkeiten an. Für MacOS steht ein Compiler auf der Apple's Developer Page zum Download bereit. Unter Linux muss man hierfür lediglich folgende Programmzeile über das Terminal eingeben: `$ sudo apt install gcc`.

Kapitel 3

Das erste eigene Programm in C erstellen

Nachdem wir die IDE mit dem zugehörigen Compiler installiert haben, kann es losgehen: Jetzt erstellen wir unser erstes eigenes Programm in C. Dabei handelt es sich selbstverständlich um ein sehr einfaches Beispiel. Dieses soll lediglich einen kleinen Text ausgeben. Das ist die einfachste Funktion, die ein Computer-Programm ausführen kann. Daher eignet sich diese hervorragend für den Einstieg. Dabei lernen wir jedoch, wie ein Programm in C grundsätzlich aufgebaut ist und wie wir es kompilieren und ausführen können.

3.1 Der Programmcode für das erste C-Programm

Um unser erstes Programm in C zu schreiben, öffnen wir die IDE Code::Blocks. Dabei erscheint zunächst der Startbildschirm dieser Software, der in Abbildung 3.1 zu sehen ist.

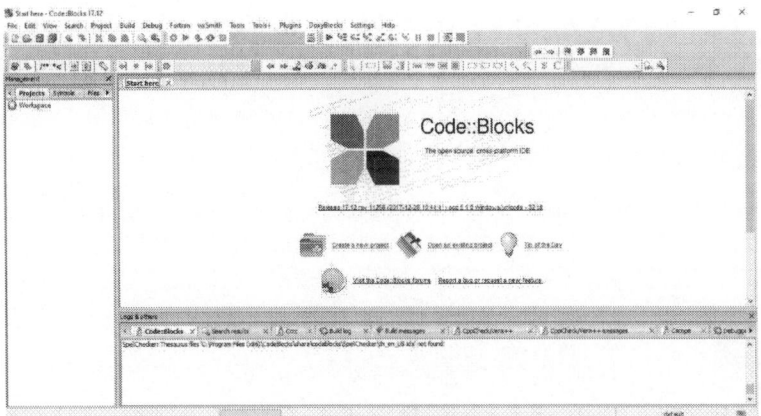

Abb. 3.1 Der Startbildschirm der IDE Code::Blocks

Um mit unserem Programm zu beginnen, erstellen wir zunächst eine neue Datei. Hierzu klicken wir in der Menüleiste auf „File" und anschließend auf „New" und auf „File". Abbildung 3.2 stellt diesen Vorgang dar.

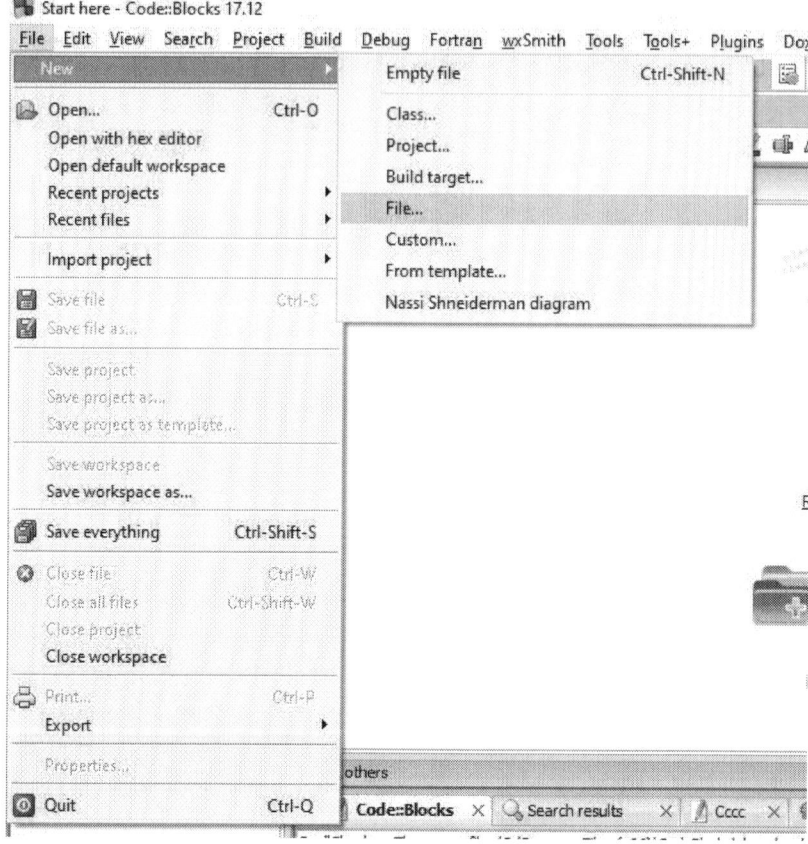

Abb. 3.2 Eine neue Datei erstellen

Daraufhin öffnet sich ein neues Fenster. Dieses ist in Abbildung 3.3 zu sehen. Hier wählen wir nun die Option „C/C++source" aus.

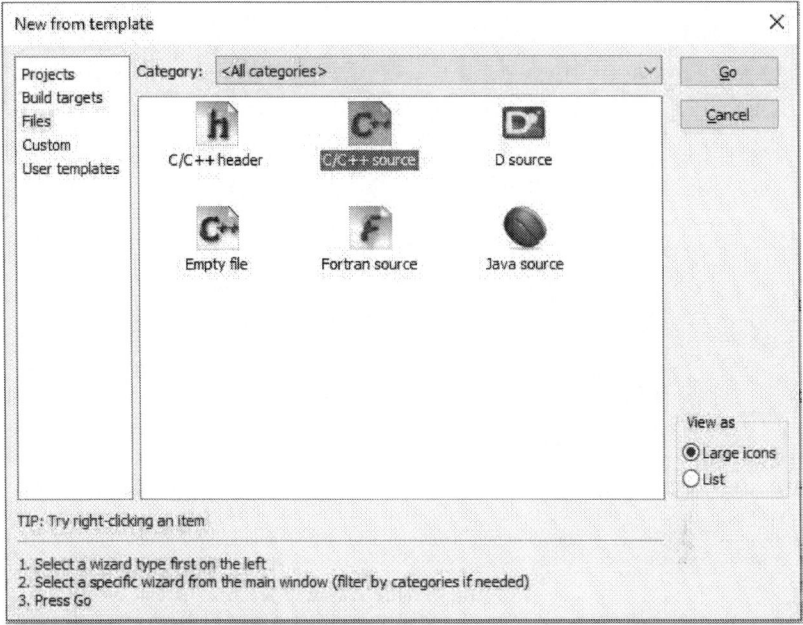

Abb. 3.3 Eine Datei für C-Quellcode erzeugen

Wenn wir diese Aufgabe zum ersten Mal durchführen, erscheint ein weiteres Fenster mit dem sogenannten „C/C++ source file wizard". Dieser gibt
uns eine kurze Anleitung, wie wir die entsprechende Datei erstellen können.
Wenn wir nicht wünschen, dass dieses Start-Fenster bei jeder neu erstellten Datei erneut erscheint, ist es sinnvoll, die Checkbox mit der Beschriftung „Skip this page next time" anzuklicken, so wie dies in Abbildung 3.4 zu
sehen ist.

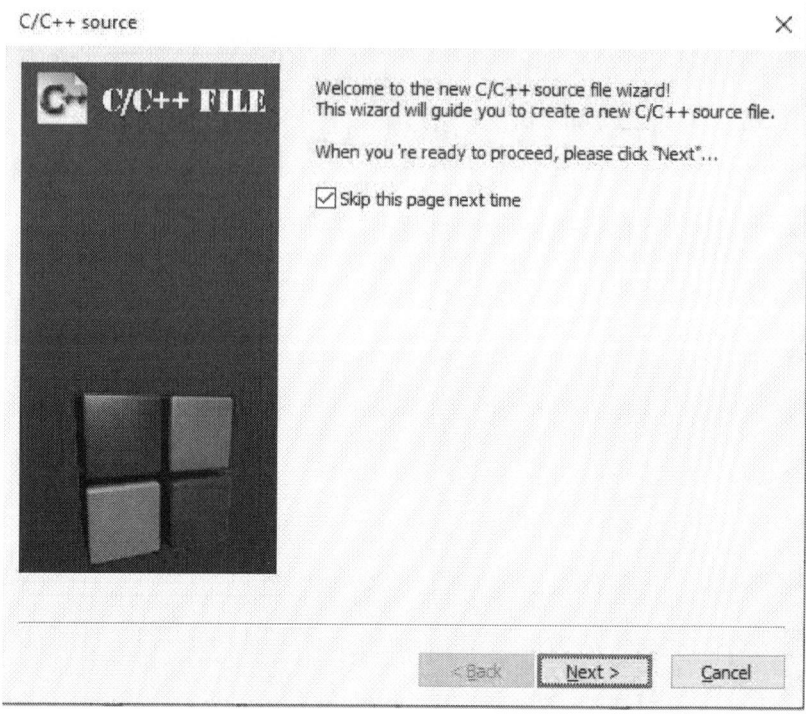

Abb. 3.4 Die Anleitung zur Erstellung einer neuen C-Datei

Wenn wir dieses Fenster mit „Next" bestätigen, können wir auswählen, ob wir eine C- oder eine C++-Datei erstellen möchten. Für unser C-Programm müssen wir selbstverständlich die C-Datei auswählen. Abbildung 3.5 stellt die entsprechenden Auswahloptionen dar.

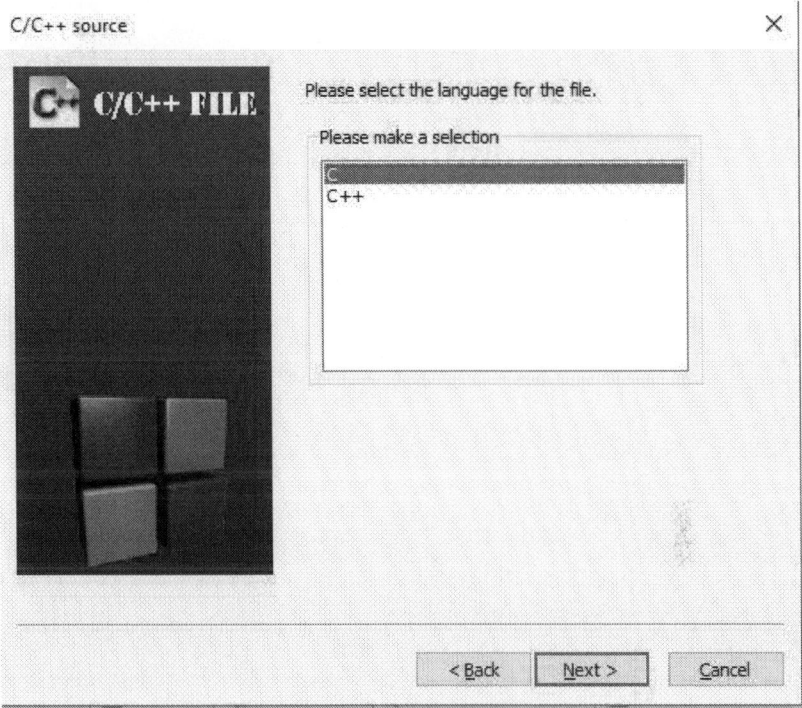

Abb. 3.5 Eine neue C-Datei erstellen

Wenn wir auch hierbei auf „Next" klicken, gelangen wir zu einem weiteren Fenster. Hier müssen wir nun vorgeben, wie unsere Datei heißen soll und in welchem Ordner wir sie abspeichern wollen. Die Wahl einer passenden Ordnerstruktur bleibt jedem Leser selbst überlassen. Für eine gute Übersichtlichkeit ist es jedoch empfehlenswert, für jedes Kapitel einen eigenen Ordner zu gestalten. Beim Dateinamen geben wir begruessung ein – da unser Programm eine kurze Begrüßung ausgeben soll. C-Programme erhalten immer die Endung .c. Wenn wir die vorgegebenen Einstellungen, die in Abbildung 3.6 zu sehen sind, nicht verändern, fügt Code::Blocks diese jedoch automatisch hinzu. Der vollständige Dateiname lautet dann **begruessung.c**.

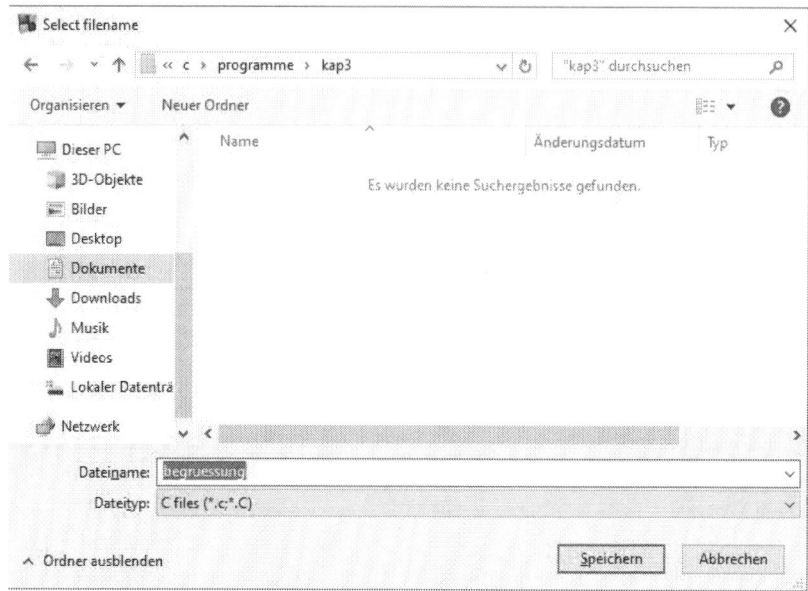

Abb. 3.6 Die Auswahl des Dateinamens

Nun müssen wir das abschließende Fenster noch mit einem Klick auf die Schaltfläche „Finish" bestätigen. Daraufhin kehren wir automatisch zum Hauptfenster zurück. Hier erscheint nun eine leere Eingabefläche, in die wir unseren Programmcode eintragen.

Ein C-Programm beginnt in der Regel mit der Zeile `int main ()`. Daher fügen wir diese nun in das leere Textfeld ein. Diese dient dazu, zu kennzeichnen, dass hier die `main()`-Funktion beginnt. C-Programme sind immer in Funktionen aufgebaut. Ein Programm kann aus vielen unterschiedlichen Funktionen bestehen. Daher müssen wir dabei stets kennzeichnen, wo der Einstiegspunkt gesetzt werden soll. Hierfür dient der Begriff `main`. Dieser sagt aus, dass es sich hierbei um die Hauptfunktion des Programms handelt. Daher beginnt die Ausführung stets an dieser Stelle.

Nun stellt sich noch die Frage, wozu der Ausdruck int und die leere Klammer dienen. Diese Bestandteile haben hierbei in erster Linie einen formalen Charakter. In Kapitel 8 werden wir uns ausführlicher mit Funktionen befassen. Dabei lernen wir, dass wir eine Funktion aus einem beliebigen Teil des Programms aufrufen können. Wir können ihr dabei Werte übergeben und auch Werte von ihr zurückerhalten. Dabei müssen wir jedoch den Datentyp der Übergabe- und Rückgabewerte angeben. Der Begriff int sagt aus, dass unsere Hauptfunktion als Rückgabewert eine ganze Zahl hat. Die leere Klammer gibt an, dass wir keine Übergabewerte erwarten. Allerdings spielen diese Angaben für unser erstes Programm überhaupt keine Rolle. Daher müssen wir sie nicht weiter beachten. Leser, die hier noch nicht genau verstanden haben, wozu diese Ausdrücke dienen, können daher unbesorgt bleiben. Das wird in Kapitel 8 noch genau erläutert. Bislang ist es lediglich notwendig, zu wissen, dass wir diese Ausdrücke einfügen müssen, um den formalen Anforderungen an eine Funktion zu genügen.

3

Nun können wir uns dem Inhalt unseres Programms zuwenden. Dieses muss stets in einer geschweiften Klammer stehen. Viele Programmierer setzen die öffnende geschweifte Klammer in eine neue Zeile. Eine andere häufig verwendete Möglichkeit besteht darin, sie direkt an den oben genannten Ausdruck anzuschließen. Wir wählen für unsere Programme die zweite Alternative. Auf die Programmfunktionen hat dies jedoch keinerlei Auswirkungen. Wenn wir die Klammer einfügen und daraufhin die Enter-Taste betätigen, um einen Zeilenumbruch zu erzeugen, stellen wir außerdem fest, dass Code::Blocks automatisch eine Einrückung eingefügt hat. Das dient einer übersichtlicheren Gestaltung des Quellcodes. Doch hat auch diese Einrückung keinen Einfluss auf die Funktionen des Programms.

Nun können wir die Befehle eingeben, die unser Programm ausführen soll. Wie bereits geschrieben, soll es lediglich eine kleine Begrüßung ausgeben. Der Befehl für Textausgaben in C lautet `printf`. Darauf folgt eine Klammer, in die wir den Inhalt der Ausgabe schreiben können. Wenn wir hier direkt einen Text eingeben, müssen wir diesen stets in Anführungszeichen setzen. Außerdem müssen wir in C jeden Befehl mit einem Semikolon beenden. Die komplette Befehlszeile sieht dann so aus:

```
1  printf("Willkommen zum C-Kurs!");
```

Wenn wir die geschweifte Klammer nun schließen, könnten wir das Programm in Code::Blocks bereits ausführen – allerdings nur in Code::Blocks oder in ähnlichen Entwicklungsumgebungen. Das liegt daran, dass diese recht fehlertolerant sind und auch unvollständigen Code ausführen. Wenn wir dieses Programm mit einem herkömmlichen Compiler kompilieren, kommt es jedoch zu einer Fehlermeldung. Das liegt daran, dass dieser den Befehl `printf()` nicht kennt. Die Programmiersprache C enthält überhaupt keine eigenen Befehle, die unmittelbar verfügbar sind. Diese sind alle in Bibliotheken angeordnet. Wenn wir ein Programm ausführen möchten, müssen wir dem Compiler daher mitteilen, welche Bibliotheken er für die Ausführung verwenden soll. Der `printf()`-Befehl ist in einer Bibliothek mit der Bezeichnung **stdio.h** enthalten.

Um diese aufzurufen, müssen wir zunächst das Rautezeichen (#) und daraufhin den Begriff `include` in das Programm einfügen. Danach folgt in spitzen Klammern der Name der Bibliothek:

```
1   #include <stdio.h>
```

Diese Zeile müssen wir ganz oben in unser Programm einfügen – noch bevor wir die `main()`-Funktion öffnen. Nun ist unser Programm eigentlich bereits korrekt und funktionsfähig. Allerdings ist es üblich, noch eine weitere Zeile in das Programm einzufügen – direkt bevor wir die geschweifte Klammer schließen:

```
1   return 0;
```

Wie bereits beschrieben, hat unsere `main()`-Funktion einen Rückgabewert. Mit dem aufgeführten Befehl geben wir diesem den Wert 0. Zwar ist es nicht zwingend notwendig, an dieser Stelle einen konkreten Wert anzugeben. Wenn wir dies jedoch nicht tun, hat die Funktion keinen klar definierten Rückgabewert. Das kann in manchen Situationen Probleme bereiten. Daher ist es sinnvoll, sich von Anfang an anzugewöhnen, diese Zeile am Ende der `main()`-Funktion einzufügen. Unser komplettes Programm sieht dann so aus:

```
2   #include <stdio.h>
3   int main(){
4       printf("Willkommen zum C-Kurs!");
5       return 0;
6   }
```

Abbildung 3.7 zeigt, wie der Programmcode innerhalb der IDE dargestellt wird. Das macht deutlich, dass die farbigen Kennzeichnungen der Schlüsselbegriffe und die automatischen Einrückungen zu einer wesentlich übersichtlicheren Gestaltung beitragen.

```
begruessung.c  ✕

1      #include <stdio.h>
2    ⊟int main(){
3          printf("Willkommen zum C-Kurs!");
4          return 0;
5      }
6
```

Abb. 3.7 Die Darstellung des Programmcodes in der IDE Code::Blocks

3.2   Das Programm in Code::Blocks ausführen

Der Code für unser erstes Programm ist bereits fertiggestellt. Nun wollen wir dieses selbstverständlich auch ausführen. Das ist mit Code::Blocks jedoch ganz einfach. Zunächst müssen wir das Programm abspeichern. Dafür können wir den entsprechenden Befehl in der Menüleiste auswählen oder ganz einfach die Tastenkombination Strg+S verwenden.

Danach klicken wir in der Menüleiste auf den Begriff „Build". Hier wählen wir nun „Build and run" aus, so wie dies in Abbildung 3.8 zu sehen ist.

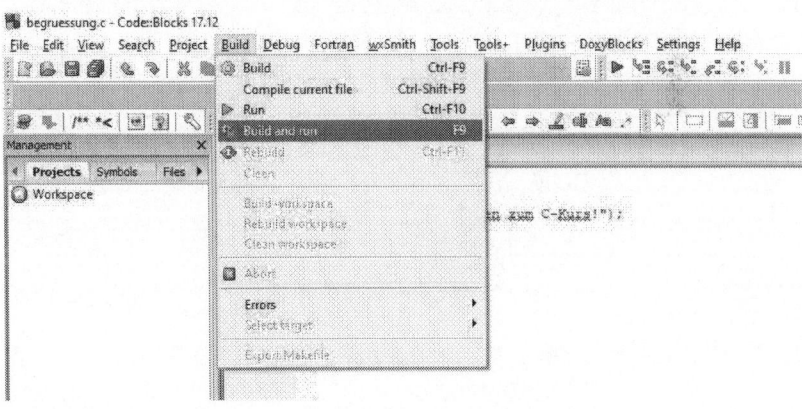

Abb. 3.8 So führen wir ein Programm in Code::Blocks aus

Alternativ dazu können wir auch die Werkzeugleiste verwenden. Hier erkennen wir genau das gleiche Symbol, das neben dem Ausdruck „Build and run" zu sehen ist: ein kleines Zahnrad mit einem grünen Dreieck. Wenn wir dieses anklicken, hat das genau den gleichen Effekt. Eine weitere Möglichkeit besteht darin, einfach die F9-Taste zu betätigen.

Wenn wir eine der aufgeführten Methoden anwenden, öffnet sich ein neues Fenster. Darin erscheint nun der Text, den wir über unser Programm ausgeben. Abbildung 3.9 zeigt, wie dieses Fenster aussieht.

Abb. 3.9 Die Ausgabe unseres ersten Programms

Das zeigt, dass es mit Code::Blocks ganz einfach ist, das Programm zu kompilieren und auszuführen. Dennoch lohnt sich ein genauer Blick darauf, was hierbei passiert ist. Wenn wir den Ordner öffnen, in dem wir unser Programm abgespeichert haben, sehen wir, dass hier nun zwei neue Dateien entstanden sind: begruessung.o und begruessung.exe. Das bezieht sich jedoch nur auf Windows-Rechner. Unter anderen Betriebssystemen kann die zweite Datei auch eine andere Endung aufweisen.

Der Compiler hat nun aus unserem Quellcode ein ausführbares Programm erzeugt. Dieses erlaubt es, das Programm wie gerade gezeigt auszuführen. Dabei handelt es sich um die exe-Datei. Bei der o-Datei handelt es sich hingegen um ein Zwischenprodukt, das der Compiler anfertigt. Diese hat für uns jedoch keine weitere Bedeutung.

Das zeigt, dass beim Kompilieren des Programms eine neue Datei entstanden ist, die dauerhaft bestehen bleibt und die es erlaubt, das Programm auszuführen. Wenn wir das Programm nun erneut aufrufen, ist es daher nicht mehr notwendig, es zu kompilieren. Falls wir es lediglich ausführen wollen, reicht es aus, in der Menüleiste auf den Begriff „Build" und daraufhin auf „Run" zu klicken – beziehungsweise auf das grüne Dreieck in der Werkzeugleiste. Dabei müssen wir jedoch beachten, dass es nach jeder Änderung am Quellcode notwendig ist, das Programm erneut zu kompilieren. Sonst werden diese Neuerungen bei der Ausführung nicht berücksichtigt.

3.3 Die klassische Vorgehensweise zum Kompilieren und Ausführen eines C-Programms

Um die Abläufe beim Kompilieren und Ausführen des Programms besser zu verdeutlichen, wollen wir nun einmal die herkömmliche Methode hierfür anwenden. Daran wird ersichtlich, wie die einzelnen Schritte ablaufen.

Um ein Programm auf die herkömmliche Weise auszuführen, müssen wir den Quellcode in einem gewöhnlichen Texteditor verfassen. Damit wir keine weiteren Programme installieren müssen, verwenden wir für dieses Beispiel die Software, die bereits auf dem Betriebssystem installiert ist. Unter Windows ist das der Microsoft Editor, unter Linux je nach Edition GEdit, Kate oder ein ähnliches Programm und unter MacOS steht uns TextEdit zur Verfügung. Nun öffnen wir das entsprechende Programm. Für dieses Beispiel können wir einfach den Programmcode aus dem vorherigen Beispiel kopieren und hier einfügen. Windows-Nutzer werden dabei sofort erkennen, dass der Standard-Texteditor hierbei nur einen minimalen Funktionsumfang bietet und dass dabei auch die Darstellung nur wenig ansprechend ist. Die übrigen genannten Betriebssysteme werden bereits mit einem etwas höherwertigen Texteditor ausgeliefert.

Nun speichern wir die Datei im gleichen Ordner wie unser erstes Beispiel ab – unter der Bezeichnung **begruessung2.c**. Notepad-Nutzer müssen hierbei darauf achten, die Standard-Auswahl für das Dateiformat aufzuheben und stattdessen „Alle Dateien" auszuwählen. Sonst speichert der Microsoft Editor die Datei mit der Endung .txt ab. Abbildung 3.10 zeigt, wie wir dabei vorgehen müssen.

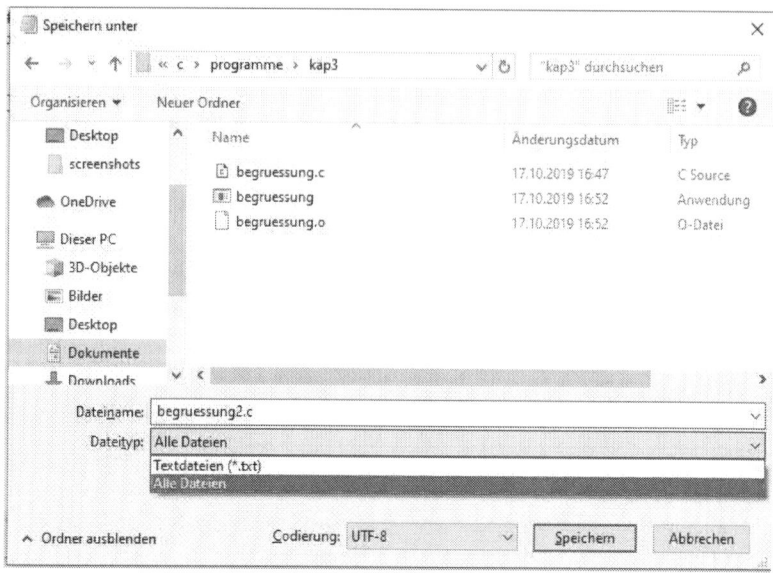

Abb. 3.10 Die Datei mit der richtigen Endung abspeichern

Der nächste Schritt besteht darin, das Programm zu kompilieren. Den Compiler, den wir hierfür benötigen, haben wir bereits zusammen mit Code::Blocks installiert. Diesen können wir auch außerhalb der IDE verwenden. Allerdings ist hierfür noch eine kleine Vorbereitungsmaßnahme erforderlich. Damit wir den Compiler aus jedem beliebigen Ordner aufrufen können, müssen wir eine sogenannte Pfadvariable vorgeben. Diese macht die entsprechende Funktion in jedem Verzeichnis des Computers verfügbar. Dazu rufen wir die erweiterten Systemeinstellungen auf. Dafür gibt es mehrere Möglichkeiten. Besonders einfach ist es, den Begriff „Erweiterte Systemeinstellungen" in der Windows-Suchfunktion einzugeben. Alternativ dazu ist es möglich, den Windows-Explorer (Windows-Taste + E) zu starten. Wenn man hier mit der rechten Maustaste auf „Dieser PC" klickt und dann im Kontext-Menü den Begriff „Eigenschaften" auswählt, gelangt man zur Startseite der Systemsteuerung. Hier erscheint auf der linken Seite ein Menü, in dem wir die erweiterten Systemeinstellungen auswählen können.

Wenn wir die erweiterten Systemeinstellungen aufgerufen haben, erscheint wie in Abbildung 3.11 zu sehen eine Schaltfläche mit der Aufschrift „Umgebungsvariablen". Diese rufen wir auf.

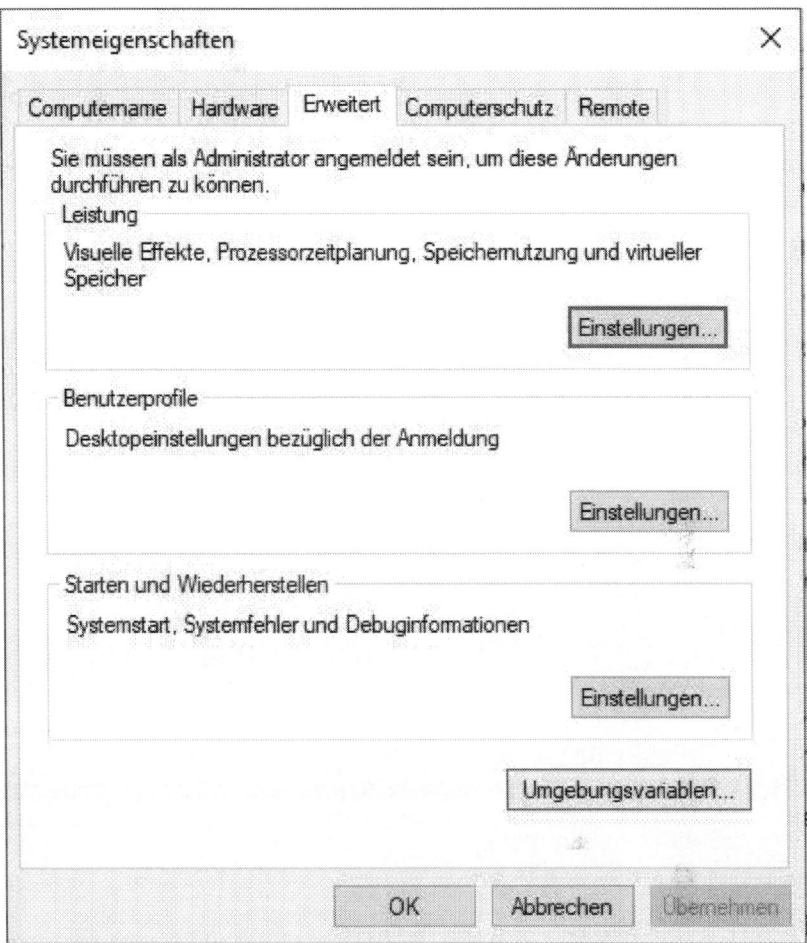

Abb. 3.11 Die erweiterte Systemeinstellungen

Daraufhin erscheint ein weiteres Fenster. Dieses ist in Abbildung 3.12 zu sehen. Im unteren Bereich suchen wir nun nach einem Eintrag mit der Bezeichnung „Path". Dieser ist in der Regel bereits vorhanden. Trifft das nicht zu, müssen wir ihn neu erstellen.

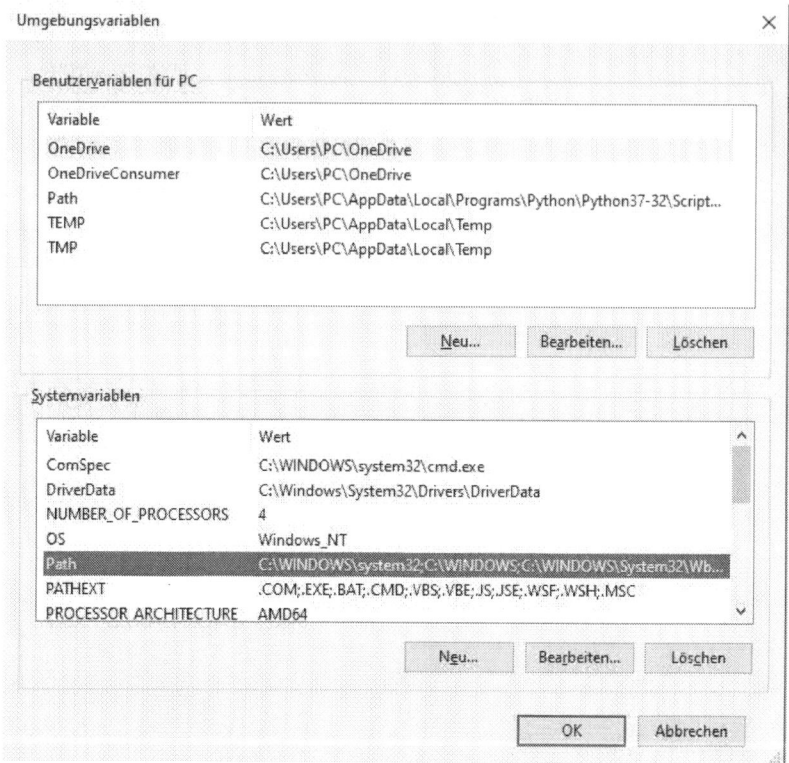

Abb. 3.12 Der Eintrag für die Anpassung der Umgebungsvariablen

Wenn der entsprechende Eintrag bereits vorhanden ist, klicken wir im nächsten Schritt auf „Bearbeiten". Daraufhin öffnet sich ein weiteres Fenster. Dort klicken wir dann auf „Neu". Jetzt müssen wir den Pfad des Verzeichnisses angeben, in dem sich unser Compiler befindet. Wenn wir bei dessen Installation die Standardeinstellungen nicht verändert haben, müssen wir folgenden Eintrag hinzufügen: **C:\MinGW\bin**. Abbildung 3.13 verdeutlicht dies nochmals. Daraufhin müssen wir alle geöffneten Fenster mit „OK" bestätigen. Nun können wir den Compiler in jedem beliebigen Verzeichnis verwenden.

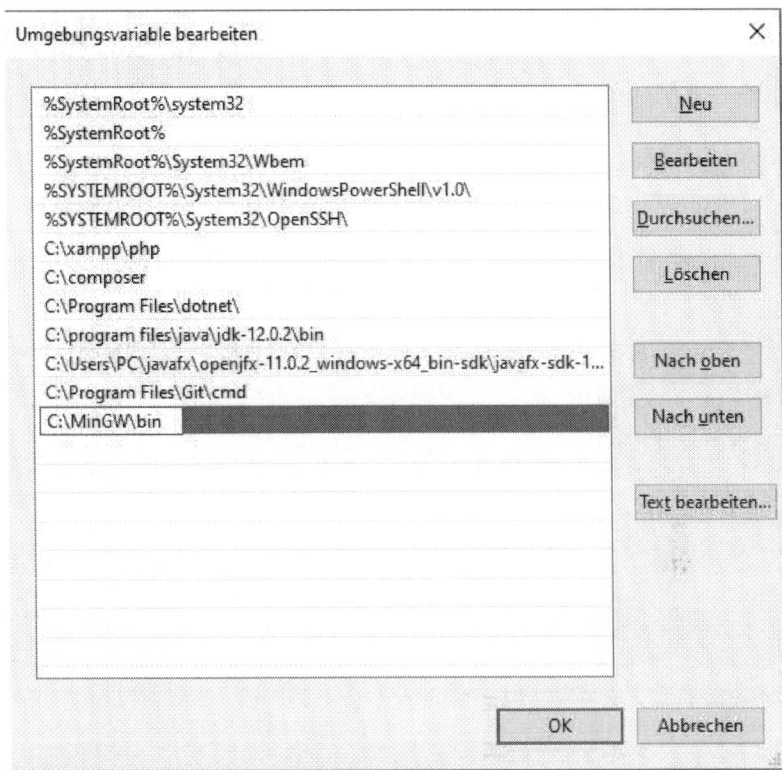

Abb. 3.13 Der Eintrag für die Pfadvariable

Jetzt können wir das Programm kompilieren und ausführen. Dazu verwenden wir einen *Kommandozeileninterpreter*. Unter Windows steht dieser unter der Bezeichnung cmd.exe zur Verfügung. Linux und MacOS verwenden hierfür die Bezeichnung Terminal. Hier müssen wir dann zunächst in das entsprechende Verzeichnis navigieren. Dazu verwenden wir den Befehl cd gefolgt vom Namen des Ordners, in den wir wechseln wollen. Auf diese Weise rufen wir das Verzeichnis auf, in dem wir unsere Datei abgespeichert haben. Danach geben wir den Befehl zum Kompilieren des Programms ein. Um den Compiler aufzurufen, verwenden wir den Ausdruck gcc. Um diesem mitzuteilen, dass er direkt ein ausführbares Programm erstellen soll, fügen wir den Ausdruck -o ein. Daraufhin müssen wir angeben, welchen Namen die ausführbare Datei bekommen soll – allerdings ohne Dateiendung, da diese automatisch vorgegeben wird. Als Letztes müssen wir noch hinzufügen, welche Datei eigentlich kompiliert werden soll – in diesem Beispiel **begruessung2.c**. Der komplette Befehl sieht dann so aus:

```
1  gcc -o begruessung2 begruessung2.c
```

Wenn wir nun den Ordner nochmals aufrufen, stellen wir fest, dass jetzt eine weitere Datei hinzugekommen ist: **begruessung2.exe**. In diesem Fall wurde keine .o-Datei erstellt. Da wir diese jedoch nicht benötigen, stellt das kein Problem dar. Da das Programm jetzt kompiliert ist, können wir es ausführen. Dazu geben wir lediglich den Dateinamen an – ohne die Endung .exe. Daraufhin erscheint wieder der Ausgabetext, den wir in unserem Programmcode vorgegeben haben. Abbildung 3.14 zeigt den kompletten Ablauf.

```
Eingabeaufforderung

Microsoft Windows [Version 10.0.18362.356]
(c) 2019 Microsoft Corporation. Alle Rechte vorbehalten.

C:\Users\PC>cd documents\c\programme\kap3

C:\Users\PC\Documents\c\programme\kap3>gcc -o begruessung2 begruessung2.c

C:\Users\PC\Documents\c\programme\kap3>begruessung2
Willkommen zum C-Kurs!
C:\Users\PC\Documents\c\programme\kap3>
```

Abb. 3.14 Die Kompilierung und die Ausführung des Programms über den Kommandozeileninterpreter

An diesem Beispiel wird deutlich, wie der Prozess der Programmentwicklung ursprünglich ablief. Gleichzeitig zeigt dies, welche Vereinfachung die IDE bei der Erstellung eines Programms darstellt. Wenn man davon ausgeht, dass man ein umfangreicheres Programm während des Entwicklungsprozesses mehrere Hundert Male kompilieren und ausführen muss, wird klar, welch enorme Effizienzsteigerung hiermit verbunden ist.

3.4 Übungsaufgabe: eigene einfache Programme erstellen

Um umfassende Kenntnisse im Bereich der Programmierung zu erlangen, ist es sehr wichtig, eigene Programme zu erstellen. Nur wenn man selbst versucht, eine Lösung für eine bestimmte Aufgabe zu finden, prägen sich die entsprechenden Techniken und Befehle richtig ein. Deshalb steht am Ende der meisten Kapitel eine kleine Übungsaufgabe. Diese gibt dem Leser die Möglichkeit, das Erlernte anzuwenden und auf diese Weise zu vertiefen. Die praktischen Übungen helfen dabei, die notwendigen Fähigkeiten zu erwerben, um auch eigenständig Programme zu erstellen.

Den Schwerpunkt stellen dabei jeweils die Inhalte aus dem entsprechenden Kapitel dar. Doch selbstverständlich werden auch die Techniken aus den vorherigen Abschnitten als bekannt vorausgesetzt. In vielen Fällen sind diese ebenfalls notwendig, um die Aufgaben zu lösen. Kenntnisse, die noch nicht vermittelt wurden, sind dabei in der Regel nicht erforderlich. Lediglich in einigen Ausnahmefällen müssen wir für die Erstellung der Programme auch neue Befehle verwenden. Diese werden dann jedoch kurz erklärt.

Zum Abschluss der Aufgaben steht jeweils eine Musterlösung. Diese dient dazu, die Ergebnisse abzugleichen. Auch wenn man einmal selbst nicht weiterkommt, ist es möglich, hier nachzuschauen. Es ist jedoch ratsam, stets zu versuchen, die Aufgaben eigenständig zu lösen.

Da es in der Informatik für die meisten Probleme mehrere Lösungen gibt, muss die Musterlösung nicht immer genau mit Ihrem Programm übereinstimmen. Das bedeutet jedoch nicht, dass Sie einen Fehler gemacht haben. Wenn das Programm alle Anforderungen erfüllt und sich problemlos ausführen lässt, ist die Aufgabe dennoch korrekt gelöst.

Um die Kenntnisse aus diesem Kapitel zu vertiefen, sollen nun zwei kleine Programme erstellt werden:

1. Schreiben Sie ein Programm, das die Begrüßungsfloskel „Hallo Welt!" ausgibt. Dieses Beispiel wird in vielen Lehrbüchern als erste Programmbeispiel verwendet. Daher werden solch einfache Beispiele häufig auch als Hallo-Welt-Programm bezeichnet.

2. Gestalten Sie ein Programm mit zwei Ausgabebefehlen beliebigen Inhalts. Damit der zweite von ihnen in einer neuen Zeile erscheint, müssen Sie an den ersten Befehl einen Zeilenumbruch anhängen. Dazu dient der Ausdruck \n. Dieser wird nach dem Text innerhalb der Anführungszeichen hinzugefügt.

Lösungen:

1.

```
#include <stdio.h>
int main(){
    printf("Hallo Welt!");
    return 0;
}
```

```
C:\Users\PC\Documents\c\programme\kap3\halloWelt.exe
Hallo Welt!
Process returned 0 (0x0)    execution time : 0.223 s
Press any key to continue.
```

Abb. 3.15 Die Ausgabe der bekannten Begrüßungs-Floskel

2.

```
#include <stdio.h>
int main(){
    printf("Willkommen zum C-Kurs!\n");
    printf("Hier lernen Sie die Programmiersprache C kennen.");
    return 0;
}
```

```
C:\Users\PC\Documents\c\programme\kap3\aufgabe2.exe
Willkommen zum C-Kurs!
Hier lernen Sie die Programmiersprache C kennen.
Process returned 0 (0x0)    execution time : 0.250 s
Press any key to continue.
```

Abb. 3.16 Die mehrzeilige Textausgabe

Alle Programmcodes aus diesem Buch sind als PDF zum
Download verfügbar. Dadurch müssen Sie sie nicht abtippen:
https://bmu-verlag.de/c

Außerdem erhalten Sie die eBook Ausgabe zum Buch im
PDF Format kostenlos auf unserer Website:

https://bmu-verlag.de/c
Downloadcode: siehe Kapitel 19

Kapitel 4

Variablen und Operatoren: grundlegende Bestandteile eines C-Programms

Um einen Text auszugeben, ist eigentlich kein Computerprogramm notwendig. Hierfür gibt es auch viele andere Möglichkeiten. Ein Computerprogramm dient in erster Linie dazu, Berechnungen durchzuführen. Dafür sind jedoch einige Hilfsmittel notwendig. Zum einen benötigen wir *Variablen*. Diese dienen dazu, die Werte, mit denen wir arbeiten, aufzunehmen. Zum anderen sind *Operatoren* erforderlich. Mit diesen können wir Rechenaufgaben durchführen oder die Werte auf andere Weise manipulieren. Hierbei handelt es sich um zwei grundlegende Elemente, ohne die beinahe kein Computerprogramm auskommt. Dieses Kapitel stellt vor, wie wir diese verwenden.

4.1 Welche Aufgaben haben Variablen in der Informatik?

Wenn wir einen Wert in einem Computerprogramm bearbeiten möchten, benötigen wir eine Möglichkeit, um auf diesen zuzugreifen und um das Ergebnis aufzunehmen. Zu diesem Zweck kommen Variablen zum Einsatz.

Variablen sind den meisten Lesern sicherlich bereits aus dem Mathematikunterricht bekannt. Die Aufgabe, die diese in der Informatik erfüllen, sind jedoch nicht genau die gleichen wie in der Mathematik. Daher ist es wichtig, zu Beginn kurz vorzustellen, was man in der Informatik unter einer Variablen versteht.

Um deren Verwendung bildhaft darzustellen, kann man sich dieses System wie eine Kommode mit mehreren Schubladen vorstellen. Diese können verschiedene Gegenstände aufnehmen. Im Alltag handelt es sich hierbei beispielsweise um Wäschestücke, Geschirr oder andere Haushaltsgegenstände. In einem Computerprogramm legen wir hier Zahlen, Buchstaben oder ganze Texte ab. Die Variable bietet die Möglichkeit, diese Werte aufzunehmen. Die Kommode steht hierbei als Sinnbild für den Arbeitsspeicher. Dieser enthält ebenfalls einzelne Abteilungen, in denen er die Werte abspeichern kann.

Wenn man nun einen bestimmten Gegenstand aus einer Schublade benötigt, ist es wichtig, zu wissen, an welcher Stelle sich dieser befindet. Selbstverständlich wäre es möglich, sich genau zu merken, wo man die einzelnen

Inhalte abgelegt hat. Das wäre jedoch sehr aufwendig – insbesondere wenn es sich um eine sehr große Kommode handelt, die zahlreiche Schubladen enthält. Aus diesem Grund ist es sinnvoll, eine Beschriftung zu verwenden. Beispielsweise wäre es möglich, an jeder Schublade einen Klebezettel anzubringen, auf dem steht, welcher Inhalt sich hier befindet. In unserem Programm nutzen wir hierfür einen Variablennamen. Dieser wird bei der Ausführung automatisch mit dem Ort verknüpft, an dem die entsprechenden Werte im Arbeitsspeicher abgelegt wurden. Auf diese Weise ist es jederzeit möglich, sie wieder abzurufen.

Den Namen der Variablen können wir innerhalb der vorgegebenen Regeln frei auswählen. Wir können hierfür Buchstaben, Ziffern und den Unterstrich verwenden. Bei der Beschriftung einer Kommode ist es selbstverständlich, dass wir hierbei genau angeben, welcher Inhalt sich in der entsprechenden Schublade befindet. Das sollten wir auch bei der Gestaltung unserer Variablennamen beachten. Diese sollten immer den Inhalt beschreiben. Die Verwendung einzelner Buchstaben ohne Bezug zum Inhalt ist nicht zu empfehlen.

In unserer Kommode ist es jederzeit möglich, einen Inhalt aus einer Schublade zu entnehmen und durch einen anderen zu ersetzen. Auch das stellt eine Parallele zu den Variablen in der Informatik dar. Im Gegensatz zu Variablen in der Mathematik stehen sie nicht als Platzhalter für einen konkreten Wert. Stattdessen können wir die Werte jederzeit verändern. Es ist möglich, eine Berechnung durchzuführen und der Variablen daraufhin einen neuen Wert zu geben.

4.2 Unterschiedliche Datentypen in C

Bei der Verwendung von Variablen ist es stets notwendig, deren Datentyp anzugeben. Das ist aus unterschiedlichen Gründen von großer Bedeutung. Im vorherigen Abschnitt wurde gesagt, dass der Variablenname eine Verknüpfung zum Speicherort des entsprechenden Werts darstellt. Allerdings wird hierbei nur der Startpunkt erfasst. Die Werte können jedoch eine unterschiedliche Länge aufweisen. Eine gewöhnliche Ganzzahl benötigt beispielsweise in der Regel zwei Bytes im Arbeitsspeicher. Eine kleinere Fließkommazahl belegt hingegen vier Bytes. Um einen Buchstaben abzuspeichern, ist nur ein Byte notwendig.

Die Verknüpfung zum Speicherort, den das Programm mit dem Variablennamen erstellt, bezieht sich nur auf den Anfangspunkt. Ein Endpunkt wird dabei nicht vorgegeben. Wenn das Programm einen Wert abruft, muss es daher wissen, wie viele Bytes es aus dem Speicher auslesen muss. Daher müssen wir diese Information bei jeder Variable vermerken. Dazu verwenden wir den Datentyp, der diese Angabe beinhaltet.

Die Angabe des Datentyps ist auch wichtig, um die abgespeicherten Informationen richtig auszuwerten. Der Computer verwendet einzelne Bits, um die Werte abzuspeichern. Jeder Datentyp verwendet dabei jedoch ein eigenes System. Wenn wir nun beispielsweise eine kleine Ganzzahl und einen Buchstaben miteinander vergleichen, haben beide Datentypen eine Länge von einem Byte. Die Bitfolge, die hier abgespeichert ist, kann jedoch eine unterschiedliche Bedeutung haben – je nachdem, ob man sie als Buchstabe oder als Zahl interpretiert. Auch aus diesem Grund ist es sehr wichtig, dass das Programm genau weiß, um welchen Datentyp es sich dabei handelt.

In der Informatik gibt es primitive und zusammengesetzte Datentypen. Bei den primitiven Datentypen handelt es sich um die Grundformen der entsprechenden Informationen – beispielsweise um eine einzelne Zahl oder um einen Buchstaben. Zusammengesetzte Datentypen können Listen aus mehreren Zahlen, Wörter aus mehreren Buchstaben oder individuell gewählte Strukturen sein. Sie bestehen jeweils aus mehreren primitiven Datentypen.

In diesem Kapitel beschäftigen wir uns lediglich mit den primitiven Datentypen. Zusammengesetzte Daten behandeln wir erst im folgenden Kapitel. Die folgende Liste zeigt die wesentlichen primitiven Datentypen, die C kennt. Außerdem gibt sie an, welchen Speicherplatz diese normalerweise benötigen und welche Wertebereiche sie abdecken. Diese Werte sind jedoch nicht fest vorgegeben. Sie können sich bei verschiedenen Betriebssystemen unterscheiden.

Ganze Zahlen		
short (signed short)	1 Byte	-128 bis 127
unsigned short	1 Byte	0 bis 255
int (signed int)	2 Bytes	-32.768 bis 32.767
unsigned int	2 Bytes	0 bis 65.535
long (signed long)	4 Bytes	-2.147.483.648 bis 2.147.483.647
unsigned long	4 Bytes	0 bis 4.294.967.295
Fließkommazahlen		
float	4 Bytes	max. 6 Nachkommastellen
double	8 Bytes	max. 15 Nachkommastellen
long double	10 Bytes	max. 19 Nachkommastellen

Zeichen		
char	1 Byte	ASCII-Zeichen

4.3 Variablen in unseren Programmen verwenden

Im nächsten Schritt wollen wir nun Variablen in einem C-Programm verwenden. Zu diesem Zweck erstellen wir eine neue Datei in der IDE Code::Blocks. Wie im Beispiel im vorigen Kapitel setzen wir zunächst einen Verweis zur Bibliothek **stdio.h** und öffnen daraufhin die `main()`-Funktion.

Wenn wir eine Variable in C verwenden möchten, müssen wir sie zunächst deklarieren. Das bedeutet, dass wir angeben, wie sie heißt und welchen Datentyp sie aufnehmen soll. Zuerst geben wir dabei den Datentyp an. Daran schließt sich der Name an, den wir für die Variable auswählen. Wie immer müssen wir diesen Befehl mit einem Semikolon beenden:

```
1  int zahl;
```

Für den Variablennamen können wir wie bereits erwähnt Buchstaben, Ziffern und den Unterstrich verwenden. Dabei müssen wir beachten, dass C zwischen Groß- und Kleinbuchstaben unterscheidet. Die Variable `zahl` ist demnach nicht identisch zur Variablen `zahl`.

Damit haben wir eine Variable für eine Ganzzahl erstellt. Dieser können wir nun einen Wert geben. Wenn wir einer Variablen das erste Mal einen Wert zuweisen, wird dieser Prozess Initialisierung genannt. Hierfür nennen wir zunächst den Namen der Variablen. Darauf folgen das Gleichheitszeichen und der Wert, den wir der Variablen geben möchten. Dieser muss immer deren Datentyp entsprechen. Wenn wir der Variablen `zahl` den Wert 4 zuweisen möchten, sieht der Befehl dafür so aus:

```
1  zahl = 4;
```

C bietet uns auch die Möglichkeit, diese beiden Befehle zusammenzufassen. Das führt zu einer kompakteren Schreibweise, sodass die meisten Informatiker diese Variante bevorzugen, falls die Initialisierung direkt nach der Deklarierung erfolgen sollte:

```
1  int zahl = 4;
```

Nun haben wir der Variablen einen Wert gegeben. Der nächste Schritt besteht dann darin, dass wir diesen Wert ausgeben. Dazu kommt wieder der Befehl `printf` zum Einsatz. Im Gegensatz zu vielen anderen Programmiersprachen können wir in C jedoch den Variablennamen nicht direkt in die Klammer einfügen, um ihn auszugeben. Hierbei müssen wir immer einen Platzhalter verwenden, den wir in Anführungszeichen stellen. Dieser Platzhalter besteht aus dem Prozentzeichen (%) und einem Buchstaben, der den Variablentyp repräsentiert. Für `int`-Variablen ist der Buchstabe `i` vorgesehen. Es ist jedoch auch möglich, den Buchstaben `d` zu verwenden. Nachdem wir die Anführungszeichen geschlossen haben, fügen wir ein Komma und anschließend den Namen der Variablen ein. Wenn wir lediglich deren Wert ausgeben möchten, wäre demnach folgender Befehl notwendig:

```
1    printf("%i", zahl);
```

Nun müssen wir noch den return-Befehl einfügen, um unser Programm abzuschließen. Der komplette Code dafür sieht dann so aus:

```
1    #include <stdio.h>
2    int main(){
3        int zahl = 4;
4        printf("%i", zahl);
5        return 0;
6    }
```

Wenn wir das Programm ausführen, erhalten wir das Ergebnis, das in Abbildung 4.1 zu sehen ist: Es erscheint lediglich die Zahl 4.

```
C:\Users\PC\Documents\c\programme\kap4\variablen1.exe

4
Process returned 0 (0x0)   execution time : 0.227 s
Press any key to continue.
```

Abb. 4.1. Die Ausgabe der Variablen

Es ist auch möglich, mehrere Variablen gemeinsam zu deklarieren – vorausgesetzt sie entsprechen dem gleichen Datentyp. In diesem Fall müssen wir einfach beide Namen durch ein Komma getrennt voneinander angeben:

```
int zahl1, zahl2;
```

In diesem Fall ist es ebenfalls möglich, die Deklaration und die Initialisierung zusammenzufassen. Der Befehl dafür sieht dann so aus:

```
int zahl1 = 4, zahl2 = 5;
```

Auch bei der Ausgabe der Variablen können wir mehrere Werte gemeinsam angeben. Darüber hinaus ist es möglich, diese mit Text zu kombinieren. An jeder Stelle, an der wir den Wert einer Variablen ausgeben möchten, müssen wir einen entsprechenden Platzhalter einfügen. Danach geben wir die Variablennamen durch ein Komma voneinander getrennt an – in der gleichen Reihenfolge, wie die Werte erscheinen sollen. Ein Ausgabebefehl für die beiden Werte könnte dann so aussehen:

```
printf("Zahl 1: %i, Zahl2: %i", zahl1, zahl2);
```

Abbildung 4.2 zeigt, wie unser Programm diesen dann ausgibt. Der komplette Programmcode sieht dann wie folgt aus:

```
#include <stdio.h>
int main(){
    int zahl1 = 4, zahl2 = 5;
    printf("Zahl 1: %i, Zahl2: %i", zahl1, zahl2);
    return 0;
}
```

```
C:\Users\PC\Documents\c\programme\kap4\variablen2.exe
Zahl 1: 4, Zahl2: 5
Process returned 0 (0x0)   execution time : 0.207 s
Press any key to continue.
```

Abb. 4.2 Die Ausgabe der beiden Werte

Bisher haben wir lediglich Variablen ausgegeben, bei denen es sich um `int`-Werte handelte. Wenn wir mit anderen Datentypen arbeiten, müssen wir die hierfür notwendigen Platzhalter kennen. Die folgende Liste gibt einen Überblick darüber. Diese ist jedoch nicht vollständig – bei einigen Datentypen bestehen noch weitere Alternativen:

Datentyp	Platzhalter
short	%hi
unsigned short	%hu
int	%i oder %d
unsigned int	%u
long	%li
unsigned long	%lu
float	%f
double	%lf
long double	%Lf
char	%c

Computerprogramme arbeiten häufig auch mit Wahrheitswerten. Diese können nur zwei Zustände haben: Sie können entweder wahr oder falsch sein. In der Informatik kommen hierfür in der Regel die Werte true und false zum Einsatz. Derartige Wahrheitswerte werden als boolesche Variablen bezeichnet.

Ursprünglich kannte C keine booleschen Variablen. Stattdessen verwendeten die Programmierer meistens Zahlen – beispielsweise den Wert 0 für eine falsche und den Wert 1 für eine wahre Angabe. Seit der Veröffentlichung des Standards C99 im Jahre 1999 ist es jedoch auch in C möglich, boolesche Variablen zu nutzen. Diese führen wir mit dem Bezeichner `bool` ein. Daraufhin können wir ihnen den Wert `true` oder `false` zuweisen, zum Beispiel:

```
bool wahrheitswert = true;
```

Dabei müssen wir außerdem darauf achten, dass wir für die Verwendung boolescher Variablen die Bibliothek **stdbool.h** einbinden müssen.

Wenn wir die Verwendung boolescher Variablen an einem Beispiel darstellen möchten, ist dies jedoch bislang schwierig. Das liegt daran, dass es hierfür keinen passenden Platzhalter für die Ausgabe gibt. Zwar ist das bei den meisten Programmen überhaupt nicht erforderlich – boolesche

Variablen dienen in der Regel der Steuerung der internen Abläufe. Um die Verwendung an einem Beispiel darzustellen, ist es jedoch sinnvoll, die Werte anzuzeigen. Daher müssen wir eine alternative Darstellungsform verwenden.

Hierfür gibt es mehrere Möglichkeiten. Wir könnten die boolesche Variable beispielsweise mit dem Platzhalter %i ausgeben. In diesem Fall erscheint die Zahl 1, wenn der Wert true beträgt und die Zahl 0, wenn er auf false gesetzt wird.

Etwas besser wird die Darstellung, wenn wir den sogenannten Bedingungs-Operator verwenden. Dieser wird durch ein Fragezeichen symbolisiert, das nach unserer booleschen Variable steht. Danach geben wir zwei Möglichkeiten an, die durch einen Doppelpunkt getrennt sind. Ist der Wert true, wählt unser Programm die erste Möglichkeit aus. Beträgt der Wert der Variablen hingegen false, wird die zweite Alternative ausgewählt. Daher können wir für die beiden Möglichkeiten die Begriffe „true" und „false" verwenden. Auf diese Weise kann unser Programm nun den Wert der Variablen ausgeben. Das folgende Programm stellt beide Alternativen für die Ausgabe vor. Die Darstellung ist in Abbildung 4.3 zu sehen.

```
1  #include <stdbool.h>
2  #include <stdio.h>
3  int main () {
4      bool wahrheitswert = true;
5      printf("Ausgabe als Zahl: %i\n", wahrheitswert);
6      printf("Ausgabe mit true/false: %s\n",
7      wahrheitswert ? "true" : "false");
8      wahrheitswert = false;
9      printf("Ausgabe als Zahl: %i\n", wahrheitswert);
10     printf("Ausgabe mit true/false: %s\n",
11     wahrheitswert ? "true" : "false");
12     return 0;
13 }
```

```
C:\Users\PC\Documents\c\programme\kap4\bool.exe
Ausgabe als Zahl: 1
Ausgabe mit true/false: true
Ausgabe als Zahl: 0
Ausgabe mit true/false: false

Process returned 0 (0x0)   execution time : 0.194 s
Press any key to continue.
```

Abb. 4.3 Die Ausgabe der booleschen Variablen

4.4   Der Zuweisungsoperator: einer der wichtigsten Operatoren in C

Um den Variablen Werte zu geben, um mit diesen Berechnungen durchzuführen und um den Wert mit anderen Inhalten zu vergleichen, kommen in einem Computerprogramm Operatoren zum Einsatz. C kennt mehrere unterschiedliche Operatoren. Der wichtigste von ihnen ist der *Zuweisungsoperator*. Diesen haben wir bereits im vorherigen Beispiel kennengelernt, als wir der Variablen einen Wert gegeben haben. Hierbei handelt es sich um das Gleichheitszeichen. Da dieser Operator jedoch eine sehr wichtige Bedeutung für die Programmgestaltung hat, soll er hier etwas ausführlicher behandelt werden.

Die vorherigen Beispiele haben gezeigt, dass wir mit dem Zuweisungsoperator einer Variablen einen Wert geben können. Dabei handelt es sich jedoch nicht um einen einmaligen Vorgang. Wir können diesen beliebig oft in unserem Programm wiederholen und dabei der Variablen jeweils einen neuen Wert geben. Das folgende Programm weist einer Variablen einen Wert zu und gibt diesen aus. Danach legt es einen neuen Wert fest und gibt den Inhalt der Variablen erneut aus. Abbildung 4.4 zeigt, dass sich hierbei der Wert verändert hat.

```
1  #include <stdio.h>
2  int main(){
3      int zahl = 4;
4      printf("Wert der Variablen zu Beginn: %i\n", zahl);
5      zahl = 6;
6      printf("Wert der Variablen nach der erneuten Zuweisung:
7      %i", zahl);
8      return 0;
9  }
```

C:\Users\PC\Documents\c\programme\kap4\variablen3.exe

```
Wert der Variablen zu Beginn: 4
Wert der Variablen nach der erneuten Zuweisung: 6
Process returned 0 (0x0)   execution time : 0.191 s
Press any key to continue.
```

Abb. 4.4 Die Ausgabe der Variablen mit unterschiedlichen Werten

Der Zuweisungsoperator ermöglicht es nicht nur, einer Variablen einen konkreten Wert zuzuweisen. Darüber hinaus können wir hier auch eine Rechenoperation durchführen:

```
1   zahl = 3 + 4;
```

In diesem Fall erhält die Variable zahl den Wert 7 – also das Ergebnis aus dieser Berechnung.

Darüber hinaus ist es möglich, einer Variablen den Wert einer anderen Variablen zuzuweisen. Das zeigt das folgende Beispiel:

```
1   zahl1 = 5;
2   zahl2 = zahl1;
```

In diesem Fall erhält die Variable zahl2 den gleichen Wert wie die Variable zahl1. Er liegt demnach in beiden Fällen bei 5. Dabei ist es auch möglich, eine Variable in eine Rechenoperation einzubeziehen:

```
1   zahl1 = 5;
2   zahl2 = zahl1 + 2;
```

Diese Befehle führen dazu, dass die Variable zahl2 den Wert 7 erhält – den Wert der Variablen zahl1 plus den Wert der Zahl 2.

Bei der Zuweisung kann eine Variable auch auf sich selbst Bezug nehmen. Dabei wird für die Berechnung ihr ursprünglicher Wert herangezogen. Die Variable erhält dann aber das Ergebnis der Berechnung als neuen Wert:

```
1   zahl = 3;
2   zahl = zahl + 7;
```

Das führt dazu, dass die Variable zahl nun den Wert 10 aufweist, da ihr ursprünglicher Wert um 7 erhöht wurde. Das folgende Programm fasst die vorgestellten Möglichkeiten zusammen und gibt die Ergebnisse wie in Abbildung 4.4 zu sehen aus:

```
1   #include <stdio.h>
2   int main(){
3       int zahl1 = 5;
4       int zahl2;
5       zahl2 = zahl1;
6       printf("Zahl 1: %i, Zahl 2: %i\n", zahl1, zahl2);
7       zahl2 = zahl1 + 2;
8       printf("Zahl 1: %i, Zahl 2: %i\n", zahl1, zahl2);
```

```
 9     zahl1 = zahl1 + 6;
10     printf("Zahl 1: %i, Zahl 2: %i\n", zahl1, zahl2);
11     return 0;
12  }
```

C:\Users\PC\Documents\c\programme\kap4\variablen4.exe

```
Zahl 1: 5, Zahl 2: 5
Zahl 1: 5, Zahl 2: 7
Zahl 1: 11, Zahl 2: 7

Process returned 0 (0x0)   execution time : 0.198 s
Press any key to continue.
```

Abb. 4.5 Die Zuweisung der verschiedenen Werte

4.5 Arithmetische Operatoren

Eine weitere wichtige Rolle spielen *arithmetische Operatoren*. Hierbei handelt es sich um Operatoren, mit denen wir mathematische Berechnungen durchführen können. Einen der wichtigsten arithmetischen Operatoren haben wir bereits im vorherigen Abschnitt verwendet: das Pluszeichen. Genau wie in der Mathematik dient dieses dazu, Summen zu bilden.

Auch für Differenzen kommt das entsprechende mathematische Symbol zum Einsatz: das Minuszeichen. Bei Multiplikationen und Divisionen kommt es jedoch zu Unterschieden im Vergleich zur Schul-Mathematik. Für Multiplikationen verwenden wir das Stern-Symbol (*) und für Divisionen den Schrägstrich(/).

Bei Divisionen müssen wir beachten, dass es hierbei je nach verwendetem Datentyp Unterschiede geben kann. Handelt es sich sowohl beim Dividenden als auch beim Divisor um ganze Zahlen, führt C die Ganzzahl-Division durch. Das bedeutet, dass das Ergebnis stets ebenfalls eine ganze Zahl ist. Der Wert gibt dabei den ganzzahligen Anteil der Division an. Wenn es sich jedoch bei mindestens einem der beiden Werte um eine Fließkommazahl handelt, erhalten wir ebenfalls eine Fließkommazahl und damit das exakte Ergebnis.

Wenn wir ganze Zahlen dividieren und dabei eine Fließkommazahl als Ergebnis erwünscht ist, müssen wir einen der Ausgangswerte umformen. Das funktioniert, indem wir den Begriff float in Klammern vor den entsprechenden Wert setzen.

Darüber hinaus gibt es den Modulo-Operator. Dieser gibt an, welcher Rest bei einer ganzzahligen Division der beiden angegebenen Werte auftritt. Das folgende Programm stellt alle genannten arithmetischen Operatoren vor. Die Ergebnisse sind in Abbildung 4.5 zu sehen.

```
1   #include <stdio.h>
2   int main () {
3       int a = 7;
4       int b = 3;
5       int summe = a + b;
6       printf("Summe: %i\n", summe);
7       int differenz = a - b;
8       printf("Differenz: %i\n", differenz);
9       int produkt = a * b;
10      printf("Produkt: %i\n", produkt);
11      int quotient1 = a / b;
12      printf("Quotient (ganze Zahlen): %i\n", quotient1);
13      float quotient2 = (float)a / b;
14      printf("Quotient (Flie\xE1kommazahlen): %f\n", quotient2);
15      int modulo = a % b;
16      printf("Modulo: %i\n", modulo);
17      return 0;
18  }
```

C:\Users\PC\Documents\c\programme\kap4\operatoren1.exe

```
Summe: 10
Differenz: 4
Produkt: 21
Quotient (ganze Zahlen): 2
Quotient (Fließkommazahlen): 2.333333
Modulo: 1

Process returned 0 (0x0)   execution time : 0.148 s
Press any key to continue.
```

Abb. 4.6 Die Ergebnisse der Rechenoperationen

Anmerkung: Wenn wir das Eszett oder Umlaute in einem C-Programm ausgeben wollen, ist es nicht möglich, den entsprechenden Buchstaben einfach in unser Programm zu schreiben. Hierfür müssen wir zunächst den Backslash und anschließend den Buchstaben x sowie den Hexadezimalwert des entsprechenden *ASCII*-Zeichens einfügen. Der Wert für das Eszett beträgt E1. Die Werte für ä, ö und ü betragen 84, 94 und 81. Für die Großbuchstaben Ä, Ö und Ü verwenden wir die Werte 8E, 99 und 9A.

49

Im vorherigen Abschnitt haben wir bereits gelernt, dass eine Variable auch auf sich selbst Bezug nehmen kann. Das bedeutet, dass für die Berechnung ihres neuen Werts ihr bisheriger Wert herangezogen wird. Dafür ist es möglich, sie auch rechts des Zuweisungsoperators zu verwenden und damit gewöhnliche Rechenoperationen durchzuführen. Allerdings gibt es hierfür auch eine kürzere Schreibweise. Statt a = a + b; zu schreiben, können wir auch a += b; verwenden. Die gleiche Vorgehensweise eignet sich auch für die übrigen Operatoren:

Langform	Kurzform
a = a + b;	a += b;
a = a - b;	a -= b;
a = a * b	a *= b;
a = a / b	a /= b;

Besonders häufig kommt es vor, dass man den Wert einer Variablen um 1 erhöhen oder erniedrigen muss. Daher gibt es für diese Rechenoperation eine besonders kompakte Schreibweise: `a++;` beziehungsweise `a--;` Diese Ausdrücke sind gleichbedeutend zu `a += 1;` beziehungsweise zu `a -= 1;`

4.6   Eingaben des Anwenders in einer Variablen speichern

Computerprogramme sollen in der Regel eine Interaktion mit dem Anwender ermöglichen. Auf diese Weise kann dieser beispielsweise die Programmfunktionen steuern oder Werte für Berechnungen eingeben. Bislang kam es jedoch nur zu einer einseitigen Kommunikation: Das Programm hat lediglich Informationen über den Bildschirm ausgegeben. Nun wollen wir es dem Anwender jedoch erlauben, selbst Eingaben zu machen. Um diese aufzunehmen, kommen wieder Variablen zum Einsatz.

Um dem Anwender eine Eingabe zu ermöglichen, kommen in C mehrere verschiedene Befehle infrage. Eine Möglichkeit hierfür stellt die `getchar()`-Funktion dar. Diese eignet sich zum Einlesen eines einzelnen Buchstabens. Wenn wir diese in unser Programm einfügen, wartet es so lange, bis wir einen entsprechenden Wert eingeben und mit der Enter-Taste bestätigen. Dabei ist es wichtig, darauf zu achten, dass wir das Ergebnis dieser Funktion stets einer `int`-Variablen zuweisen müssen, obwohl wir eigentlich einen Buchstaben aufnehmen möchten. Unser Programm speichert jedoch die Nummer, die diesen im ASCII-Code repräsentiert. Wenn wir bei der Ausgabe den Platzhalter %c verwenden, wird genau das eingegebene Zeichen dargestellt. Verwenden wir hingegen den Platzhalter %i (oder %d), wird die entsprechende Zahl ausgegeben. Im folgenden Programm probieren wir beide Möglichkeiten aus. Abbildung 4.6 macht die verschiedenen Darstellungsweisen deutlich.

```
1   #include <stdio.h>
2   int main () {
3       printf ("Geben Sie einen Wert ein: ");
4       int eingabe;
5       eingabe = getchar();
6       printf ("Eingegebener Wert (int): %i\n", eingabe);
7       printf ("Eingegebener Wert (char): %c\n", eingabe);
8       return 0;
9   }
```

C:\Users\PC\Documents\c\programme\kap4\getchar.exe

```
Geben Sie einen Wert ein: b
Eingegebener Wert (int): 98
Eingegebener Wert (char): b

Process returned 0 (0x0)   execution time : 13.215 s
Press any key to continue.
```

Abb. 4.7 Die Ausgabe des int-Werts und des zugehörigen Buchstabens

Eine weitere Alternative stellt die scanf()-Methode dar. Diese ermöglicht das Einlesen verschiedener Werte – beispielsweise eines Buchstabens, einer Zahl oder eines ganzen Worts. Damit das Programm weiß, welche Art von Wert es aufnehmen soll, müssen wir die gleichen Platzhalter wie bei der printf()-Funktion verwenden. Nach einem Komma steht der Name der Variablen, die den Wert aufnehmen soll. Hierbei müssen wir dem Variablennamen jedoch das Ampersand-Zeichen (&) voranstellen. Was das bedeutet, wird in Kapitel 11 erklärt. Bislang ist es ausreichend, darauf zu achten, dieses Zeichen einzufügen. Auf diese Weise können wir Werte unterschiedlichen Typs aufnehmen. Das zeigt das folgende Programm:

```
1   #include <stdio.h>
2   int main () {
```

```
3    char eingabeBuchstabe;
4    printf ("Geben Sie einen Buchstaben ein: ");
5    scanf ("%c", &eingabeBuchstabe);
6    printf ("Eingegebener Wert (Buchstabe): %c\n",
7    eingabeBuchstabe);
8    int eingabeGanzzahl;
9    printf ("Geben Sie einen ganze Zahl ein: ");
10   scanf ("%i", &eingabeGanzzahl);
11   printf ("Eingegebener Wert (ganze Zahl): %i\n",
12   eingabeGanzzahl);
13   float eingabeKommazahl;
14   printf ("Geben Sie eine Kommazahl ein: ");
15   scanf ("%f", &eingabeKommazahl);
16   printf ("Eingegebener Wert (Kommazahl): %f\n",
17   eingabeKommazahl);
18   return 0;
19   }
```

```
 C:\Users\PC\Documents\c\programme\kap4\scanf.exe

Geben Sie einen Buchstaben ein: d
Eingegebener Wert (Buchstabe): d
Geben Sie einen ganze Zahl ein: 13
Eingegebener Wert (ganze Zahl): 13
Geben Sie eine Kommazahl ein: 2.45
Eingegebener Wert (Kommazahl): 2.450000

Process returned 0 (0x0)   execution time : 11.599 s
Press any key to continue.
```

Abb. 4.8 Die Eingabe und die Ausgabe der verschiedenen Werte

Die scanf()-Funktion eignet sich auch zum Einlesen ganzer Wörter. Da wir den hierfür notwendigen Datentyp jedoch erst im nächsten Kapitel kennenlernen, können wir diese Funktion noch nicht nutzen. Das Gleiche gilt für die gets()-Funktion. Diese dient der Eingabe beliebiger Zeichenketten. Diese können auch aus mehreren Wörtern bestehen. Die Funktionsweise ist hierbei sehr ähnlich wie beim getchar()-Befehl. Die genauen Details zur Anwendung werden jedoch erst erklärt, nachdem wir die Verwendung von Zeichenketten kennengelernt haben.

4.7 Übungsaufgabe: Mit Variablen und Operatoren arbeiten

1. Schreiben Sie ein Programm, das eine Variable für eine ganze Zahl definiert und ihr einen beliebigen Wert zuweist. Deklarieren Sie daraufhin zwei neue Variablen und weisen der ersten den doppelten Wert und der zweiten das Quadrat der ursprünglichen Variablen zu. Geben Sie daraufhin die entsprechenden Ergebnisse aus.

2. Gestalten Sie ein Programm, das vom Anwender zwei Fließkommazahlen abfragt. Geben Sie als Ergebnis die Summe der beiden Werte aus.

3. Erstellen Sie ein Programm, das über den `getchar()`-Befehl einen Buchstaben vom Anwender abfragt. Erhöhen Sie den erhaltenen `int`-Wert um 1 und geben Sie diesen Wert wieder als Buchstaben aus. Beobachten Sie, welches Ergebnis das Programm dabei anzeigt.

4

Lösungen:

1.

```
1  #include <stdio.h>
2  int main () {
3      int zahl = 4;
4      int doppelterWert = zahl * 2;
5      int quadrat = zahl * zahl;
6      printf ("Doppelter Wert: %i\n", doppelterWert);
7      printf ("Quadrat: %i\n", quadrat);
8      return 0;
9  }
```

```
C:\Users\PC\Documents\c\programme\kap4\aufgabe1.exe

Doppelter Wert: 8
Quadrat: 16

Process returned 0 (0x0)   execution time : 0.296 s
Press any key to continue.
```

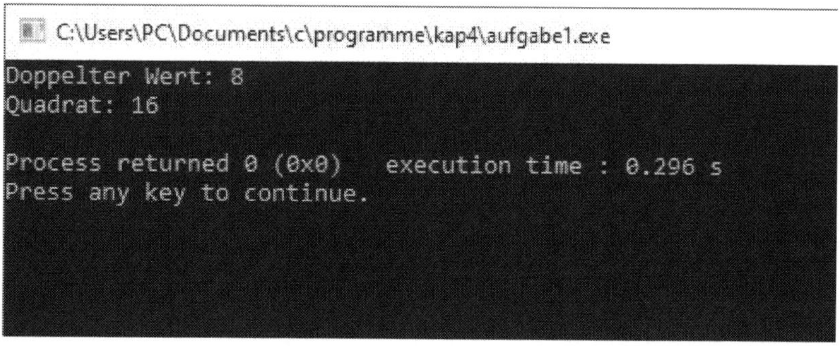

Abb. 4.9 Die Ausgabe der Werte

2.

```
1   #include <stdio.h>
2   int main () {
3       float zahl1;
4       float zahl2;
5       printf ("Geben Sie den ersten Wert ein: ");
6       scanf ("%f", &zahl1);
7       printf ("Geben Sie den ersten Wert ein: ");
8       scanf ("%f", &zahl2);
9       printf ("Ergebnis: %f", zahl1 + zahl2);
10      return 0;
11  }
```

```
C:\Users\PC\Documents\c\programme\kap4\aufgabe2.exe
Geben Sie den ersten Wert ein: 2.45
Geben Sie den ersten Wert ein: 6.927
Ergebnis: 9.377000
Process returned 0 (0x0)   execution time : 10.408 s
Press any key to continue.
```

Abb. 4.10 Die Summe der beiden Werte

3.

```
1   #include <stdio.h>
2   int main () {
3       int eingabe;
4       printf ("Geben Sie einen Buchstaben ein: ");
5       eingabe = getchar();
6       eingabe++;
7       printf ("Ergebnis nach der Erh\x94hung des Werts: %c",
8       eingabe);
9       return 0;
10  }
```

Die Erhöhung um die Zahl 1 führt dazu, dass das Symbol angezeigt wird, das im ASCII-Code an der nächsten Stelle steht. Mit Ausnahme des Buchstabens z ist dies der Wert, der im Alphabet nach der entsprechenden Eingabe steht.

```
C:\Users\PC\Documents\c\programme\kap4\aufgabe3.exe
Geben Sie einen Buchstaben ein: g
Ergebnis nach der Erhöhung des Werts: h
Process returned 0 (0x0)   execution time : 5.029 s
Press any key to continue.
```

Abb. 4.11 Die Ausgabe des nachfolgenden Buchstabens

Alle Programmcodes aus diesem Buch sind als PDF zum
Download verfügbar. Dadurch müssen Sie sie nicht abtippen:
https://bmu-verlag.de/c

Außerdem erhalten Sie die eBook Ausgabe zum Buch im
PDF Format kostenlos auf unserer Website:

https://bmu-verlag.de/c
Downloadcode: siehe Kapitel 19

Kapitel 5
Zusammengesetzte Datentypen in C

Im vorherigen Kapitel haben wir die Verwendung von Variablen kennengelernt. Diese können einzelne Zahlen, Zeichen oder Wahrheitswerte aufnehmen. Wenn man jedoch betrachtet, wie beispielsweise in einem Büro oder
auch in einem privaten Haushalt Daten abgelegt werden, kommt man zu
dem Schluss, dass diese fast nie einzeln vermerkt werden. Für Zahlen kommen beispielsweise Listen und Tabellen zum Einsatz. Anstatt einzelne Buchstaben zu notieren, setzt man diese zu Wörtern, Sätzen oder zu längeren
Texten zusammen. Das macht deutlich, dass es auch in einem Computerprogramm sinnvoll ist, die einzelnen Informationen zusammenzufassen. Zu
diesem Zweck können wir in C zusammengesetzte Datentypen verwenden.

5.1 Arrays: Felder für mehrere Daten des gleichen Typs

Einer der wichtigsten zusammengesetzten Datentypen ist das *Array*. Dieses
kann man sich ähnlich wie eine Liste vorstellen, die man mit Werten füllen kann. Allerdings gibt es hierbei einige Unterschiede zu einer gewöhnlichen Liste, die man auf einem Blatt Papier anfertigt. Zum einen müssen
bei einem Array alle Einträge demselben Datentyp entsprechen. Es gibt beispielsweise Arrays für `int`- oder `float`-Werte sowie für Buchstaben. Eine Mi-
schung ist hierbei nicht möglich. Zum anderen ist bei einem Array die Zahl
der Einträge fest vorgegeben. Wenn wir ein Array deklarieren, müssen wir
dabei angeben, wie viele Felder es haben soll. Dieser Wert ist normalerweise
nicht veränderbar. Erst später werden wir Methoden kennenlernen, wie wir
die Größe nachträglich beeinflussen können.

Um ein Array zu deklarieren, müssen wir zunächst den Datentyp, der darin
enthaltenen Werte angeben. Danach folgt der Name des Arrays, den wir frei
wählen können. Daran schließt sich eine eckige Klammer an, die die Anzahl
der Felder angibt. Um etwa ein Array mit vier int-Werten zu erzeugen, verwenden wir folgenden Befehl:

```
1   int meinArray [4];
```

Nun können wir die einzelnen Felder mit Inhalten füllen. Dazu geben wir
den Name des Arrays und in einer eckigen Klammer die Nummer des Feldes

an, dem wir einen Wert zuweisen möchten. Dabei müssen wir darauf achten, dass die Nummerierung stets mit dem Wert 0 beginnt. Die Inhalte geben wir über den Zuweisungsoperator vor. Um in das erste Feld den Wert 2 einzutragen, verwenden wir folgenden Befehl:

```
1   meinArray[0] = 2;
```

Auf die gleiche Weise können wir auf die Inhalte zugreifen, um sie auszugeben. Das folgende Programm erstellt ein Array, füllt es mit Werten und gibt diese anschließend aus. Die Ausgabe der einzelnen Array-Felder zeigt Abbildung 5.1.

```
1    #include <stdio.h>
2    int main () {
3        int meinArray[4];
4        meinArray[0] = 2;
5        meinArray[1] = 10;
6        meinArray[2] = 9;
7        meinArray[3] = 6;
8        printf("Feld 1: %i\n", meinArray[0]);
9        printf("Feld 2: %i\n", meinArray[1]);
10       printf("Feld 3: %i\n", meinArray[2]);
11       printf("Feld 4: %i\n", meinArray[3]);
12       return 0;
13   }
```

```
C:\Users\PC\Documents\c\programme\kap5\array1.exe

Feld 1: 2
Feld 2: 10
Feld 3: 9
Feld 4: 6

Process returned 0 (0x0)   execution time : 0.207 s
Press any key to continue.
```

Abb. 5.1 Die Ausgabe der Array-Felder

Die Array-Felder einzeln zu füllen, ist mit einem relativ hohen Aufwand verbunden. Wenn die Inhalte bereits bei der Erstellung bekannt sind, können wir diese jedoch auch gemeinsam einfügen. Dazu schreiben wir sie durch ein Komma voneinander getrennt in eine geschweifte Klammer und weisen diese dem Array direkt bei der Deklarierung zu:

```
1  int meinArray[4] = {2, 10, 9, 6};
```

Dabei muss die Anzahl der Werte nicht der Größe des Arrays entsprechen. Wenn sie kleiner ist, können wir die übrigen Felder später noch belegen. Sollen jedoch gleich zu Beginn alle Felder gefüllt werden, ist es sogar möglich, auf die Größenangabe zu verzichten. Der folgende Befehl erstellt automatisch ein Array mit vier Feldern – da wir vier Werte vorgeben:

```
1  int meinArray[] = {2, 10, 9, 6};
```

Es ist auch möglich, Arrays ineinander zu schachteln. Dabei enthält jedes Feld des übergeordneten Arrays ein weiteres Array. Das kann man sich wie eine Tabelle vorstellen. Das übergeordnete Array gibt die Zeilen vor. Die untergeordneten Arrays definieren die einzelnen Spalten, die sich darin befinden.

Um ein mehrdimensionales Array zu erstellen, müssen wir bei der Deklarierung zwei eckige Klammern angeben. Die erste gibt an, wie viele Einträge im übergeordneten Array enthalten sind. Die zweite enthält die Anzahl der Einträge in den untergeordneten Arrays. Um auf ein Feld zuzugreifen, müssen wir ebenfalls zwei eckige Klammern verwenden: Die erste gibt die Position im übergeordneten Array und die zweite die Position im untergeordneten Array an. Das folgende Programm stellt die Verwendung vor. Abbildung 5.2 macht die tabellenartige Struktur eines zweidimensionalen Arrays deutlich.

```
1   #include <stdio.h>
2   int main () {
3       int meinArray[2][3];
4       meinArray[0][0] = 3;
5       meinArray[0][1] = 2;
6       meinArray[0][2] = 9;
7       meinArray[1][0] = 2;
8       meinArray[1][1] = 8;
9       meinArray[1][2] = 7;
10      printf("Feld (1,1): %i   ", meinArray[0][0]);
11      printf("Feld (1,2): %i   ", meinArray[0][1]);
12      printf("Feld (1,3): %i\n", meinArray[0][2]);
13      printf("Feld (2,1): %i   ", meinArray[1][0]);
14      printf("Feld (2,2): %i   ", meinArray[1][1]);
15      printf("Feld (2,3): %i\n", meinArray[1][2]);
16      return 0;
17  }
```

```
C:\Users\PC\Documents\c\programme\kap5\array3.exe

Feld (1,1): 3      Feld (1,2): 2      Feld (1,3): 9
Feld (2,1): 2      Feld (2,2): 8      Feld (2,3): 7

Process returned 0 (0x0)   execution time : 0.182 s
Press any key to continue.
```

Abb. 5.2 Die tabellenartige Struktur des zweidimensionalen Arrays

5.2 Mit Zeichenketten in C arbeiten

In einem Computerprogramm ist es häufig notwendig, Text zu verarbeiten. Bisher haben wir bereits den Datentyp `char` kennengelernt, der einzelne Buchstaben sowie Ziffern, Satzzeichen und weitere Symbole aufnehmen kann. Wenn wir nun einen kompletten Text betrachten, besteht dieser aus einzelnen Zeichen – also aus `char`-Variablen. Daher werden diese als Zeichenketten oder auf Englisch als String bezeichnet.

Im vorherigen Abschnitt haben wir Arrays kennengelernt. Diese bieten die Möglichkeit, einzelne Werte des gleichen Datentyps aufzunehmen. Das bietet sich auch an, um einzelne Zeichen zu speichern und um auf diese Weise einen Text zu bilden. C kennt im Gegensatz zu den meisten anderen Programmiersprachen keinen eigenen Datentyp für Zeichenketten. Stattdessen verwenden wir hier ein `char`-Array. Dieses können wir mit den bisher bekannten Kenntnissen bereits erstellen:

```
1  char begruessung[6] = {'H', 'a', 'l', 'l', 'o', '!'};
```

Auf diese Weise können wir den Text speichern. Wenn wir ihn anschließend ausgeben möchten, ist dies jedoch relativ kompliziert. Hierfür müssten wir jedes einzelne Array-Feld in einen `printf()`-Befehl einfügen:

```
1  printf("%c%c%c%c%c%c", begruessung[0], begruessung[1],
2  begruessung[2], begruessung[3], begruessung[4],
3  begruessung[5]);
```

Daher gibt es eine Vereinfachung in C. Hierbei können wir einfach den Platzhalter `%s` verwenden. Daraufhin geben wir den Namen des `char`-Arrays ohne Indexnummer an. Wenn wir diese Methode ausprobieren, stellen wir jedoch fest, dass nach dem eigentlichen Text noch einige seltsame Zeichen erscheinen. Diese sind jedoch nicht erwünscht. Um dies zu verhindern, müssen wir die Zeichenkette richtig beenden. Dazu fügen wir ein weiteres Array-Feld ein. Diesem geben wir den Wert \0. Dieser macht deutlich, dass hiermit die Zeichenkette beendet ist. Das folgende Programm zeigt, wie wir das char-Array erstellen und anschließend ausgeben. In Abbildung 5.3 ist zu sehen, dass nun genau der gewünschte Text erscheint:

```
1  #include <stdio.h>
2  int main () {
3      char begruessung[7] = {'H', 'a', 'l', 'l', 'o', '!', '\0'};
4      printf("%s", begruessung);
5      return 0;
6  }
```

```
C:\Users\PC\Documents\c\programme\kap5\string1.exe

Hallo!
Process returned 0 (0x0)   execution time : 0.219 s
Press any key to continue.
```

Abb. 5.3 Die Ausgabe des char-Arrays

Im bisherigen Beispiel ist es recht umständlich, den Inhalt der Zeichenkette vorzugeben. Doch gibt es hierfür noch eine deutlich einfachere Methode. Anstatt jeden Buchstaben einzeln in die Arrayfelder einzutragen, können wir auch den kompletten Text in Anführungszeichen stellen:

```
1  char begruessung[7] = "Hallo!";
```

Dieser Befehl erzeugt genau das gleiche Array wie im vorherigen Beispiel. Das Endzeichen wird hierbei automatisch eingefügt. Dabei müssen wir auch nicht die Buchstaben zählen. Wenn wir die Angabe für die Zahl der Felder weglassen, bestimmt das Programm automatisch die richtige Länge.

Bei vielen Computerprogrammen handelt es sich bei den Eingaben des Nutzers um Zeichenketten – beispielsweise wenn dieser einen Namen oder eine

Adresse eingeben muss. Im vorigen Kapitel haben wir noch nicht gelernt, wie wir diese einlesen können. Das wird nun nachgeholt. Eine Möglichkeit besteht darin, den `scanf()` Befehl zu verwenden. Diesen nutzen wir auf die gleiche Weise wie bei Zahlen oder einzelnen Buchstaben – mit dem Unterschied, dass wir nun den passenden Platzhalter für Zeichenketten einfügen. Darüber hinaus gibt es einen weiteren Unterschied: In diesem Fall speichern wir die Eingabe nicht in einer gewöhnlichen Variable, sondern in einem Array. Das hat zur Folge, dass wir hierbei auf das &-Zeichen verzichten können. Weshalb das so ist, werden wir jedoch erst in Kapitel 11 erfahren. Das folgende Programm liest eine Eingabe des Anwenders ein und gibt diese daraufhin auf dem Bildschirm aus, so wie das in Abbildung 5.4 zu sehen ist:

```
1  #include <stdio.h>
2  int main () {
3      char eingabe[20];
4      printf("Geben Sie ein beliebiges Wort ein: ");
5      scanf("%s", eingabe);
6      printf("Eingegebenes Wort: %s", eingabe);
7      return 0;
8  }
```

```
C:\Users\PC\Documents\c\programme\kap5\string2.exe

Geben Sie ein beliebiges Wort ein: Hallo!
Eingegebenes Wort: Hallo!
Process returned 0 (0x0)   execution time : 7.077 s
Press any key to continue.
```

Abb. 5.4 Das Einlesen einer Zeichenkette

In diesem Fall wissen wir nicht genau, wie lang die Eingabe des Anwenders sein wird. Daher können wir die Länge des char-Arrays auch nicht präzise vorgeben. Da wir hier nur ein einzelnes Wort erwarten, wählen wir eine Länge von 20 aus. Diese sollte in der Regel ausreichen, um dieses aufzunehmen. Zwar können wir auch längere Wörter aufnehmen und danach auch wieder ausgeben. Allerdings belegen wir dabei Speicherplatz, der eigentlich nicht für unser Array vorgesehen ist. Das kann andere Werte beeinträchtigen. Daher sollten wir dies vermeiden.

Wenn man bei diesem Programm ein einzelnes Wort eingibt, funktioniert es problemlos. Wenn wir es jedoch erneut ausführen und dabei mehrere Wörter eingeben, stellen wir fest, dass es dabei zu einem Problem kommt.

In diesem Fall gibt unser Programm nicht den gesamten Text aus, sondern nur das erste Wort. Das liegt daran, dass scanf() die Eingaben nur bis zum ersten Leerzeichen einliest. Die übrige Eingabe geht dabei verloren. Daher eignet sich dieser Befehl nicht für längere Texte.

Es gibt auch Möglichkeiten, um den scanf()-Befehl so anzupassen, dass er längere Texte einliest. Da diese jedoch recht kompliziert sind, verwenden wir ein anderes Kommando zu diesem Zweck: gets(). Damit ist es möglich, beliebig lange Texte aus mehreren Wörtern einzulesen und in einer Zeichenkette zu speichern. Dabei ist es wichtig, das char-Array so groß zu gestalten, dass es die komplette erwartete Eingabe aufnehmen kann. Das Ergebnis ist in Abbildung 5.5 zu erkennen.

```
1  #include <stdio.h>
2  int main () {
3      char eingabe[100];
4      printf("Geben Sie einen Text mit maximal 100
5      Zeichen ein: ");
6      gets(eingabe);
7      printf("Eingegebenes Wort: %s", eingabe);
8      return 0;
9  }
```

```
C:\Users\PC\Documents\c\programme\kap5\string3.exe

Geben Sie einen Text mit maximal 100 Zeichen ein: Hallo, wie geht's?
Eingegebener Text: Hallo, wie geht's?
Process returned 0 (0x0)   execution time : 8.586 s
Press any key to continue.
```

Abb. 5.5 Die Eingabe eines längeren Texts

Eine weitere Möglichkeit besteht darin, den fgets()-Befehl zu verwenden. Dieser bietet ein breiteres Anwendungsgebiet – er lässt sich beispielsweise auch verwenden, um die Inhalte einer Datei einzulesen. Hierbei können wir genau vorgeben, wie viele Zeichen maximal eingelesen werden sollen. Das verhindert, dass wir mehr Zeichen einfügen, als unser Array aufnehmen kann. Die übrigen Zeichen werden dann nicht eingelesen. Um diesen Befehl zu verwenden, müssen wir in die Klammer drei Werte einfügen. Der erste gibt die Variable an, in der wir unsere Zeichenkette aufnehmen wollen. Der zweite gibt die maximale Länge vor. Der dritte gibt schließlich an, welchen Input-Stream wir verwenden möchten. Für Eingaben über die Tastatur kommt der Schlüsselbegriff `stdin` zum Einsatz:

```
1   fgets(eingabe, 20 , stdin);
```

Im folgenden Programm stellen wir die Verwendung vor. Dabei beschränken wir die Eingabe auf 20 Zeichen. Abbildung 5.6 zeigt, dass nur dieser Inhalt aufgenommen wird – selbst wenn wir längere Texte eingeben.

```
1   int main () {
2       char eingabe[20];
3       printf("Geben Sie einen Text mit maximal 20
4       Zeichen ein: ");
5       fgets(eingabe, 20 , stdin);
6       printf("Eingegebenes Wort: %s", eingabe);
7       return 0;
8   }
```

```
C:\Users\PC\Documents\c\programme\kap5\string4.exe

Geben Sie einen Text mit maximal 20 Zeichen ein: Hier steht ein Text mit mehr als 20 Zeichen.
Eingegebener Text: Hier steht ein Text
Process returned 0 (0x0)   execution time : 59.974 s
Press any key to continue.
```

Abb. 5.6 Der Text wird bei einer Länge von 20 Zeichen abgeschnitten

C hält zahlreiche Befehle für uns bereit, mit denen wir Zeichenketten bearbeiten können. Diese können hier nicht alle vorgestellt werden, da das den Rahmen sprengen würde. Dennoch sollen beispielhaft zwei Möglichkeiten präsentiert werden. Im weiteren Verlauf dieses Buchs werden wir jedoch noch einige weitere Befehle für die Arbeit mit Zeichenketten kennenlernen. Um die Befehle für die Bearbeitung von Strings zu verwenden, müssen wir jedoch eine weitere Bibliothek in unser Programm einbinden: `string.h`.

Der erste Befehl dient dazu, die Länge einer Zeichenkette zu bestimmen. Dabei ist es wichtig, darauf zu achten, dass dieser nicht die Länge des Arrays angibt, sondern den Inhalt der Zeichenkette – also die Anzahl der Zeichen, die hier gespeichert sind, bis das Endzeichen \0 erscheint. Hierfür verwenden wir den Befehl `strlen()`. Dieser gibt eine ganze Zahl zurück. Das folgende Programm stellt die Verwendung vor:

```
1   #include <stdio.h>
2   #include <string.h>
3   int main () {
```

```
4    char text[20] = "Hallo";
5    int laenge = strlen(text);
6    printf("L\x84nge: %i", laenge);
7    return 0;
8  }
```

C:\Users\PC\Documents\c\programme\kap5\string5.exe

```
Länge: 5
Process returned 0 (0x0)    execution time : 0.224 s
Press any key to continue.
```

Abb. 5.7 Die Ausgabe der Länge der Zeichenkette

Ein weiterer wichtiger Befehl ist `strncat()`. Dieser dient dazu, zwei Zeichenketten zusammenzufügen. In die Klammer schreiben wir zunächst die ursprüngliche Variable, die auch den zusammengesetzten Wert aufnehmen soll. An zweiter Stelle steht der Name der Variable, die wir hinzufügen möchten. An dritter Stelle fügen wir ein, wie viele Zeichen maximal kopiert werden sollen:

```
1  #include <stdio.h>
2  #include <string.h>
3  int main () {
4      char text1[20] = "Hallo";
5      printf("Erster Textteil: %s\n", text1);
6      char text2[20] = ", wie geht's?";
7      printf("Zweiter Textteil: %s\n", text2);
8      strncat(text1, text2, 14);
9      printf("Zusammengesetzter Text: %s\n", text1);
10     return 0;
11 }
```

Dieser Befehl fügt den Inhalt der zweiten Variablen zum Inhalt der ersten Variablen hinzu. Das Ergebnis ist in Abbildung 5.8 zu sehen. Alternativ wäre es auch möglich, den `strcat()`-Befehl zu verwenden, der ganz ähnlich aufgebaut ist. Dieser verzichtet jedoch auf die Angabe der Maximallänge. Das hat zur Folge, dass es hierbei möglich ist, dass wir die verfügbare Gesamtlänge unseres Arrays überschreiten. Daher ist es immer sinnvoll, den `strncat()`-Befehl zu verwenden.

65

```
C:\Users\PC\Documents\c\programme\kap5\string6.exe
Erster Textteil: Hallo
Zweiter Textteil: , wie geht's?
Zusammengesetzter Text: Hallo, wie geht's?

Process returned 0 (0x0)   execution time : 0.211 s
Press any key to continue.
```

Abb. 5.8 Der zusammengefügte Text

5.3   Struct: individuelle Strukturen für die Daten vorgeben

Zu Beginn dieses Kapitels haben wir Arrays kennengelernt. Diese eignen sich hervorragend dazu, zusammengehörige Datensätze aufzunehmen. Allerdings gibt es dabei eine große Einschränkung: Arrays eignen sich ausschließlich dazu, Daten des gleichen Typs aufzunehmen.

Bei vielen Anwendungen kommt es jedoch vor, dass wir hierbei Daten verschiedener Typen aufnehmen möchten. Als Beispiel hierfür können wir uns einen Immobilienmakler vorstellen, der die zu vermietenden Objekte in einem Programm bearbeiten will. Dieser benötigt viele verschiedene Informationen, um die entsprechenden Wohnungen zu vermieten – beispielsweise die Adresse, die Zahl der Zimmer, die Quadratmeter und den Mietpreis. Beim ersten Wert handelt es sich um eine Zeichenkette. Bei den übrigen hingegen um Zahlen. Daher ist es nicht möglich, diese Werte gemeinsam in einem Array abzuspeichern.

Wenn wir nun einzelne Variablen für diese Werte verwenden, wird das Programm recht kompliziert – insbesondere wenn wir davon ausgehen, dass ein Immobilienmakler in der Regel Dutzende Wohnungen vermietet. Allerdings gibt es noch eine weitere Möglichkeit: die Verwendung von *Strukturen*.

Dabei können wir vorgeben, welche Werte wir für einen bestimmten Gegenstand verwenden möchten. Diese Struktur bildet dann stets eine zusammengehörige Einheit. Zu diesem Zweck müssen wir die Struktur bereits vor dem Öffnen der `main()`-Funktion festlegen. Wir führen sie mit dem Schlüsselbegriff `struct` ein. Danach wählen wir einen Namen für die Struktur und öffnen eine geschweifte Klammer. Darin deklarieren wir nun die benötigten Variablen jeweils mit ihrem Typ und mit einem individuell gewählten Namen. Nach der geschweiften Klammer folgt ein Semikolon. Demnach ist eine Struktur so aufgebaut:

```
struct Bezeichnung {
    Datentyp 1 Variablenname 1;
    Datentyp 2 Variablenname 2;
    .
    .
    Datentyp n Variablenname n;
};
```

Dies setzen wir nun anhand des genannten Beispiels des Immobilienmaklers in die Praxis um:

```
struct Wohnung {
    char adresse[100];
    int zimmer;
    int quadratmeter;
    int preis;
};
```

Im Hauptprogramm können wir diese Struktur dann nutzen. Um einen Datensatz für eine Wohnung zu erstellen, müssen wir hier zunächst den Schlüsselbegriff `struct` angeben. Danach nennen wir den Namen der Struktur, die wir anwenden wollen – in diesem Fall `Wohnung`. Danach steht ein frei wählbarer Name für den entsprechenden Datensatz:

```
struct Wohnung wohnung1;
```

Um auf die Inhalte der einzelnen Variablen zugreifen zu können, müssen wir dann zunächst den Namen des konkreten Datensatzes (in diesem Fall also `wohnung1`), danach einen Punkt und anschließend den entsprechenden Variablennamen nennen. Um den Preis festzulegen, können wir demnach folgenden Befehl nutzen:

```
wohnung1.preis = 450;
```

Wenn wir hierbei Zeichenketten verwenden, müssen wir darauf achten, dass wir in diesem Fall den Wert nicht direkt zuweisen können. Stattdessen müssen wir die Funktion `strcpy()` verwenden, die eine Zeichenkette kopiert. Dabei geben wir in der Klammer zunächst das Ziel an – also die Variable in unserer Struktur. Danach folgt der Wert, den wir in das `char`-Array kopieren möchten. Der entsprechende Befehl für die Angabe der Adresse sieht dann so aus:

```
strcpy (wohnung1.adresse, "Hauptstr. 23");
```

Um die Werte auszugeben, verwenden wir das gleiche System. Auch hier geben wir zunächst den Namen der Struktur und daraufhin einen Punkt und danach den Namen der Variablen an. Das folgende Programm erzeugt eine Struktur, füllt diese mit Inhalten und gibt diese daraufhin aus. Das Ergebnis ist in Abbildung 5.9 zu sehen.

```
#include <stdio.h>
#include <string.h>
struct Wohnung {
    char adresse[100];
    int zimmer;
    int quadratmeter;
    int preis;
};
int main () {
    struct Wohnung wohnung1;
    strcpy( wohnung1.adresse, "Hauptstr. 23");
    wohnung1.zimmer = 3;
    wohnung1.quadratmeter = 87;
    wohnung1.preis = 450;
    printf ("Adresse: %s\n", wohnung1.adresse);
    printf ("Anzahl Zimmer: %i\n", wohnung1.zimmer);
    printf ("Anzahl Quadratmeter: %i\n",
    wohnung1.quadratmeter);
    printf ("Preis: %i\n", wohnung1.preis);
    return 0;
}
```

```
C:\Users\PC\Documents\c\programme\kap5\struct1.exe
Adresse: Hauptstr. 23
Anzahl Zimmer: 3
Anzahl Quadratmeter: 87
Preis: 450

Process returned 0 (0x0)   execution time : 0.219 s
Press any key to continue.
```

Abb. 5.9 Die Ausgabe der Inhalte der Struktur

5.4   Übungsaufgabe: mit zusammengesetzten Datentypen arbeiten

1. Erstellen Sie ein Programm mit einem Array, das fünf Fließkommazahlen enthält. Geben Sie die Werte einzeln aus.

2. Schreiben Sie ein Programm, das den Anwender zur Eingabe von drei Wörtern auffordert. Nehmen Sie diese einzeln auf. Fügen Sie sie anschließend zu einer einzigen Zeichenkette zusammen. Achten Sie darauf, zwischen den einzelnen Wörtern ein Leerzeichen anzubringen.

3. Gestalten Sie eine Struktur für einen Buchhändler. Diese soll den Titel, den Autor und den Preis enthalten. Füllen Sie die Struktur mit Werten und geben Sie diese aus.

5

Lösungen:

1.

```
#include <stdio.h>
int main () {
    float meinArray[] = {4.78, 10.1, 6.845, 6.912, 2.4111};
    printf("Wert 1: %f\n", meinArray[0]);
    printf("Wert 2: %f\n", meinArray[1]);
    printf("Wert 3: %f\n", meinArray[2]);
    printf("Wert 4: %f\n", meinArray[3]);
    printf("Wert 5: %f\n", meinArray[4]);
    return 0;
}
```

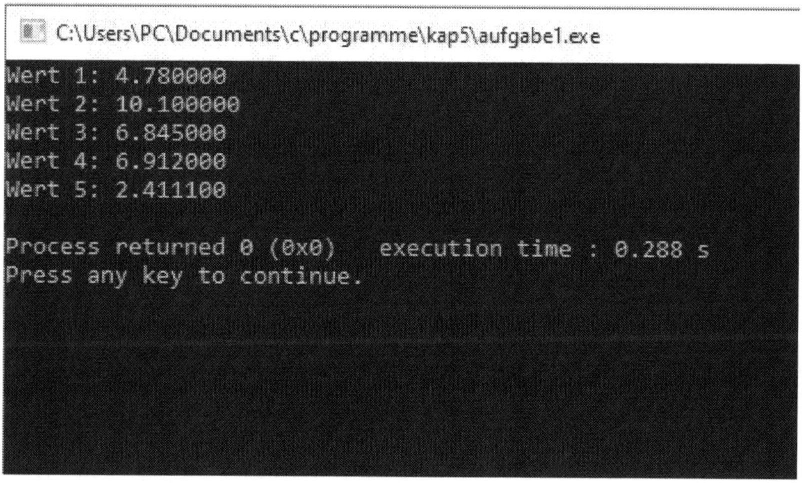

```
C:\Users\PC\Documents\c\programme\kap5\aufgabe1.exe
Wert 1: 4.780000
Wert 2: 10.100000
Wert 3: 6.845000
Wert 4: 6.912000
Wert 5: 2.411100

Process returned 0 (0x0)   execution time : 0.288 s
Press any key to continue.
```

Abb. 5.10 Die Ausgabe der Werte des Arrays

2.

```
#include <stdio.h>
int main () {
    char textGesamt[60];
    char wort1[20];
    char wort2[20];
    char wort3[20];
    printf("Geben Sie Wort 1 ein (max. 20 Zeichen): ");
    scanf("%s",wort1);
    printf("Geben Sie Wort 2 ein (max. 20 Zeichen): ");
    scanf("%s",wort2);
    printf("Geben Sie Wort 3 ein (max. 20 Zeichen): ");
```

```
12      scanf("%s",wort3);
13      strcpy(textGesamt, wort1);
14      strncat(textGesamt, " ", 2);
15      strncat(textGesamt, wort2, 20);
16      strncat(textGesamt, " ", 2);
17      strncat(textGesamt, wort3, 20);
18      printf("Gesamter Text: %s", textGesamt);
19      return 0;
20  }
```

C:\Users\PC\Documents\c\programme\kap5\aufgabe2.exe

```
Geben Sie Wort 1 ein (max. 20 Zeichen): Hallo
Geben Sie Wort 2 ein (max. 20 Zeichen): Herzlich
Geben Sie Wort 3 ein (max. 20 Zeichen): Willkommen
Gesamter Text: Hallo Herzlich Willkommen
Process returned 0 (0x0)   execution time : 8.795 s
Press any key to continue.
```

Abb. 5.11: Die Verarbeitung der Eingabewerte

3.

```
1   #include <stdio.h>
2   #include <string.h>
3   struct Buch {
4       char titel[100];
5       char autor[100];
6       float preis;
7   };
8   int main () {
9       struct Buch buch1;
10      strcpy(buch1.titel, "Der Idiot");
11      strcpy(buch1.autor, "Fjodor Michailowitsch Dostojewski");
12      buch1.preis = 23.49;
13      printf ("Titel: %s\n", buch1.titel);
14      printf ("Autor: %s\n", buch1.autor);
15      printf ("Preis: %f\n", buch1.preis);
16      return 0;
17  }
```

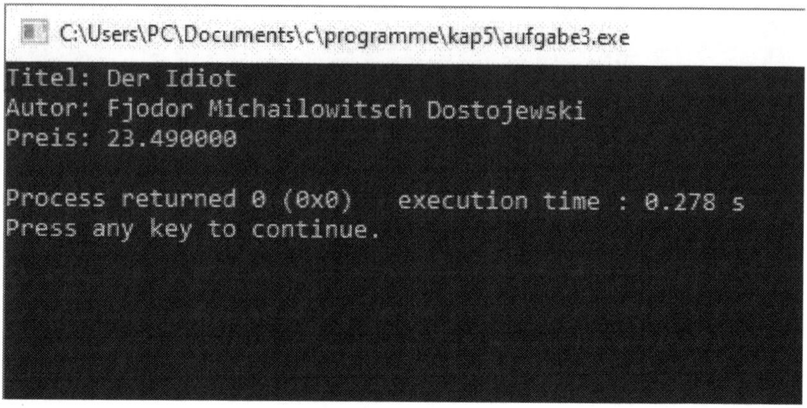

Abb. 5.12 Die Ausgabe der Inhalte der Struktur

Alle Programmcodes aus diesem Buch sind als PDF zum
Download verfügbar. Dadurch müssen Sie sie nicht abtippen:
https://bmu-verlag.de/c

Außerdem erhalten Sie die eBook Ausgabe zum Buch im
PDF Format kostenlos auf unserer Website:

https://bmu-verlag.de/c
Downloadcode: siehe Kapitel 19

Kapitel 6

Mit if-Abfragen verschiedene Optionen für die Ausführung gestalten

Alle Programme, die wir bislang erstellt haben, wiesen einen linearen Ablauf auf. Das bedeutet, dass die genaue Reihenfolge der einzelnen Befehle bereits von Anfang an vorgegeben ist. Lediglich die Werte, die wir dabei verwendet haben, konnten sich bei den einzelnen Ausführungen unterscheiden – vorausgesetzt, es handelte sich dabei um ein Programm, das Nutzereingaben erlaubt.

Computerprogramme biete jedoch die Möglichkeit, diese linearen Strukturen aufzubrechen. Wir können zum Beispiel verschiedene Möglichkeiten für die Abfolge der Befehle erstellen. Je nachdem, welche Werte der Anwender bei der Ausführung dann eingibt, kann das Programm die eine oder die andere Alternative ausführen. Außerdem ist es möglich, bestimmte Teile des Programms zu wiederholen. Diese Techniken werden als *Ablaufsteuerung* bezeichnet. Sie sind von großer Bedeutung, um die Funktionen an die Eingaben des Anwenders oder an die verwendeten Daten anzupassen.

Dieses Kapitel stellt if-Abfragen vor. Diese bieten die Möglichkeit, eine Verzweigung zu erstellen und auf diese Weise die Abfolge der Befehle an bestimmte Bedingungen zu knüpfen. Sie stellen einen der zentralen Bestandteile der Ablaufsteuerung dar. Der zweite wesentliche Bereich – die Verwendung von Schleifen für Wiederholungen – kommt dann im folgenden Kapitel zur Sprache.

6.1 Verzweigungen erstellen

Um alternative Abläufe für ein Programm zu erstellen, sind zwei oder mehr verschiedene Abfolgen von Befehlen erforderlich. Diese zu erstellen, sollte jedoch kein Problem darstellen. Hierfür verwenden wir einfach die bereits bekannten Kommandos. Neu ist jedoch, wie wir diese verschiedenen Alternativen kennzeichnen und wie wir die Entscheidung treffen, welche von ihnen wir für unser Programm verwenden.

Die Entscheidung treffen wir, indem wir eine Bedingung für jeden der alternativen Zweige aufstellen. Im ersten Schritt erstellen wir jedoch nur einen einzigen Zweig. Wenn die zugehörige Bedingung erfüllt ist, führt das Programm die zugehörigen Befehle aus. Trifft sie hingegen nicht zu, überspringt das Programm den entsprechenden Bereich. Später lernen wir dann, wie wir alternative Zweige hinzufügen können.

Wenn wir im allgemeinen Sprachgebrauch eine Bedingung aufstellen, verwenden wir hierfür häufig den Ausdruck „falls" oder „wenn" – zum Beispiel: „Falls ich im Lotto gewinne, mache ich eine Weltreise." In der englischen Sprache verwendet man hierfür den Ausdruck „if". Dieser kommt in fast allen Programmiersprachen zum Einsatz, um eine Verzweigung, die an eine Bedingung geknüpft ist, einzuleiten. Auch in C verwenden wir diesen Ausdruck. Danach stellen wir innerhalb einer Klammer eine Bedingung auf. Daran schließt sich in einer geschweiften Klammer ein Befehlsblock an. Diesen führt das Programm nur aus, wenn die entsprechende Bedingung zutrifft. Die Struktur der if-Abfrage sieht demnach so aus:

```
1  if (Bedingung){
2      Befehl 1;
3      Befehl 2;
4      .
5      .
6      Befehl n;
7  }
```

Wenn wir die if-Abfrage nun in einem Programm verwenden möchten, ergibt sich das Problem, dass wir noch nicht gelernt haben, wie wir eine Bedingung aufstellen. Normalerweise kommen hierfür Vergleiche zum Einsatz, die wir mithilfe von Vergleichsoperatoren aufstellen. Wie das funktioniert, lernen wir jedoch erst im nächsten Abschnitt. Um die Funktion der if-Abfrage dennoch an einem Beispiel vorstellen zu können, verwenden wir als Bedingung eine boolesche Variable. Dazu müssen wir lediglich deren Namen in die Klammer schreiben. Ist ihr Wert true, führt das Programm die entsprechenden Befehle aus. Ist er hingegen false, führt es sie nicht aus. In beiden Fällen fährt es anschließend mit den Befehlen fort, die nach der geschweiften Klammer stehen. Das zeigt folgendes Beispiel:

```
1  #include <stdio.h>
2  #include <stdbool.h>
3  int main () {
4      bool bedingung = true;
5      if (bedingung){
6          printf("Dieser Text erscheint nur, wenn die
```

```
7        Bedingung erf\x811lt ist.\n");
8    }
9    printf("Die Befehle nach der Klammer werden
10   unabh\x84ngig von der Bedingung ausgef\x81hrt.");
11   return 0;
12 }
```

Abbildung 6.1 zeigt, dass dieses Programm auch den Text, der in der geschweiften Klammer der if-Abfrage steht, ausgibt. Das liegt daran, dass unsere Bedingung erfüllt ist, da der Wert der booleschen Variable true beträgt. Wenn wir diesen nun jedoch auf false setzen und das Programm erneut ausführen, stellen wir fest, dass in diesem Fall das Programm nur den abschließenden Text, der nach der Klammer steht, ausgibt.

C:\Users\PC\Documents\c\programme\kap6\if1.exe
```
Dieser Text erscheint nur, wenn die Bedingung erfüllt ist.
Die Befehle nach der Klammer werden unabhängig von der Bedingung ausgeführt.
Process returned 0 (0x0)   execution time : 0.249 s
Press any key to continue.
```

Abb. 6.1 Die Ausgabe des Inhalts der if-Abfrage

6.2 Vergleichsoperatoren für das Aufstellung einer Bedingung

Wenn wir eine Bedingung aufstellen, steht dafür nur selten eine boolesche Variable zur Verfügung, die wir hierfür direkt verwenden können. Deutlich häufiger ist es notwendig, eine Variable des Programms mit einem bestimmten anderen Wert zu vergleichen. Hierfür verwenden wir *Vergleichsoperatoren*.

Sehr häufig ist es notwendig, zu überprüfen, ob die Variable den gleichen Wert aufweist wie ein bestimmter Vergleichswert. Nun würde es eigentlich naheliegen, hierfür das Gleichheitszeichen zu verwenden. Dieses dient in C jedoch bereits als Zuweisungsoperator. Um hierzu eine Abgrenzung zu ziehen, nutzen wir in C ein doppeltes Gleichheitszeichen.

Das folgende Programm stellt diese Funktion dar. Dieses fordert den Anwender dazu auf, eine beliebige Zahl einzugeben. Wenn es sich dabei um die Zahl 3 handelt, gibt es eine entsprechende Meldung aus:

```
1   #include <stdio.h>
2   int main () {
3       int zahl;
4       printf ("Geben Sie einen Zahl ein: ");
5       scanf ("%i", &zahl);
6       if (zahl == 3){
7           printf("Sie haben die Zahl 3 eingegeben.");
8       }
9       return 0;
10  }
```

Wenn wir nun die Zahl 3 eingeben, erscheint die Ausgabe, die in Abbildung 6.2 zu sehen ist. Geben wir hingegen einen anderen Wert ein, erscheint überhaupt keine Ausgabe.

Abb. 6.2 Die Ausgabe des Programms bei der Eingabe der Zahl 3

Häufig wollen wir auch überprüfen, ob ein Wert größer oder kleiner als der Vergleichswert ist. Hierfür verwenden wir das Größerzeichen (>) beziehungsweise das Kleinerzeichen (<). Um die Verwendung zu demonstrieren, fügen wir in das vorige Programm nun noch zwei weitere if-Abfragen ein, die jeweils angeben, ob der eingegebene Wert größer oder kleiner als 3 ist.

```
1   #include <stdio.h>
2   int main () {
3       int zahl;
4       printf ("Geben Sie einen Zahl ein: ");
5       scanf ("%i", &zahl);
6       if (zahl == 3){
7           printf("Sie haben die Zahl 3 eingegeben.");
8       }
9       if (zahl > 3){
10          printf("Wert h\x94her als 3.");
11      }
12      if (zahl < 3){
13          printf("Wert niedriger als 3.");
14      }
15      return 0;
16  }
```

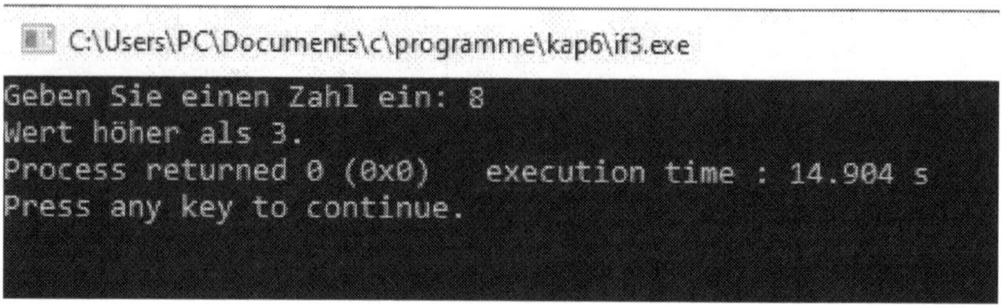

Abb. 6.3 Der Programmablauf bei einem höheren Wert

Alternativ dazu gibt es auch die Vergleichsoperatoren >= und <=. Bei diesen ist die Bedingung nicht nur erfüllt, wenn der Wert größer beziehungsweise kleiner als der Vergleichswert ist, sondern auch wenn er den gleichen Wert aufweist.

Bei der Verwendung der Vergleichsoperatoren müssen wir beachten, dass wir diese nur für primitive Datentypen verwenden können. Wenn wir hingegen zwei Zeichenketten miteinander vergleichen möchten, müssen wir die Funktion strcmp() verwenden. In die Klammer müssen wir dann die beiden Zeichenketten einfügen. Die Funktion gibt den Wert 0 zurück, wenn die beiden Strings den gleichen Inhalt haben. Steht der erste Wert im Alphabet vor dem zweiten, erhalten wir einen negativen Wert. Steht er hingegen erst nach dem zweiten Wert im Alphabet, ist der Rückgabewert positiv.

6.3   Alternativen mit else einfügen

In vielen Programmen ist es notwendig, genau zwei alternative Zweige zu erstellen. Das Programm soll dabei in Abhängigkeit von einem bestimmten Wert genau eine der genannten Möglichkeiten ausführen.

Als Beispiel hierfür wollen wir ein Programm erstellen, das dem Anwender eine einfache Rechenaufgabe stellt. Nach der Eingabe soll es das Ergebnis überprüfen und daraufhin eine entsprechende Nachricht ausgeben.

In diesem Beispiel bestehen nur zwei Möglichkeiten: Entweder ist die Eingabe richtig, oder sie ist falsch. Das bedeutet, dass wir immer genau eine Nachricht ausgeben.

Mit den bisherigen Kenntnissen könnten wir ein derartiges Programm bereits gestalten. Dafür gestalten wir eine if-Abfrage, die überprüft, ob der Wert mit dem richtigen Ergebnis übereinstimmt. Trifft dies nicht zu, ist der eingegebene Wert entweder größer oder kleiner als das Ergebnis. Daher könnten wir für diese beiden Optionen jeweils eine weitere if-Abfrage einfügen und darin eine Nachricht ausgeben, dass die Eingabe falsch war.

Diese Vorgehensweise wäre jedoch recht kompliziert. Es gibt jedoch auch Befehle und Operatoren, mit denen wir das Programm einfacher gestalten können. Eine erste Möglichkeit stellt es dar, den Ungleichheitsoperator zu verwenden. Dieser besteht aus dem Ausrufungs- und dem Gleichheitszeichen (!=). In diesem Fall trifft die Bedingung zu, wenn die Werte nicht gleich sind. Auf diese Weise können wir bereits ein Programm erstellen, das die gewünschte Aufgabe mit nur zwei if-Abfragen erledigt:

```
1  #include <stdio.h>
2  int main () {
3      int zahl;
4      printf ("Was ist das Ergebnis aus 4 + 5?\n");
5      scanf ("%i", &zahl);
6      if (zahl == 9){
7          printf("Richtiges Ergebnis");
8      }
9      if (zahl != 9){
10          printf("Falsches Ergebnis");
11      }
12      return 0;
13  }
```

Abbildung 6.4 zeigt, dass wir nun bei einer falschen Eingabe eine entsprechende Meldung erhalten.

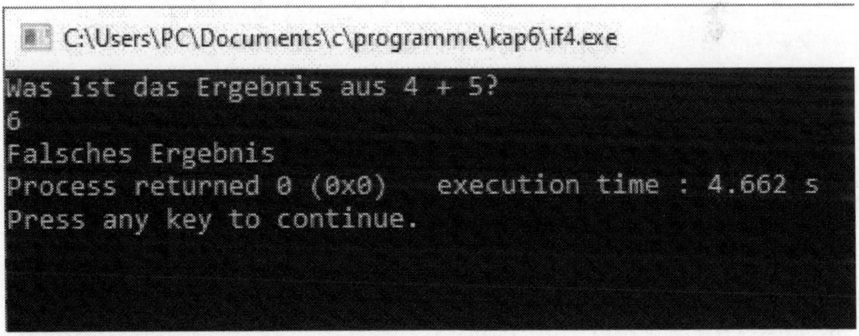

Abb. 6.4 Die Ausgabe bei einem falschen Wert

Wenn wir uns die beiden if-Abfragen nochmals genau anschauen, stellen wir fest, dass die zweite Bedingung genau das Gegenteil der ersten darstellt.

Derartige Kombinationen kommen recht häufig vor. Daher gibt es in C – und in wohl allen weiteren Programmiersprachen – eine Möglichkeit, diese auf eine einfache Weise zusammenzufassen. Anstatt eine weitere if-Abfrage zu gestalten, fügen wir einfach den Begriff else ein. Der Block, der sich daran anschließt, wird immer dann ausgeführt, wenn die Bedingung der zuvor eingefügten if-Abfrage nicht zutrifft. Auf diese Weise können wir das Programm noch etwas vereinfachen:

```
1  #include <stdio.h>
2  int main () {
3      int zahl;
4      printf ("Was ist das Ergebnis aus 4 + 5?\n");
5      scanf ("%i", &zahl);
6      if (zahl == 9){
7          printf("Richtiges Ergebnis");
8      }
9      else {
10         printf("Falsches Ergebnis");
11     }
12     return 0;
13 }
```

Indem wir dem Begriff else verwenden, müssen wir uns nicht überlegen, wie wir das Gegenteil der ursprünglichen Bedingung formulieren können. Die Funktionsweise wird dadurch jedoch nicht verändert.

Nicht immer ist die Zahl der alternativen Zweige auf zwei begrenzt. Es gibt auch viele Programme, in denen wir mehrere Optionen benötigen. Ein Beispiel hierfür ist das Programm, aus dem vorigen Abschnitt, in dem wir eine passende Nachricht ausgegeben haben, je nachdem ob der eingegebene Wert größer, gleich oder kleiner als der Vergleichswert war.

In diesem Fall haben wir drei verschiedene Zweige erstellt. Von diesen wird jedoch nur genau einer ausgeführt. Es ist nicht möglich, dass zwei Zweige oder gar keiner von ihnen ausgeführt wird. Die Bedingungen schließen sich gegenseitig aus und außerdem decken sie alle Möglichkeiten ab. Hierbei bietet es sich an, eine Struktur mit den Begriffen else if zu verwenden.

Wenn wir nach einer if-Abfrage diese Schlüsselbegriffe einfügen, müssen wir danach eine weitere Bedingung hinzufügen. Der zugehörige Block wird ausgeführt, wenn zum einen die Bedingung der ersten if-Abfrage nicht zutrifft und wenn zum anderen die hier aufgestellte Bedingung erfüllt ist. Auf diese Weise können wir noch beliebig viele weitere alternative Zweige einfügen. Zum Schluss können wir wieder einen gewöhnlichen else-Block erstellen. Dieser wird dann ausgeführt, wenn keine der vorherigen Bedingungen zutraf. Auf diese Weise gestalten wir das Programm aus dem vorigen Abschnitt um. Die Funktionsweise bleibt dabei jedoch genau die gleiche:

```
1  #include <stdio.h>
2  int main () {
3      int zahl;
4      printf ("Geben Sie einen Zahl ein: ");
5      scanf ("%i", &zahl);
6      if (zahl == 3){
7          printf("Sie haben die Zahl 3 eingegeben.");
8      }
9      else if (zahl > 3){
10         printf("Wert h\x94her als 3.");
11     }
12     else {
13         printf("Wert niedriger als 3.");
14     }
15     return 0;
16 }
```

6.4 Das switch-Statement

Im vorigen Abschnitt haben wir gelernt, mit den Ausdrücken if, else if und else mehrere verschiedene Optionen zu gestalten, von denen das Programm genau eine ausführt. In manchen Fällen können wir hierfür auch das switch-Statement verwenden. Dieses ermöglicht eine etwas kürzere Schreibweise.

Das switch-Statement überprüft einen Ausdruck auf die Gleichheit zu verschiedenen Werten. Meistens kommt hierfür eine einzelne Variable zum Einsatz. Dieser Ausdruck bleibt bei allen Überprüfungen unverändert. Das heißt, dass wir hier keine Bedingungen, die unterschiedliche Strukturen aufweisen, verwenden können. Bei den verwendeten Variablen muss es sich außerdem entweder um char-Werte oder um Datentypen für eine ganze Zahl handeln. Darüber hinaus überprüft das switch-Statement lediglich auf Gleichheit. Bedingungen, die das Größer- oder Kleinerzeichen verwenden, lassen sich daher hiermit ebenfalls nicht ersetzen.

Das zeigt, dass wir nicht jede Kombination aus if, else if und else durch ein switch-Statement ersetzen können. Der umgekehrte Weg ist jedoch immer möglich. Das bedeutet, dass wir für jedes switch-Statement eine alternative Formulierung mit den genannten Ausdrücken aufstellen können, die genau die gleiche Funktionsweise hat.

Die Verwendung des `switch`-Statements bietet einige Vorteile. Zum einen gestaltet es den Programmcode meistens kompakter und übersichtlicher. Zum anderen verbessert es im Vergleich zur Verwendung von `if`, `else if` und `else` häufig die Performance des Programms. Aus diesen Gründen sollten wir dieses Statement immer verwenden, wenn die beschriebenen Voraussetzungen erfüllt sind ist.

Das `switch`-Statement führen wir mit dem Schlüsselbegriff `switch` ein. Danach folgt in einer Klammer die Variable, die wir überprüfen wollen. Daraufhin müssen wir eine geschweifte Klammer öffnen. Hier führen wir nun die einzelnen Möglichkeit mit dem Begriff `case` ein. Danach stehen der Wert, für den die nachfolgenden Befehle ausgeführt werden sollen und ein Doppelpunkt. Nun können wir die entsprechenden Kommandos einfügen. Am Ende jeder Option steht in der Regel der Befehl `break;` Dieser ist zwar nicht unbedingt notwendig. Wenn er fehlt, führt das Programm jedoch auch alle weiteren Optionen aus, ohne die jeweiligen Bedingungen zu überprüfen. Am Ende können wir noch den Begriff `default` verwenden. Dieser hat eine ähnliche Funktion wie der `else`-Block bei einer `if`-Abfrage: Dieser Teil wird ausgeführt, wenn keine der genannten Optionen zutrifft. Das führt zu folgender Struktur:

```
 1  switch (zu überprüfender Wert){
 2  case Wert 1:
 3      Befehle;
 4      break;
 5  case Wert 2:
 6      Befehle;
 7      break;
 8  .
 9  .
10  .
11  case Wert n:
12      Befehle;
13      break;
14  default:
15      Befehle;
16  break;
17  }
```

Nun soll die Funktionsweise des `switch`-Statements an einem Beispiel verdeutlicht werden. Dieses kommt häufig zum Einsatz, um dem Anwender mehrere Möglichkeiten für die Auswahl der Programmfunktionen zu geben. Wenn wir beispielsweise wieder das bereits verwendete Beispiel des Immobilienmaklers heranziehen, dann soll dieses verschiedene Funktionen bieten – beispielsweise die verfügbaren Objekte anzeigen, eine Wohnung vermieten oder eine neue Wohnung in den Bestand aufnehmen. Zu Beginn des Programms geben wir dem Anwender die entsprechenden Auswahlmöglichkeiten vor. Danach verarbeiten wir die Eingabe mit einem switch-Statement. Da wir die zugehörigen Funktionen für die genannten Aktionen noch nicht programmieren können, geben wir stattdessen einfach eine kurze Nachricht zur gewählten Option aus. Die Funktionsweise ist in Abbildung 6.5 zu erkennen.

```
1   #include <stdio.h>
2   int main () {
3       int eingabe;
4       printf ("W\x84hlen sie eine Option aus: \n");
5       printf("1: Objekte anzeigen\n");
6       printf("2: Wohnung vermieten\n");
7       printf("3: Neue Wohnung hinzuf\x81gen\n");
8       scanf ("%i", &eingabe);
9       switch (eingabe){
10      case 1:
11          printf("Die Objekte werden angezeigt.");
12          break;
13      case 2:
14          printf("Die Wohnung wurde vermietet.");
15          break;
16      case 3:
17          printf("Die neue Wohnung wurde zum Bestand
18          hinzugef\x81gt.");
19          break;
20      default:
21          printf("Sie haben einen ung\x81
22                  ltigen Wert eingegeben.");
23      }
24      return 0;
25  }
```

```
C:\Users\PC\Documents\c\programme\kap6\switch.exe
Wählen sie eine Option aus:
1: Objekte anzeigen
2: Wohnung vermieten
3: Neue Wohnung hinzufügen
1
Die Objekte werden angezeigt.
Process returned 0 (0x0)   execution time : 2.548 s
Press any key to continue.
```

Abb. 6.5 Die Ausgabe bei der Auswahl der ersten Option

6.5 Logische Operatoren für die Verknüpfung mehrere Bedingungen

Häufig kommt es vor, dass wir die Ausführung eines Befehlsblocks nicht nur an eine einzelne Bedingung knüpfen wollen. Stattdessen soll er nur dann ausgeführt werden, wenn zwei unterschiedliche Bedingungen erfüllt sind. In anderen Fällen sollen zwei verschiedene Bedingungen angegebenen werden, bei denen es ausreicht, dass eine der beiden erfüllt ist. Für derartige Aufgaben kommen logische Operatoren zum Einsatz.

Um auch diese Operatoren an einem Programmbeispiel vorzustellen, erweitern wir das Programm für die Rechenaufgabe aus Kapitel 6.3. Hier fügen wir jetzt eine weitere Aufgabe ein. Nur wenn der Anwender beide Aufgaben richtig gelöst hat, soll eine Erfolgsmeldung ausgegeben werden. Dazu verbinden wir die beiden Bedingungen mit dem doppelten Ampersand-Zeichen. Dieser Ausdruck wird als Und-Operator bezeichnet.

```
1   #include <stdio.h>
2   int main () {
3       int zahl1, zahl2;
4       printf ("Was ist das Ergebnis aus 4 + 5?\n");
5       scanf ("%i", &zahl1);
6       printf ("Was ist das Ergebnis aus 9 - 3?\n");
7       scanf ("%i", &zahl2);
8       if (zahl1 == 9 && zahl2 == 6){
9           printf("Aufgaben richtig gel\x94st!");
10      }
11      else {
12          printf("Falsches Ergebnis!");
13      }
14      return 0;
15  }
```

Nun können wir das Programm mit verschiedenen Eingaben ausprobieren. Dabei sehen wir, dass die Erfolgsmeldung nur erscheint, wenn wir beide Aufgaben richtig lösen. Wenn nur ein Wert richtig ist, erscheint hingegen eine Fehlermeldung – so wie das in Abbildung 6.6 zu sehen ist.

```
C:\Users\PC\Documents\c\programme\kap6\logischeOperatoren.exe
Was ist das Ergebnis aus 4 + 5?
8
Was ist das Ergebnis aus 9 - 3?
6
Falsches Ergebnis!
Process returned 0 (0x0)   execution time : 4.597 s
Press any key to continue.
```

Abb. 6.6 Die Anzeige bei nur einem richtigen Ergebnis

Nun möchten wir dem Anwender jedoch auch mitteilen, wenn er wenigstens eine Aufgabe richtig gelöst hat. Auch hierfür gibt es einen passenden logischen Operator: den Oder-Operator. Dieser wird durch zwei senkrechte Striche symbolisiert (||). In diesem Fall trifft die Bedingung zu, wenn mindestens eine der beiden Teilbedingungen zutrifft. Daher nehmen wir jetzt auch diese Option in unser Programm auf. In Abbildung 6.7 ist zu sehen, dass in diesem Fall eine der beiden Bedingungen ausreicht, damit der zugehörige Befehlsblock ausgeführt wird.

```
1  #include <stdio.h>
2  int main () {
3      int zahl1, zahl2;
4      printf ("Was ist das Ergebnis aus 4 + 5?\n");
5      scanf ("%i", &zahl1);
6      printf ("Was ist das Ergebnis aus 9 - 3?\n");
7      scanf ("%i", &zahl2);
8      if (zahl1 == 9 && zahl2 == 6){
9          printf("Aufgaben richtig gel\x94st!");
10     }
11     else if (zahl1 == 9 || zahl2 == 6){
12         printf("Immerhin eine richtige L\x94sung!");
13     }
14     else {
15         printf("Falsches Ergebnis!");
16     }
17     return 0;
18 }
```

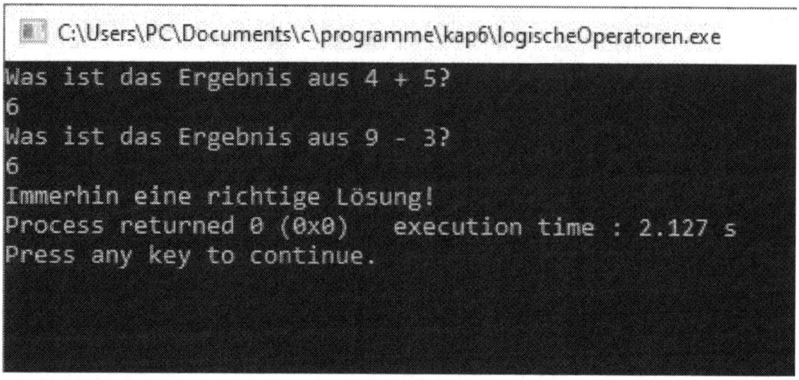

Abb. 6.7 Die Ausgabe bei einer richtigen Lösung

Anmerkung: Beim Oder-Operator ist die Bedingung auch erfüllt, wenn beide Teilbedingungen zutreffen – in diesem Beispiel also, wenn der Anwender beide Aufgaben richtig löst. Dennoch wird in diesem Fall der zugehörige Befehlsblock nicht ausgeführt. Das liegt daran, dass diese Option bereits in der Bedingung der ersten if-Abfrage abgedeckt wird. Daher findet in diesem Fall überhaupt keine Überprüfung der zweiten Abfrage mehr statt.

Bei der Verwendung logischer Operatoren sind wir nicht auf die Verknüpfung von zwei Bedingungen beschränkt. Wir können noch beliebig viele weitere Aspekte zur Überprüfung heranziehen. Dabei ist es sinnvoll, Klammern zu verwenden. Damit können wir deutlich machen, in welcher Reihenfolge wir die einzelnen Verknüpfungen durchführen möchten. Die beiden folgenden Ausdrücke sind beispielsweise in unterschiedlichen Fällen erfüllt, obwohl sie sich nur in der Klammersetzung unterscheiden:

```
1  (a == 1 && b == 2) || c == 3
2  a == 1 && (b == 2 || c == 3)
```

Ein weiterer logischer Operator ist der Verneinungsoperator. Dieser wird durch das Ausrufungszeichen symbolisiert. Wenn wir dieses Symbol einem Ausdruck voranstellen, bedeutet das, dass die Bedingung dann erfüllt ist, wenn das Gegenteil der entsprechenden Angabe zutrifft. Auch beim Verneinungsoperator sind häufig Klammern notwendig, um genau aufzuzeigen, welchen Bereich wir verneinen möchten. Das soll nun ebenfalls an zwei Ausdrücken aufgezeigt werden, die sich nur durch die

Klammersetzung unterscheiden, die jedoch in unterschiedlichen Fällen erfüllt sind:

```
1  !(a == 1 && b == 2) || c == 3
2  !(a == 1 && (b == 2 || c == 3))
```

6.6 Übungsaufgabe: Verzweigungen in das Programm einfügen

1. Erstellen Sie ein Programm, das den Leser dazu auffordert, zwei Namen einzugeben. Geben Sie diese daraufhin alphabetisch geordnet aus.

2. Ein Buchhändler benötigt ein Programm, das es ihm erleichtert, seine Buchtitel zu finden. Dazu will er den Anfangsbuchstaben des jeweiligen Werks eingeben. Daraufhin soll das Programm alle Titel im Sortiment, die mit dem jeweiligen Buchstaben beginnen, ausgeben. Damit das Programm nicht zu umfangreich wird, führt der Buchhändler nur fünf verschiedene Werke. Von diesen können einige außerdem mit dem gleichen Buchstaben beginnen. Gestalten Sie hierfür jeweils ein Programm mit einer `if`-Abfrage und mit einem `switch`-Statement. Beurteilen Sie selbst, welche Möglichkeit einfacher zu programmieren ist.

3. Schreiben Sie ein Programm, das vom Anwender einen Nutzernamen und ein Passwort abfragt. Geben Sie zwei Variablen vor, die die gültigen Anmeldedaten enthalten. Überprüfen Sie dann, ob sowohl der Nutzername als auch das Passwort mit den vorgegebenen Werten übereinstimmen. Geben Sie in diesem Fall eine Meldung für eine erfolgreiche Anmeldung aus. Ist keine Übereinstimmung gegeben, soll ebenfalls eine entsprechende Nachricht erscheinen.

Lösungen:

1.

```
#include <stdio.h>
int main () {
    char name1[20], name2[20];
    printf ("Geben Sie den ersten Namen ein: ");
    scanf ("%s", name1);
    printf ("Geben Sie den zweiten Namen ein: ");
    scanf ("%s", name2);
    if (strcmp(name1, name2) > 0){
        printf("Namen in alphabetischer Reihenfolge: \n");
        printf("%s, %s", name2, name1);
    }
    else {
        printf("Namen in alphabetischer Reihenfolge: \n");
        printf("%s, %s", name1, name2);
    }
    return 0;
}
```

```
C:\Users\PC\Documents\c\programme\kap6\aufgabe1.exe
Geben Sie den ersten Namen ein: Peter
Geben Sie den zweiten Namen ein: Andreas
Namen in alphabetischer Reihenfolge:
Andreas, Peter
Process returned 0 (0x0)   execution time : 4.448 s
Press any key to continue.
```

Abb. 6.8 Die Namen in der alphabetischen Reihenfolge

2.

Variante mit if-Abfrage:

```
#include <stdio.h>
int main () {
    char buchstabe;
    printf ("Geben Sie den Anfangsbuchstaben ein: ");
    buchstabe = getchar();
    if (buchstabe == 'd'){
        printf("Der Idiot, Fjodor Michailowitsch
        Dostojewski\n");
        printf("Die Physiker, Friedrich D\x81rrenmatt\n");
```

```
10        }
11        else if (buchstabe == 'k'){
12            printf("Krieg und Frieden, Leo Tolstoi\n");
13        }
14        else if (buchstabe == 'm'){
15            printf("Maria Stuart, Friedrich Schiller\n");
16        }
17        else if (buchstabe == 'r'){
18            printf("Romeo und Julia, William Shakespeare\n");
19        }
20        else {
21            printf("Kein Titel vorhanden!");
22        }
23        return 0;
24  }
```

Variante mit switch-Statement:

```
1   #include <stdio.h>
2   int main () {
3       char buchstabe;
4       printf ("Geben Sie den Anfangsbuchstaben ein: ");
5       buchstabe = getchar();
6       switch (buchstabe){
7       case 'd':
8           printf("Der Idiot, Fjodor Michailowitsch
9           Dostojewski\n");
10          printf("Die Physiker, Friedrich D\x81rrenmatt\n");
11          break;
12      case 'k':
13          printf("Krieg und Frieden, Leo Tolstoi\n");
14          break;
15      case 'm':
16          printf("Maria Stuart, Friedrich Schiller\n");
17          break;
18      case 'r':
19          printf("Romeo und Julia, William Shakespeare\n");
20          break;
21      default:
22          printf("Kein Titel vorhanden!");
23          break;
24      }
25      return 0;
26  }
```

C:\Users\PC\Documents\c\programme\kap6\aufgabe2b.exe

```
Geben Sie den Anfangsbuchstaben ein: d
Der Idiot, Fjodor Michailowitsch Dostojewski
Die Physiker, Friedrich Dürrenmatt


Process returned 0 (0x0)    execution time : 2.350 s
Press any key to continue.
```

Abb. 6.9 Die Ausgabe ist bei beiden Alternativen vollkommen identisch

3.

```
1   #include <stdio.h>
2   #include <string.h>
3   int main () {
4       char nutzername[] = "user1";
5       char passwort[] = "xyz";
6       char eingabe1[20];
7       char eingabe2[20];
8       printf ("Geben Sie Ihren Nutzernamen ein: ");
9       gets(eingabe1);
10      printf ("Geben Sie Ihr Passwort ein: ");
11      gets(eingabe2);
12      if ((strcmp(nutzername, eingabe1) == 0) &&
13      (strcmp(passwort, eingabe2) == 0)){
14          printf("Anmeldung erfolgreich!");
15      }
16      else {
17          printf("Anmeldedaten ung\x81ltig!");
18      }
19      return 0;
20  }
```

C:\Users\PC\Documents\c\programme\kap6\aufgabe3.exe

```
Geben Sie Ihren Nutzernamen ein: user1
Geben Sie Ihr Passwort ein: xyz
Anmeldung erfolgreich!
Process returned 0 (0x0)    execution time : 4.960 s
Press any key to continue.
```

Abb. 6.10 Die Ausgabe bei einer erfolgreichen Anmeldung

Alle Programmcodes aus diesem Buch sind als PDF zum
Download verfügbar. Dadurch müssen Sie sie nicht abtippen:
https://bmu-verlag.de/c

Außerdem erhalten Sie die eBook Ausgabe zum Buch im
PDF Format kostenlos auf unserer Website:

https://bmu-verlag.de/c
Downloadcode: siehe Kapitel 19

Kapitel 7

Schleifen und weitere Formen der Ablaufsteuerung

Die zweite Möglichkeit für die Ablaufsteuerung eines Programms stellt die Verwendung von *Schleifen* dar. Diese dienen dazu, eine bestimmte Folge von Befehlen mehrere Male nacheinander durchzuführen. Auf diese Weise lässt sich der Programmcode kurz und übersichtlich gestalten – selbst wenn sehr viele Rechenschritte notwendig sind.

Auf diese Weise ist es außerdem möglich, einen der wesentlichen Vorteile der Verwendung eines Computers in vollem Umfang auszunutzen. Durch die Verwendung von Schleifen ist es möglich, einfache Rechenschritte mit einer enormen Anzahl ausführen zu lassen. Das macht es häufig möglich, selbst komplexe Aufgaben mit einfachen Rechenschritten zu lösen.

7.1 Die while-Schleife: der grundlegende Schleifentyp in C

C kennt mehrere Schleifentypen. Der grundlegendste von ihnen ist die while-Schleife. Während sich andere Schleifentypen nur für bestimmte Einsatzzwecke eignen, hat die while-Schleife einen universellen Verwendungszweck und kann für jedes Programm, in dem eine Wiederholung eines Befehls-Blocks notwendig ist, eingesetzt werden.

Um die while-Schleife zu beginnen, verwenden wir den Schlüsselbegriff while. Danach folgt die Bedingung für die Schleife. Anschließend können wir in einer geschweiften Klammer eine beliebige Anzahl an Befehlen einfügen. Der Aufbau ist demnach sehr ähnlich wie bei einer if-Abfrage. Der einzige Unterschied besteht in der Verwendung eines anderen Schlüsselbegriffs.

Auch der Ablauf der while-Schleife ist ähnlich wie bei einer if-Abfrage. Das Programm überprüft zunächst, ob die Bedingung erfüllt ist. Trifft dies zu, führt es die hier angegebenen Befehle aus. Der Unterschied zur if-Abfrage besteht darin, dass das Programm bei der while-Schleife nach der Ausführung der entsprechenden Befehle erneut die Bedingung überprüft. Trifft sie nach wie vor zu, wird der zugehörige Befehls-Block erneut ausgeführt – so lange, bis die Bedingung nicht mehr zutrifft.

Um die Anwendung einer Schleife zu verdeutlichen, erstellen wir ein Programm, das die Zahlen von 1 bis 10 ausgibt. Dafür verwenden wir jedoch nur einen einzigen Ausgabebefehl. Dieses wiederholen wir jedoch zehnmal in unserer Schleife.

Wenn wir eine Schleife mit einer festen Anzahl an Durchläufen erstellen, benötigen wir hierfür einen Zähler. Dieser trägt üblicherweise die Bezeichnung i. Diese Variable setzen wir zu Beginn auf 1. In jedem Durchlauf geben wir den Zähler aus und erhöhen ihn danach um 1. Der Zähler dient außerdem als Bedingung. Die Schleife soll so lange ausgeführt werden, bis dessen Wert größer als 10 ist. Daher sieht das Programm wie folgt aus:

```
#include <stdio.h>
int main () {
    int i = 1;
    while (i <= 10){
        printf("%i\n", i);
        i++;
    }
    return 0;
}
```

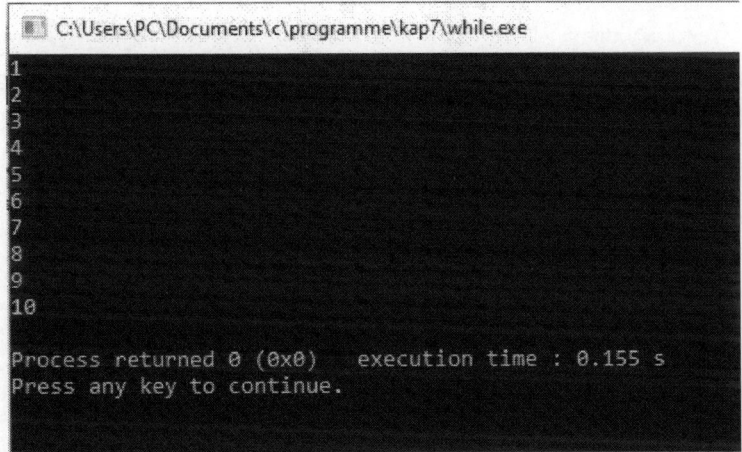

Abb. 7.1 Die Ausgabe der Zahlen von 1 bis 10

Abbildung 7.1 zeigt, dass das Programm nun die gewünschten Zahlen ausgibt. Der Code dafür ist deutlich übersichtlicher und kompakter, als wenn wir für jede Zahl einen eigenen printf-Befehl verwenden würden.

In der Einleitung wurde bereits gesagt, dass sich mithilfe von Wiederholungen komplexe Berechnungen durch einfache Rechenschritte durchführen lassen. Als Beispiel hierfür wollen wir die Quadratwurzel einer Zahl berechnen. Wenn es sich hierbei nicht gerade um eine Quadratzahl handelt, ist dies eine schwierige Aufgabe, für die die meisten Menschen einen Taschenrechner benötigen. Mithilfe von Schleifen erledigen wir diese jedoch mit sehr einfachen Schritten, die sich außerdem auf die Grundrechenarten beschränken.

Für unser Programm fragen wir zunächst den Anwender, die Wurzel welcher Zahl er berechnen will. Da die Wurzel stets kleiner als die ursprüngliche Zahl ist und es sich hierbei außerdem stets um eine positive Zahl handelt, wissen wir, dass der Wert im Intervall zwischen 0 und der eingegebenen Zahl liegt.

Das Ziel des Programms besteht darin, dieses Intervall immer weiter zu verkleinern – so lange, bis es so klein ist, dass eine der beiden Grenzen eine hinreichende Annäherung an die Quadratwurzel der Zahl darstellt. Daher bestimmen wir zunächst die Mitte des Intervalls, indem wir die Ober- und die Untergrenze miteinander addieren und den Wert dann durch 2 teilen. Nun multiplizieren wir diesen Mittelwert mit sich selbst, um sein Quadrat zu erhalten. Ist dieses größer als die vorgegebene Zahl, muss die Wurzel in der unteren Hälfte liegen. Ist es hingegen kleiner, liegt sie in der oberen Hälfte. Auf diese Weise können wir das neue Intervall festlegen, indem wir entweder die bisherige Ober- oder Untergrenze durch den Mittelwert ersetzen:

```
1  mittelwert = (obergrenze + untergrenze) / 2;
2  if (mittelwert * mittelwert > eingabe){
3      obergrenze = mittelwert;
4  }
5  else {
6      untergrenze = mittelwert;
7  }
```

Diesen Vorgang möchten wir nun so lange wiederholen, bis unser Intervall die notwendige Präzision erreicht hat. Dazu ermitteln wir die Differenz des Quadrats der aktuellen Obergrenze und dem ursprünglichen Eingabewert:

```
1  genauigkeit = obergrenze * obergrenze - eingabe;
```

Wenn diese Differenz noch sehr groß ist, bedeutet das, dass unser Näherungswert noch nicht sehr gut ist. Ist sie hingegen sehr klein, haben wir uns dem eigentlichen Wert bereits so stark angenähert, dass wir die Obergrenze als Näherungswert verwenden können. Daher wollen wir die Schleife so lange wiederholen, bis die Differenz kleiner als 0.0000000001 ist. Aus diesem Grund verwenden wir die Genauigkeit als Bedingung für die Schleife:

```
1  while (genauigkeit > 0.0000000001)
```

Damit ist die Wurzelberechnung abgeschlossen. Um das komplette Programm zu erstellen, müssen wir zunächst den entsprechenden Wert abfragen, alle notwendigen Variablen deklarieren und die ursprünglichen Werte für die Ober- und Untergrenze vorgeben. Die Genauigkeit geben wir zu Beginn willkürlich mit 1 vor. Das stellt sicher, dass die Schleife mindestens einmal ausgeführt wird. Außerdem fügen wir einen Zähler ein, um die Anzahl der Durchläufe zu erfassen. Dieser Wert dient jedoch nur als Zusatzinformation – für die eigentliche Wurzelberechnung ist er nicht notwendig. Nach Beendigung der Schleife geben wir unseren Näherungswert und die Zahl der Durchläufe aus:

```
1  #include <stdio.h>
2  int main () {
3      int eingabe;
4      printf("Geben Sie die Zahl f\x81r die
5      Wurzelberechnung ein: ");
6      scanf("%i", &eingabe);
7      double obergrenze = eingabe;
8      double untergrenze = 0;
9      double mittelwert;
10     double genauigkeit = 1;
11     int i = 0;
12     while (genauigkeit > 0.0000000001){
13         mittelwert = (obergrenze + untergrenze) / 2;
14         if (mittelwert * mittelwert > eingabe){
15             obergrenze = mittelwert;
16         }
17         else {
18             untergrenze = mittelwert;
19         }
20         genauigkeit = obergrenze * obergrenze - eingabe;
21         i++;
22     }
23     printf ("Ergebnis: %lf\n", obergrenze);
24     printf ("Anzahl Durchl\x84ufe: %i", i);
25     return 0;
26 }
```

```
C:\Users\PC\Documents\c\programme\kap7\wurzel.exe
Geben Sie die Zahl für die Wurzelberechnung ein: 10
Ergebnis: 3.162278
Anzahl Durchläufe: 39
Process returned 0 (0x0)    execution time : 17.420 s
Press any key to continue.
```

Abb. 7.2 Die Berechnung der Wurzel der Zahl 10

Abbildung 7.2 zeigt, dass wir auf diese Weise die Wurzel einer beliebigen Zahl bestimmen können. Für die Zahl 10 haben wir beispielsweise den Wert 3,162278 erhalten. Wenn wir die gleiche Berechnung mit einem Taschenrechner durchführen, erhalten wir das gleiche Ergebnis – eventuell jedoch mit einer unterschiedlichen Anzahl an Nachkommastellen. Das zeigt, dass wir mithilfe einer Schleife nur mit Größenvergleichen und der Anwendung der Grundrechenarten eine sehr komplexe Aufgabe bewältigen konnten.

7.2 Die fußgesteuerte do-while-Schleife

Neben der `while`-Schleife ist es auch möglich, die `do-while`-Schleife zu verwenden. Diese unterscheidet sich dadurch vom eben vorgestellten Schleifentyp, dass hier die Bedingung erst nach dem Schleifenkörper – also dem Block mit den Befehlen, die innerhalb der Schleife wiederholt werden sollen – steht. Daher wird sie als fußgesteuerte Schleife bezeichnet. Wir führen diese Schleife mit dem Begriff `do` ein. Danach folgt der Schleifenkörper. Nachdem wir die geschweifte Klammer wieder geschlossen haben, fügen wir den Schlüsselbegriff `while` und danach die Bedingung hinzu. Dabei müssen wir darauf achten, dass im Gegensatz zur `while`-Schleife nach der Bedingung ein Semikolon folgt.

In vielen Fällen macht es praktisch keinen Unterschied, ob wir die `while`- oder die `do-while`-Schleife verwenden. Allerdings gibt es auch Programme, bei denen es von Vorteil ist, die fußgesteuerte Variante zu verwenden. Wenn wir die Bedingung erst nach der Ausführung des Schleifenkörpers anbringen, führt das dazu, dass dieser zu Beginn mindestens einmal ausgeführt wird – unabhängig davon, ob die Bedingung zu Beginn erfüllt ist. Das ist immer dann sinnvoll, wenn die Ausführung des Schleifenkörpers für den Ablauf unseres Programms mindestens einmal erforderlich ist.

Als Beispiel hierfür entwerfen wir ein Programm, das dem Leser eine kurze Rechenaufgabe stellt. Wenn dieser das richtige Ergebnis eingibt, soll die

Schleife beendet werden. Bei einer falschen Eingabe soll die Schleife jedoch wiederholt werden – so lange, bis der Anwender die Aufgabe richtig gelöst hat. Da die Aufgabe auf jeden Fall einmal gestellt werden soll, bietet es sich an, die do-while-Schleife hierfür zu verwenden:

```c
#include <stdio.h>
int main () {
    int eingabe;
    do{
        printf("was ist das Ergebnis aus 3 + 6?\n");
        scanf("%i", &eingabe);
    }while (eingabe != 9);
    printf ("Richtiges Ergebnis!\n");
    return 0;
}
```

C:\Users\PC\Documents\c\programme\kap7\dowhile.exe

```
was ist das Ergebnis aus 3 + 6?
6
was ist das Ergebnis aus 3 + 6?
7
was ist das Ergebnis aus 3 + 6?
3
was ist das Ergebnis aus 3 + 6?
9
Richtiges Ergebnis!

Process returned 0 (0x0)   execution time : 9.497 s
Press any key to continue.
```

Abb. 7.3 Die Ausführung bis zur Eingabe des richtigen Ergebnisses

Abbildung 7.3 zeigt, dass die Schleife so lange fortgeführt wird, bis der Anwender das richtige Ergebnis eingibt. Selbstverständlich wäre es auch möglich, die entsprechende Funktionsweise mit einer while-Schleife zu erstellen. In diesem Fall müssten wir die erste Eingabeaufforderung bereits vor der Schleife anbringen. Danach wäre es notwendig, sie im Schleifenkörper zu wiederholen. Das würde nicht nur den Aufwand beim Programmieren erhöhen. Darüber hinaus entstünde auf diese Weise ein deutlich unübersichtlicheres Programm. Daher ist es in diesem Fall empfehlenswert, die do-while-Schleife zu verwenden.

7.3 Die for-Schleife: eine weitere Alternative für sich wiederholende Programmbereiche

Besonders häufig kommt es vor, dass wir eine Schleife mit einer festen Anzahl an Wiederholungen durchführen wollen. Ein Beispiel hierfür haben wir bereits zu Beginn dieses Kapitels kennengelernt. Hierbei haben wir die Zahlen von 1 bis 10 ausgegeben. Das war mit einer while-Schleife problemlos möglich. Da Schleifen, die nach diesem Muster aufgebaut sind, jedoch sehr häufig für die Gestaltung eines Computerprogramms notwendig sind, gibt es hierfür auch eine etwas kürzere Schreibweise. Zu diesem Zweck kommt die for-Schleife zum Einsatz.

Als wir das entsprechende Programm mit einer while-Schleife erstellt haben, haben wir zunächst einen Zähler definiert und initialisiert. Danach haben wir eben diesen Zähler für die Überprüfung der Bedingung herangezogen. Im Schleifenkörper haben wir den Zähler schließlich erhöht.

Diese drei Aktionen fassen wir nun in der for-Schleife direkt in der ersten Zeile zusammen. Wir stellen sie gemeinsam in eine Klammer, nachdem wir die Schleife mit dem Begriff for eingeführt haben. Zunächst deklarieren und initialisieren wir den Zähler. Nach einem Semikolon stellen wir die Bedingung auf. Nach einem weiteren Semikolon geben wir schließlich vor, auf welche Weise der Zähler bei jedem Schleifendurchgang verändert werden soll. Wenn wir eine for-Schleife mit der Funktion des Programms aus Kapitel 7.1 erstellen wollen, führen wir diese demnach wie folgt ein:

```
1   for(int i = 1; i <= 10; i++)
```

Im Schleifenkörper müssen wir nun lediglich den Zähler per printf()-Befehl ausgeben. Das führt dann zu folgendem Programm:

```
1   #include <stdio.h>
2   int main () {
3       for(int i = 1; i <= 10; i++){
4           printf("%i\n", i);
5       }
6       return 0;
7   }
```

Dieses ist etwas kompakter als das Beispiel in Kapitel 7.1. Die Funktionsweise ist dabei jedoch vollkommen die gleiche. Daher entsteht auch hier wieder die Ausgabe, die bereits in Abbildung 7.1 zu sehen war.

Die for-Schleife bietet sich auch hervorragend an, um die Inhalte eines Arrays auszugeben. Bislang haben wir zu diesem Zweck für jedes einzelne Feld einen eigenen printf()-Befehl in unser Programm einfügen müssen. Insbesondere bei längeren Arrays ist dies jedoch sehr mühsam. Mit einer Schleife können wir uns dabei viel Arbeit ersparen. Diese Aufgabe könnten wir zwar auch mit einer while-Schleife erledigen. Durch die Verwendung der for-Schleife wird unser Programm jedoch noch kompakter.

Das soll das folgende Beispiel verdeutlichen. Dieses erstellt ein Array mit mehreren Zahlen. In der for-Schleife geht das Programm alle Felder durch. Daher initialisieren wir den Zähler mit dem Wert 0 und verwenden ihn bei der Ausgabe der Werte im Schleifenkörper als Index-Nummer für die einzelnen Felder. Die Anzahl der Durchläufe soll der Zahl der Array-Felder entsprechen. Daher verwenden wir dessen Länge für die Bedingung:

```
1  #include <stdio.h>
2  int main () {
3      int meinArray[6] = {3, 14, 9, 5, 23, 91};
4      for(int i = 0; i < 6; i++){
5          printf("Feld %i: %i\n", i + 1, meinArray[i]);
6      }
7      return 0;
8  }
```

```
C:\Users\PC\Documents\c\programme\kap7\for2.exe
Feld 1: 3
Feld 2: 14
Feld 3: 9
Feld 4: 5
Feld 5: 23
Feld 6: 91

Process returned 0 (0x0)   execution time : 0.175 s
Press any key to continue.
```

Abb. 7.4 Die Ausgabe der Felder des Arrays mit einer Schleife

In diesem Beispiel haben wir die Arraylänge einfach über eine Zahl vorgegeben. Das ist möglich, da wir das Array kurz zuvor selbst erstellt haben und wir daher genau wissen, wie lang es ist. Es gibt jedoch auch Programme, bei denen die Länge von den Eingaben des Anwenders oder von anderen Faktoren abhängt. In diesen Fällen ist es sinnvoll, die Länge des Arrays automatisch zu bestimmen. Hierfür verwenden wir die `sizeof()`-Funktion. Diese gibt die Länge des Arrays aus. Allerdings gibt sie nicht die Zahl der Felder an, sondern die Anzahl der Bytes, die es umfasst. Aus diesem Wert können wir jedoch einfach die Anzahl der Felder errechnen. Dafür machen wir uns zunutze, dass alle Array-Felder die gleiche Länge haben. Daher teilen wir das Ergebnis durch die Länge eines beliebigen Array-Felds. Diese ermitteln wir ebenfalls über die `sizeof()`-Funktion. Es bietet sich an, hierfür stets das erste Feld heranzuziehen, da wir nicht wissen, wie viele Felder das Array hat. Wenn wir das Programm auf diese Weise umgestalten, sieht es so aus:

```
1   #include <stdio.h>
2   int main () {
3       int meinArray[6] = {3, 14, 9, 5, 23, 91};
4       for(int i = 0; i < sizeof(meinArray)/sizeof
5       (meinArray[0]); i++){
6           printf("Feld %i: %i\n", i + 1, meinArray[i]);
7       }
8       return 0;
9   }
```

7.4 Die Schleife mit break und continue steuern

In der Regel beendet ein Programm eine Schleife, sobald die Bedingung nicht mehr erfüllt ist. Allerdings gibt es auch Situationen, in denen es mehrere verschiedene Gründe dafür gibt, eine Schleife zu beenden. In diesen Fällen kann es recht schwierig sein, all diese Gründe in die Bedingung aufzunehmen. Daher ist es häufig einfacher, eine andere Möglichkeit für den Ausstieg aus der Schleife zu verwenden: den `break`-Befehl.

Wenn wir diesen in eine Schleife einfügen, führt das dazu, dass diese sofort beendet wird, wenn das Programm den entsprechenden Befehl ausführt. Normalerweise steht der `break`-Befehl in einer `if`-Abfrage innerhalb der Schleife. Wenn das nicht der Fall ist, wird der `break`-Befehl bei jedem Durchgang der Schleife ausgeführt. Das führt unweigerlich dazu, dass diese bereits beim ersten Durchgang beendet wird. Daher wäre es in diesem Fall überflüssig, eine Schleife zu erstellen.

Um diese Funktionsweise an einem Programm zu verdeutlichen, stellen wir uns vor, dass wir für ein mathematisches Projekt viele Ergebnisse einer quadratischen Formel berechnen müssen – beispielsweise $2x^2+4x+8$. Um auf möglichst einfache Weise viele Berechnungen durchzuführen, erstellen wir hierfür eine Schleife. Der Anwender muss dann nur eine beliebige Zahl eingeben und unser Programm berechnet das Ergebnis.

Die Schleife soll beliebig oft ausgeführt werden, da wir ja zahlreiche Ergebnisse benötigen. Daher geben wir als Bedingung den Begriff `true` ein. Dieser ist immer erfüllt. Daher handelt es sich eigentlich um eine Endlosschleife. Allerdings möchten wir dem Anwender die Möglichkeit geben, die Schleife ordentlich zu beenden. Daher teilen wir ihm mit, dass er dies durch die Eingabe des Begriffs „EXIT" tun kann.

Nun erstellen wir eine `if`-Abfrage, die mit dem `strcmp()`-Befehl überprüft, ob die Eingabe diesem Begriff entspricht. Trifft dies zu, führen wir den `break`-Befehl aus:

```
1  if (strcmp("EXIT\n", eingabe) == 0){
2      break;
3  }
```

Hierbei müssen wir darauf achten, dass wir nach dem Begriff „EXIT" noch einen Zeilenumbruch hinzufügen. Das ist notwendig, da der `fgets()`-Befehl, den wir für die Aufnahme der Eingabe verwenden möchten, stets einen Zeilenumbruch zum eingegebenen Begriff hinzufügt.

Trifft die angegebene Bedingung nicht zu, berechnen wir das Ergebnis der Formel. Diese Aufgabe könnten wir in einem `else`-Block erledigen, da wir diese Berechnung ja nur durchführen, wenn die Bedingung der ersten Abfrage nicht erfüllt ist. Das ist jedoch überflüssig. Da es beim Zutreffen der ersten Bedingung ohnehin zu einem Abbruch der Schleife kommt, können wir die nachfolgenden Befehle auch ohne den Begriff `else` einfügen. Sie werden dennoch nur ausgeführt, wenn die Bedingung nicht zutrifft.

In diesem Fall kann es sich bei der Eingabe des Nutzers entweder um eine Zeichenkette (für das Kommando „EXIT") oder um eine Zahl handeln. Da für die Aufnahme jedoch die gleiche Variable zum Einsatz kommt, müssen wir hierfür auch den gleichen Datentyp verwenden. Wir entscheiden uns dabei für eine String-Variable. Diese kann auch Zahlen aufnehmen – allerdings als einzelne Zeichen. Wenn der Anwender den Begriff „EXIT" eingegeben hat, kommt es bereits in der ersten `if`-Abfrage zu einem Abbruch der Schleife. Wenn wir den Bereich erreichen, der sich daran anschließt, können wir daher davon ausgehen, dass er eine Zahl eingegeben hat – vorausgesetzt, dass er die Eingabeaufforderung richtig umgesetzt haben. Die in der Zeichenkette abgespeicherte Zahl müssen wir nun in einen `int`-Wert umwandeln. Dazu dient der Befehl `atoi()`. Hierfür müssen wir außerdem die Bibliothek stdlib.h importieren. Danach können wir die Berechnung durchführen. Die hierfür notwendigen Befehle sehen dann so aus:

```
1  int zahl = atoi(eingabe);
2  printf("Ergebnis: %i\n\n", 2 * zahl * zahl + 4 * zahl + 8);
```

Damit ist der Kern des Programms abgeschlossen. Nun müssen wir noch alle notwendigen Variablen deklarieren und die Anweisungen für den Anwender einfügen. Das komplette Programm sieht dann so aus:

```
1  #include <stdio.h>
2  #include <stdbool.h>
3  #include <string.h>
4  #include <stdlib.h>
5  int main () {
6      char eingabe[50];
7      int zahl;
8      while (true){
9          printf("Geben Sie eine Zahl f\x81r die Berechnung
10         der Formel \n");
11         printf("oder EXIT zum Beenden des Programms ein:\n");
12         fgets(eingabe, 50, stdin);
13         if (strcmp("EXIT\n", eingabe) == 0){
14             break;
15         }
16         zahl = atoi(eingabe);
17         printf("Ergebnis: %i\n\n", 2 * zahl * zahl + 4 *
18         zahl + 8);
19     }
20     return 0;
21 }
```

Abb. 7.5 Die Berechnung der Werte und die Beendigung des Programms

Abbildung 7.5 zeigt, dass wir nun verschiedene Zahlen einfügen können. Das Programm berechnet daraufhin die entsprechende Formel und gibt das Ergebnis aus. Wir erhalten immer wieder eine neue Eingabeaufforderung, bis wir den Begriff „EXIT" eingeben. In diesem Fall beenden wir die Schleife durch den break-Befehl.

Auf ähnliche Weise können wir den continue-Befehl verwenden. Dieser führt jedoch nicht zu einem Abbruch der gesamten Schleife – lediglich zu einer vorzeitigen Beendigung des aktuellen Durchlaufs. Wenn das Programm einen continue-Befehl ausführt, springt es daher zum Anfang der Schleife zurück. Hier überprüft es erneut die Bedingung. Trifft diese nach wie vor zu, kommt es zur Ausführung des nächsten Durchlaufs.

Auch diese Funktion wollen wir wieder an einem Beispiel verdeutlichen. Hierfür erstellen wir wieder ein Programm, das eine Rechenaufgabe in einer Endlosschleife wiederholt. In diesem Fall fordern wir den Anwender jedoch dazu auf, zwei Zahlen einzugeben. Dabei wollen wir die erste Zahl durch die zweite Zahl teilen. Dabei tritt jedoch ein Problem auf, wenn der Anwender für die zweite Zahl den Wert 0 eingibt, da es nicht möglich ist, eine Zahl durch 0 zu teilen. In diesem Fall wollen wir jedoch nicht die gesamte Schleife beenden. Stattdessen geben wir eine kurze Nachricht über die fehlerhafte Eingabe aus und kehren zum Anfang der Schleife zurück. So kann der Anwender neue Werte eingeben.

```
1  if (zahl2 == 0){
2      printf("Ung\x81ltige Eingabe!\n\n");
3      continue;
4  }
```

Das übrige Programm ist relativ ähnlich aufgebaut wie das vorherige Beispiel – mit den Unterschieden, dass wir hier nun zwei Werte abfragen und eine andere Berechnung durchführen. Wie das Programm nun die verschiedenen Eingaben verwertet, ist in Abbildung 7.6 zu sehen.

```
1   #include <stdio.h>
2   #include <stdbool.h>
3   #include <string.h>
4   #include <stdlib.h>
5   int main () {
6       char eingabe1[50];
7       char eingabe2[50];
8       int zahl1;
9       int zahl2;
10      while (true){
11          printf("Geben Sie den ersten Wert ");
```

```
12        printf("oder EXIT zum Beenden des Programms ein:\n");
13        fgets(eingabe1, 50, stdin);
14        if (strcmp("EXIT\n", eingabe1) == 0){
15            break;
16        }
17        printf("Geben Sie den zweiten Wert ein:\n");
18        fgets(eingabe2, 50, stdin);
19        zahl1 = atoi(eingabe1);
20        zahl2 = atoi(eingabe2);
21        if (zahl2 == 0){
22            printf("Ung\x81ltige Eingabe!\n\n");
23            continue;
24        }
25        printf("Ergebnis: %f\n\n", (float)zahl1/zahl2);
26    }
27    return 0;
28 }
```

Abb. 7.6 Die Bearbeitung der verschiedenen Eingaben

7.5   Mit dem goto-Statement zu anderen Programmbereichen springen

Die Programmiersprache C bietet uns noch eine weitere Möglichkeit, um den Ablauf unserer Programme zu steuern: das goto-Statement. Dieses ermöglicht es uns, zu einem beliebigen anderen Programmteil zu springen.

Das goto-Statement bietet uns keine neuen Möglichkeiten. Wir könnten es immer durch die bereits bekannten Befehle ersetzen – beispielsweise durch `break` oder `continue`, aber auch durch eine entsprechende Anordnung von Schleifen und `if`-Abfragen. Außerdem führt die Verwendung dieses Statements häufig dazu, dass die Logik des Ablaufs des Programms etwas komplexer wird. Daher ist die Verwendung nicht allzu gebräuchlich. Dennoch ist es wichtig, auch diese Möglichkeit kennenzulernen, da es hin und wieder vorkommt, dass wir in einem Programm auf dieses Statement stoßen.

Um das `goto`-Statement zu verwenden, müssen wir zunächst einen Zielpunkt festlegen. Dazu fügen wir einen frei wählbaren Namen in unser Programm ein. Daraufhin folgt ein Doppelpunkt. Wenn wir den `goto`-Befehl dann in unser Programm einfügen, springt das Programm zu dem Befehl, der sich an den definierten Zielpunkt anschließt.

Um den entsprechenden Sprung im Programm zu veranlassen, fügen wir den Begriff `goto` ein. Daraufhin folgt der Name, den wir für den Zielpunkt definiert haben. Um die Anwendung zu verdeutlichen, erstellen wir ein Programm, das genau die gleiche Funktionsweise hat, wie unsere erste `while`-Schleife: Es soll die Zahlen von 1 bis 10 ausgeben. Allerdings gestalten wir das Programm nun, ohne eine Schleife zu verwenden. Stattdessen nutzen wir eine `if`-Abfrage und das `goto`-Statement.

Zunächst deklarieren wir wieder unseren Zähler und weisen ihm den Wert 1 zu. Danach setzen wir unseren Zielpunkt fest. Daran schließt sich eine `if`-Abfrage an. Diese hat genau die gleiche Bedingung wie unsere bisherige `while`-Schleife. Auch der Körper ist beinahe identisch. Lediglich ganz am Ende des entsprechenden Blocks fügen wir das `goto`-Statement ein. Das führt dazu, dass unser Programm wieder zur `if`-Abfrage zurückkehrt und die Bedingung erneut überprüft. Ist sie nach wie vor erfüllt, wird der Inhalt der Abfrage erneut ausgeführt. Das zeigt, dass die Funktionsweise hierbei genau die gleiche ist wie bei der Verwendung einer `while`-Schleife:

```
1  #include <stdio.h>
2  int main () {
3      int i = 1;
4      zielpunkt:
5      if (i <= 10){
6          printf("%i\n", i);
7          i++;
8          goto zielpunkt;
9      }
10     return 0;
11 }
```

7.6 Übungsaufgabe: Verschiedene Schleifen im Programm verwenden

1. Schreiben Sie ein Programm, dass die Quadrate der Zahlen von 1 bis 10 ausgibt – allerdings in umgekehrter Reihenfolge. Gestalten Sie dafür drei unterschiedliche Versionen: eine mit einer while-Schleife, eine mit einer do-while-Schleife und eine mit einer for-Schleife.

2. Erstellen Sie ein Programm, das ein Array mit fünf beliebigen ganzen Zahlen enthält. Deklarieren Sie außerdem ein weiteres Array, das die gleiche Größe aufweist und ebenfalls int-Werte aufnehmen kann. Gestalten Sie daraufhin eine for-Schleife, die das erste Array durchgeht und das Quadrat des entsprechenden Werts im zweiten Array speichert. Geben Sie dabei die Werte des zweiten Arrays aus.

Lösungen:

1.

`while`-Schleife:

```
1  #include <stdio.h>
2  int main () {
3      int i = 10;
4      while (i > 0){
5          printf("%i\n", i*i);
6          i--;
7      }
8      return 0;
9  }
```

`do-while`-Schleife:

```
1  #include <stdio.h>
2  int main () {
3      int i = 10;
4      do{
5          printf("%i\n", i*i);
6          i--;
7      }while (i > 0);
8      return 0;
9  }
```

`for`-Schleife:

```
1  #include <stdio.h>
2  int main () {
3      for (int i = 10; i > 0; i--){
4          printf("%i\n", i*i);
5      }
6      return 0;
7  }
```

7

C:\Users\PC\Documents\c\programme\kap7\aufgabe1b.exe

```
100
81
64
49
36
25
16
9
4
1

Process returned 0 (0x0)    execution time : 0.116 s
Press any key to continue.
```

Abb. 7.7 Die Ausgabe ist bei allen drei Programmen identisch

2.

```
 1  #include <stdio.h>
 2  int main () {
 3      int array1[] = {3, 23, 7, 64, 9};
 4      int array2[5];
 5      for (int i = 0; i < 5; i++){
 6          array2[i] = array1[i] * array1[i];
 7          printf("Wert %i: %i\n", i+1, array2[i]);
 8      }
 9      return 0;
10  }
```

C:\Users\PC\Documents\c\programme\kap7\aufgabe2.exe

```
Wert 1: 9
Wert 2: 529
Wert 3: 49
Wert 4: 4096
Wert 5: 81

Process returned 0 (0x0)    execution time : 0.149 s
Press any key to continue.
```

Abb. 7.8 Die Ausgabe der Quadrate

Alle Programmcodes aus diesem Buch sind als PDF zum
Download verfügbar. Dadurch müssen Sie sie nicht abtippen:
https://bmu-verlag.de/c

Außerdem erhalten Sie die eBook Ausgabe zum Buch im
PDF Format kostenlos auf unserer Website:

https://bmu-verlag.de/c
Downloadcode: siehe Kapitel 19

Kapitel 8
Funktionen in C

In den bisherigen Kapiteln ist bereits mehrfach der Begriff „Funktion" aufgetaucht – allerdings ohne genau zu erklären, was das eigentlich ist. Dennoch zeigt das, dass Funktionen in C eine große Bedeutung haben. Daher ist es nun an der Zeit, sich intensiver mit diesem Thema zu beschäftigen. Aus diesem Grund lernen wir in diesem Kapitel nun Funktionen kennen. Wir erfahren, welchem Zweck diese dienen und wie sie aufgebaut sind.

8.1 Was sind Funktionen und welche Vorteile bieten sie?

Eine *Funktion* ist in der Informatik ein abgegrenzter Programmbereich, der dazu dient, eine bestimmte Aufgabe zu erledigen. Innerhalb der Funktion können wir mehrere Befehle anbringen, um die gewünschte Funktionsweise zu erreichen.

Alle C-Programme verwenden mindestens eine Funktion. Dieses Strukturelement hat in der Programmiersprache eine zentrale Bedeutung. Der Einstiegspunkt für jedes Programm stellt die main()-Funktion dar. Ohne diese ist es nicht möglich, ein korrektes Programm in C zu erstellen.

Allerdings ist es auch möglich, weitere Funktionen in unser Programm zu integrieren. Diese stehen dann außerhalb der main()-Funktion. Hier können wir ebenfalls beliebige Befehle anbringen, um die entsprechende Aufgabe zu erfüllen. Allerdings ist es hierbei stets notwendig, eine Beziehung zur main()-Funktion herzustellen. Nur so ist es möglich, die selbst definierte Funktion in den Ablauf unseres Programms zu integrieren.

Hierzu ist es zunächst notwendig, jeder Funktion einen Namen zu geben. Diesen können wir frei wählen. Innerhalb der main()-Funktion können wir dann unsere selbst definierte Funktion unter dieser Bezeichnung aufrufen. Das führt dazu, dass die entsprechenden Befehle ausgeführt werden. Hierbei ist auch eine tiefer verschachtelte Struktur möglich. Das bedeutet, dass wir unsere Funktionen nicht nur in der main()-Funktion aufrufen können, sondern auch in einer anderen selbst erstellten Funktion. Dabei ist es möglich, beliebig viele Ebenen einzufügen. Wichtig ist es lediglich, dass über diese Ebenen hinweg eine Beziehung zur main()-Funktion vorhanden ist.

Die Verwendung von Funktionen bietet mehrere Vorteile. Beispielsweise ist es auf diese Weise möglich, den Programmcode deutlich übersichtlicher zu gestalten. Wenn jede in sich abgeschlossen Aufgabe in einer eigenen Funktion erledigt und mit einem passenden Namen ausgezeichnet wird, sorgt das für klare Strukturen, die das Verständnis erleichtern. Ein weiterer Vorteil besteht darin, dass sich Funktionen wiederverwenden lassen. Bei umfangreichen Programmen kommt es häufig vor, dass man bestimmte Aufgaben mehrmals an verschiedenen Stellen erledigen muss. Wenn man diese jedes Mal aufs Neue programmiert, führt das zu einer erheblichen Schreibarbeit und zu einem sehr langen Programmcode. Wenn wir hingegen diesen Bereich in eine eigene Funktion auslagern, können wir die entsprechenden Codezeilen ganz einfach ausführen lassen, indem wir den Namen dieser Funktion nennen. Das führt zu einer erheblichen Arbeitserleichterung.

Schließlich vereinfacht die Verwendung von Funktionen die Wartung eines Programms. Hierbei ist es häufig notwendig, eine bestimmte Funktionsweise des Programms abzuändern. Wenn man hierbei Funktionen verwendet hat, muss man die Änderung nur ein einziges Mal vornehmen. Sie wirkt sich dann auf alle Bereiche aus, die diese Funktion aufrufen. Wenn man hingegen keine Funktionen verwendet, muss man diese Nachbesserungen an jeder Stelle des Programmcodes vornehmen, der hiervon betroffen ist.

8.2   Eine erste einfache Funktion in C erstellen

Nun lernen wir, wie wir eine Funktion erstellen. Dabei ist es wichtig, dass die Deklarierung der Funktion innerhalb des Codes vor der Stelle steht, an der wir sie aufrufen. Sonst ist es nicht möglich, sie zu verwenden.

Bei der Erklärung der `main()`-Funktion zu Beginn dieses Buchs wurde bereits erwähnt, dass Funktionen in C einen Wert zurückgeben können und dass es notwendig ist, hierbei den Datentyp dieses Rückgabewerts anzugeben. Wie wir diese Rückgabewerte verwenden, lernen wir im weiteren Verlauf dieses Kapitels. Um unsere erste Funktion so einfach wie möglich zu gestalten, verzichten wir dabei jedoch auf einen Rückgabewert. Wenn wir keinen Wert zurückgeben wollen, müssen wir an dieser Stelle den Ausdruck `void` verwenden.

Danach folgt der Name der Funktion, den wir frei wählen können. Nun müssen wir noch eine Klammer hinzufügen, die in unserem ersten Beispiel jedoch leer bleibt. Daraufhin öffnen wir eine geschweifte Klammer und können hier beliebige Befehle einfügen.

Unser erstes Beispiel soll so einfach wie möglich gestaltet sein. Daher erstellen wir ein Programm, das genau die gleiche Aufgabe erledigt wie unser erstes Beispielprogramm in diesem Buch: Es soll eine kurze Begrüßung ausgeben. Der Unterschied besteht lediglich darin, dass wir diese Aufgabe nun in eine Funktion auslagern. Am Ablauf des Programms ändert dies jedoch nichts.

Daher erstellen wir nun nach dem vorgegebenen Muster eine Funktion mit der Bezeichnung begruessung, die den entsprechenden Text ausgibt:

```
1  void begruessung(){
2      printf("Willkommen zum C-Kurs!");
3  }
```

Damit die Ausgabe erscheint, müssen wir die Funktion nun im Hauptprogramm aufrufen. Dazu nennen wir lediglich ihren Namen – gefolgt von einer leeren Klammer und einem Semikolon. Damit ist unser erstes Programm mit einer separaten Funktion abgeschlossen. Der vollständige Code dafür sieht so aus:

```
1  #include <stdio.h>
2  void begruessung(){
3      printf("Willkommen zum C-Kurs!");
4  }
5  int main(){
6      begruessung();
7      return 0;
8  }
```

Diese Vorgehensweise ist zwar möglich, doch wird es allgemein als besserer Stil empfunden, die Implementierung der eigenen Funktionen erst nach der main()-Funktion zu erstellen. Nun können wir die Funktion ausschneiden und einfach nach der main()-Funktion wieder einfügen. In Code::Blocks können wir das Programm in diesem Fall zwar ausführen, allerdings kommt es zu einer Warnmeldung. Mit anderen Compilern ist es überhaupt nicht möglich, das Programm zu kompilieren. Das zeigt, dass der Code fehlerhaft ist. Das liegt daran, dass wir die Funktion erst deklarieren, nachdem wir sie aufgerufen haben. Zu Beginn dieses Abschnitts wurde bereits gesagt, dass wir die Deklarierung stets vor dem Aufruf der Funktion erledigen müssen.

Das scheint auf den ersten Blick einen Widerspruch darzustellen: Wir müssen unsere Funktion vor der main()-Funktion deklarieren, wir sollen sie aber erst danach einfügen. Die Lösung dieses Problems besteht darin, dass wir die Deklarierung von der Implementierung trennen. Das bedeutet, dass wir vor der main()-Funktion lediglich die Deklarierung einfügen. Diese besteht in der Nennung des Typs des Rückgabewerts, dem Funktionsnamen und der Klammer, die in unserem Beispiel jedoch leer bleibt. Die Deklarierung schließen wir mit einem Semikolon ab:

```
1  void begruessung();
```

Nun können wir die Funktion begruessung() problemlos innerhalb der main()-Funktion verwenden, da wir sie bereits deklariert haben. Die Implementierung – also die Auflistung der Befehle, die die Funktion ausführen soll – folgt dann jedoch erst nach der main()-Funktion. Diese bleibt genau gleich wie in unserem vorigen Beispiel. Das komplette Programm sieht dann so aus:

```
1  #include <stdio.h>
2  void begruessung();
3  int main(){
4      begruessung();
5      return 0;
6  }
7  void begruessung(){
8      printf("Willkommen zum C-Kurs!");
9  }
```

8.3 Funktionen mit Übergabewerten

Bei unserem ersten Beispiel für die Verwendung von Funktionen war die Interaktion mit dem Hauptprogramm nur gering. Hier wurde die Funktion lediglich aufgerufen. Diese hat dann ihre Aufgabe eigenständig ausgeführt. Ein Austausch von Werten fand nicht statt.

Dies wollen wir nun ändern. Indem wir Werte zwischen dem Hauptprogramm und der Funktion austauschen, können wir die Anwendungsmöglichkeiten deutlich erweitern. Im ersten Schritt erstellen wir ein Programm, bei dem das Hauptprogramm der Funktion einen Wert für die Ausführung übergibt.

Das soll gleich an einem Beispiel verdeutlicht werden. Zu diesem Zweck geben wir eine ähnliche Begrüßung aus wie im vorigen Beispiel. Allerdings soll diese nun personalisiert werden, indem wir den Namen des Anwenders ausgeben. Damit wir die Funktion für viele verschiedene personalisierte Begrüßungen verwenden können, verwendet diese jedoch nicht immer den gleichen Namen. Stattdessen gibt sie den Namen aus, den ihr das Hauptprogramm übermittelt.

Wenn wir einen Wert übergeben möchten, müssen wir diesen beim Aufruf der Funktion in die Klammer schreiben, die bislang leer geblieben ist. Innerhalb der Funktion müssen wir diesen Wert jedoch aufnehmen. Hierfür ist es notwendig, eine Variable zu deklarieren. Diese Deklaration findet innerhalb der Klammer statt, die sich an den Funktionsnamen anschließt. Wie gewohnt müssen wir hierfür den Datentyp nennen und einen Namen für die Variable angeben. Beim Aufruf der Funktion erhält diese Variable dann automatisch den Wert, den wir innerhalb des Hauptprogramms in die Klammer gesetzt haben.

Innerhalb der Funktion können wir diese Variable dann wie gewohnt verwenden. Wir müssen lediglich darauf achten, dass diese nur hier gültig ist. Wenn wir sie später auch in unserem Hauptprogramm verwenden möchten, führt das zu einem Fehler.

Da wir für unser Beispiel im Übergabewert den Namen aufnehmen möchten, müssen wir eine Zeichenkette deklarieren. Daher leiten wir die Funktion mit folgender Zeile ein:

```
1    void begruessung(char name[])
```

Diese Angabe müssen wir sowohl bei der Deklarierung der Funktion als auch bei der Implementierung hinzufügen. Innerhalb der Funktion können wir dann wie gewohnt auf diese Variable zugreifen. Abbildung 8.1 zeigt, dass nun eine personalisierte Begrüßung ausgegeben wird. Der Code für das komplette Programm sieht dann so aus:

```
1    #include <stdio.h>
2    void begruessung(char name[]);
3    int main(){
4        begruessung("Jan");
5        return 0;
6    }
7    void begruessung(char name[]){
8        printf("%s, willkommen zum C-Kurs!", name);
9    }
```

```
█  C:\Users\PC\Documents\c\programme\kap8\begruessung3.exe
Jan, willkommen zum C-Kurs!
Process returned 0 (0x0)    execution time : 0.128 s
Press any key to continue.
```

Abb. 8.1 Die personalisierte Begrüßung

Wir können nicht nur einen Übergabewert für unsere Funktion vorgeben. Es ist möglich, hier beliebig viele weitere Werte einzufügen. Dazu müssen wir sie lediglich durch ein Komma voneinander trennen – sowohl bei der Deklarierung der Funktion als auch bei ihrem Aufruf. Dabei können wir auch unterschiedliche Datentypen verwenden. Die Reihenfolge der Zuweisungen entspricht dabei stets der Reihenfolge, in der wir die entsprechenden Werte beim Aufruf der Funktion in die Klammer eingefügt haben.

8.4 Funktionen mit Rückgabewerten

Wir können nicht nur Werte vom Hauptprogramm an die Funktion übergeben, sondern auch den umgekehrten Weg wählen. In vielen Fällen soll die Funktion einen bestimmten Wert berechnen, den das Hauptprogramm dann für seine weiteren Aufgaben verwendet. Zu diesem Zweck nutzen wir Rückgabewerte.

Wenn wir mit Rückgabewerten arbeiten, müssen wir den Ausdruck `void` durch die Angabe des Datentyps ersetzen, den wir hierfür verwenden möchten. Innerhalb der Funktion müssen wir dann das `return`-Statement einfügen. Daran schließen wir den Wert an, den wir an das Hauptprogramm übermitteln möchten.

Das soll nun an einem Beispiel gezeigt werden. Dazu gestalten wir ein Programm, das zwei Zahlen vom Anwender abfragt. Daraufhin sollen diese beiden Werte an eine Funktion übergeben werden. Diese addiert sie und gibt sie an unser Hauptprogramm zurück:

```
1  int addieren(int zahl1, int zahl2){
2      return zahl1 + zahl2;
3  }
```

Die Addition der Werte können wir direkt innerhalb des `return`-Statements durchführen. Selbstverständlich wäre es jedoch auch möglich, zunächst

115

eine Variable für das Ergebnis zu deklarieren und ihr das Ergebnis dieser Berechnung zuzuweisen. Danach können wir sie dann per `return`-Statement zurückzugeben.

Im Hauptprogramm haben wir nun zwei Möglichkeiten: Entweder wir weisen die Funktion einer Variablen zu, um den Rückgabewert aufzunehmen, oder wir rufen die Funktion innerhalb eines anderen Befehls auf – beispielsweise in einem `printf()`-Befehl. Auf diese Weise wird hier direkt der Rückgabewert ausgegeben. Zunächst stellen wir die erste Möglichkeit vor:

```
1   #include <stdio.h>
2   int addieren(int zahl1, int zahl2);
3   int main(){
4       int eingabe1, eingabe2;
5       printf("Geben Sie den ersten Wert ein: ");
6       scanf("%i", &eingabe1);
7       printf("Geben Sie den zweiten Wert ein: ");
8       scanf("%i", &eingabe2);
9       int ergebnis = addieren(eingabe1, eingabe2);
10      printf("Ergebnis: %i", ergebnis);
11      return 0;
12  }
13  int addieren(int zahl1, int zahl2){
14      return zahl1 + zahl2;
15  }
```

C:\Users\PC\Documents\c\programme\kap8\addition.exe

```
Geben Sie den ersten Wert ein: 3
Geben Sie den zweiten Wert ein: 6
Ergebnis: 9
Process returned 0 (0x0)   execution time : 3.411 s
Press any key to continue.
```

Abb. 8.2 Die Ausgabe des Ergebnisses

Wenn wir nun die Funktion direkt innerhalb des `printf()`-Befehls einfügen wollen, können wir auf die Deklarierung der Variable `ergebnis` verzichten. Stattdessen fügen wir folgenden Befehl ein:

```
16  printf("Ergebnis: %i", addieren(eingabe1, eingabe2));
```

Der Ablauf des Programms wird dadurch jedoch nicht verändert. In beiden Fällen erscheint die Ausgabe, die in Abbildung 8.2 zu sehen ist.

8.5 Übungsaufgabe: Eigene Funktionen erstellen

1. Gestalten Sie ein Programm, das ein Array aus vier ganzen Zahlen enthält. Gestalten Sie eine Funktion, die dieses Array als Übergabewert erhält. Sie soll alle darin enthaltenen Zahlen addieren und die Gesamtsumme als Rückgabewert zurückgeben. Das Hauptprogramm soll diesen dann als Ergebnis ausgeben.

Anmerkung: Verwenden Sie für diese Aufgabe bei der Angabe der Anzahl der Durchläufe einen konkreten Wert. Die Verwendung der `sizeof()`-Funktion ist in diesem Fall nicht ohne weitere Anpassungen möglich.

2. Gestalten Sie ein Programm, das mit einer `for`-Schleife zehn aufeinanderfolgende Zahlen ausgibt. Der Startwert soll dabei jedoch variabel sein und per Nutzereingabe bestimmt werden. Lagern Sie zunächst die Abfrage des Startwerts in eine eigene Funktion aus und geben Sie das Ergebnis als Rückgabewert an das Hauptprogramm zurück. Gestalten Sie außerdem eine weitere Funktion, die anhand dieses Werts die Schleife ausführt.

8

Lösungen:

1.

```
1   #include <stdio.h>
2   int summe(int array[]);
3   int main(){
4       int array[] = {3, 5, 8, 4};
5       printf("Gesamtsumme: %i", summe(array));
6       return 0;
7   }
8   int summe(int meinArray[4]){
9       int summe = 0;
10      for(int i = 0; i < 4; i++){
11          summe += meinArray[i];
12      }
13      return summe;
14  }
```

C:\Users\PC\Documents\c\programme\kap8\aufgabe1.exe

```
Gesamtsumme: 20
Process returned 0 (0x0)   execution time : 0.117 s
Press any key to continue.
```

Abb. 8.3 Die Ausgabe der Summe der Array-Werte

2.

```
1    #include <stdio.h>
2   int abfrage();
3   void ausgabe (int startwert);
4   int main(){
5       int startwert = abfrage();
6       ausgabe(startwert);
7       return 0;
8   }
9   int abfrage(){
10      printf("Geben Sie den gew\x81nschten Startwert ein: ");
11      int eingabe;
12      scanf("%i", &eingabe);
13      return eingabe;
14  }
15  void ausgabe(int startwert){
16      for (int i = startwert; i < startwert + 10; i++){
```

```
17          printf("%i\n", i);
18      }
19  }
```

C:\Users\PC\Documents\c\programme\kap8\aufgabe1.exe

```
Geben Sie den gewünschten Startwert ein: 12
12
13
14
15
16
17
18
19
20
21

Process returned 0 (0x0)    execution time : 3.263 s
Press any key to continue.
```

Abb. 8.4 Die Ausgabe der Werte mit dem vorgegebenen Startwert

Alle Programmcodes aus diesem Buch sind als PDF zum
Download verfügbar. Dadurch müssen Sie sie nicht abtippen:
https://bmu-verlag.de/c

Außerdem erhalten Sie die eBook Ausgabe zum Buch im
PDF Format kostenlos auf unserer Website:

https://bmu-verlag.de/c
Downloadcode: siehe Kapitel 19

Kapitel 9
Module für eine übersichtlichere Programmstruktur erstellen

Wenn wir ein Programm mit Funktionen gestalten, können wir auch für eine noch bessere Strukturierung sorgen – indem wir die einzelnen Funktionen in separate Dateien auslagern. In diesem Fall spricht man von einem *Modul*. Diese Vorgehensweise führt dazu, dass wir die einzelnen Abschnitte noch schärfer trennen können. Das bringt insbesondere bei größeren Projekten große Vorteile mit sich. Daher stellt dieses Kapitel vor, wie wir Module erstellen können.

9.1 Was sind Module und welche Vorteile bieten sie?

Ein Modul ist eine funktionale Einheit eines Programms, die einen bestimmten Dienst anbietet. Es ist in sich geschlossen, aber für sich alleine genommen kein abgeschlossenes Programm. Das bedeutet, dass wir das Modul nicht alleine ausführen können. Wir müssen daher immer ein Hauptprogramm verwenden, das das Modul aufruft.

Wenn wir ein Programm modular gestalten, erstellen wir hierfür mehrere Dateien. Ein Modul kann aus einer einzelnen Datei bestehen. In C ist es jedoch üblich, für jedes Modul zwei separate Dateien zu verwenden – eine für das Interface, das die Struktur vorgibt und eine für die Implementierung.

Wenn wir ein Projekt in mehrere Dateien aufteilen, bringt das viele Vorteile mit sich. Von großer Bedeutung ist es, dass der Programmcode auf diese Weise deutlich übersichtlicher wird. Bei umfangreichen Projekten kann dieser häufig Hunderte oder gar Tausende Zeilen enthalten. Wenn diese alle in der gleichen Datei stehen, ist es schwierig, die Übersicht zu behalten.

Ein weiterer Vorteil besteht darin, dass ein modularer Aufbau die Zusammenarbeit mehrerer Programmierer erleichtert. Wenn jeder der beteiligten Entwickler an einem eigenen Modul arbeiten kann, vermeidet das Konflikte.

Darüber hinaus erleichtert die Verwendung von Modulen die Wartung des Programms. Wenn es zu einem späteren Zeitpunkt notwendig ist, eine Anpassung vorzunehmen, ist dies deutlich einfacher, wenn man hierbei nur ein einzelnes Modul verändern muss und nicht eine umfangreiche Programmdatei.

Schließlich erleichtern es Module, bereits erstellten Code wiederzuverwenden. Bei vielen Projekten ist es notwendig, ähnliche Aufgaben zu erledigen. Wenn man diese einmal implementiert und in ein Modul ausgelagert hat, kann man dieses problemlos auch in weitere Projekte einbinden.

9.2   Ein einfaches Modul mit einer weiteren C-Datei erstellen

Im vorigen Kapitel haben wir bereits Funktionen kennengelernt. Dabei haben wir einen Teil des Programms aus der `main()`-Funktion entfernt und in eine Funktion ausgelagert. Auf diese Weise entstanden zwei separate Bereiche. Diese haben sich jedoch innerhalb der gleichen Datei befunden. Außerdem war es möglich, eine Verbindung zwischen diesen beiden Bereichen herzustellen, indem wir die Funktion im Hauptprogramm aufgerufen haben.

Wenn wir nun mit Modulen arbeiten, trennen wir diese Bereich noch stärker. Wir erstellen für jeden einzelnen von ihnen eine separate Datei. Doch lässt sich auch hierbei eine Verbindung zwischen ihnen erstellen. Diese erfolgt auf die gleiche Weise: indem wir die Funktion aus dem Hauptprogramm aufrufen.

Das soll nun an einem Beispiel verdeutlicht werden. Dazu verwenden wir ein Beispiel aus einem der vorherigen Kapitel: das Programm mit der Funktion `addieren()`. Das erleichtert nicht nur die Programmerstellung, da wir weite Teile des Codes kopieren können. Darüber hinaus wird dadurch die Ähnlichkeit der Vorgehensweise deutlich.

Um das Modul zu erstellen, kopieren wir zunächst die entsprechende Datei und speichern sie in einem neuen Ordner ab. Nun öffnen wir eine neue C-Datei und nennen sie modul.c. Aus dem bisherigen Programm schneiden wir nun die Implementierung der Funktion aus – also den Teil, der sich unterhalb der `main()`-Funktion befindet. Diesen Teil fügen wir nun in die leere Datei ein. Nun müssen wir nur noch die Bibliothek **stdio.h** einbinden. Damit ist unser erstes Modul bereits fertiggestellt. Der komplette Code dafür sieht so aus:

```
#include <stdio.h>
int addieren(int zahl1, int zahl2){
    return zahl1 + zahl2;
}
```

In der bisherigen Datei können wir die Definition der Funktion entfernen. Diese ist nun nicht mehr notwendig. Wenn wir das Programm ausführen, kommt es nun jedoch bislang zu einem Fehler. Wir erhalten dabei folgende Nachricht: „undefined reference to `addieren'". Das bedeutet, dass das Programm nicht auf die Funktion zugreifen kann.

Das liegt daran, dass sie sich jetzt in einer anderen Datei befindet. Daher ist kein direkter Zugriff möglich. Aus diesem Grund müssen wir die Datei **modul.c**, in der wir die Funktion definiert und implementiert haben, in unser Hauptprogramm einbinden. Dafür verwenden wir wieder den include-Befehl. Dabei müssen wir jedoch beachten, dass der Dateiname im Gegensatz zu den bisherigen Beispielen nun nicht in spitzen Klammern steht. Bei selbst definierten Modulen müssen wir ihn stets in Anführungszeichen setzen. Wenn wir die entsprechende Zeile in unsere Datei einfügen, sollte es wieder möglich sein, das Programm auszuführen. Die Funktionsweise wurde durch unsere Änderungen nicht verändert – sie ist vollkommen identisch zum Beispiel aus Kapitel 8. Allerdings haben wir das Programm nun in zwei Dateien aufgeteilt. Der Code für die Datei mit dem Hauptprogramm sieht dabei so aus:

```
1   #include "modul.c"
2   #include <stdio.h>
3   int main(){
4       int eingabe1, eingabe2;
5       printf("Geben Sie den ersten Wert ein: ");
6       scanf("%i", &eingabe1);
7       printf("Geben Sie den zweiten Wert ein: ");
8       scanf("%i", &eingabe2);
9       int ergebnis = addieren(eingabe1, eingabe2);
10      printf("Ergebnis: %i", ergebnis);
11      return 0;
12  }
```

Abbildung 9.1 zeigt, welche Dateien nach dem Kompilieren im entsprechenden Ordner vorhanden sind. Neben den Ausgangsdateien **modul.c** und **addition.c** sind hier nun auch die Dateien **addition.o** und **addition.exe** zu finden. Von unserem Modul sind jedoch keine neuen Dateien erstellt worden.

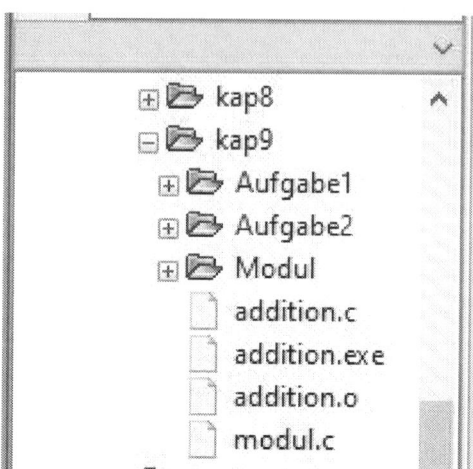

Abb. 9.1 Die Dateien unseres Moduls

9.3 Die Verwendung von Interfaces

Die im vorigen Abschnitt vorgestellte Methode erlaubt es zwar, ein Modul zu verwenden. Allerdings ist diese Vorgehensweise bei der Programmierung in C nicht üblich. In der Regel besteht hier das Modul aus zwei verschiedenen Dateien, die gemeinsam eine Einheit bilden.

Hierbei handelt es sich zum einen um eine gewöhnliche C-Datei. Diese ist beinahe gleich aufgebaut, wie im eben vorgestellten Beispiel. Hinzu kommt jedoch eine Header-Datei, die auch als *Interface* bezeichnet wird. Diese hat die Endung .h. Das Interface enthält lediglich die Deklarierung der entsprechenden Funktion. Diese wird auch als Prototyp der Funktion bezeichnet. Das bedeutet, dass hier angegeben ist, welche Übergabewerte sie benötigt und welchen Rückgabewert sie hat. Die eigentliche Implementierung ist hierbei jedoch nicht aufgeführt.

Der Sinn dieser Vorgehensweise besteht darin, die Funktion in einen öffentlichen und in einen nicht öffentlichen Bereich zu trennen. Das Interface stellt den öffentlichen Teil dar. Es enthält alle Informationen, die wir benötigen, um die Funktion anzuwenden. Die Implementierung ist dabei jedoch nicht öffentlich. Oftmals liegt sie bereits in kompilierter Form vor, sodass kein direkter Zugriff auf den Code möglich ist. Das ist insbesondere dann sinnvoll, wenn man die Informationen, die hier enthalten sind, schützen will.

9.4   Module mit Interface gestalten

Die meisten Programme, die wir bisher gestaltet haben, bestanden lediglich aus einer Datei. Daher war es kein Problem, diese zu kompilieren und auszuführen. Unser erstes Programm mit einem separaten Modul enthielt eine direkte Einbindung der entsprechenden C-Datei. Das führte dazu, dass diese beim Kompilieren des Hauptprogramms automatisch ebenfalls kompiliert wurde. Daher hat das Programm einwandfrei funktioniert.

Wenn wir nun jedoch das Modul mit einem Interface gestalten, findet die Kompilierung nicht automatisch statt. Daher müssen wir unsere Vorgehensweise etwas anpassen. Hierfür gibt es mehrere Möglichkeiten. Beispielsweise können wir eine sogenannte Makefile-Datei erstellen, die alle notwendigen Anweisungen für die Kompilierung enthält. Das ist jedoch recht kompliziert. Daher wählen wir eine einfachere Alternative: Wir nutzen innerhalb der IDE Projekte. Wenn wir die zusammengehörigen Blöcke innerhalb eines Projekts einfügen, werden diese ebenfalls richtig kompiliert, sodass wir unser Programm ausführen können.

Zu diesem Zweck klicken wir in Code::Blocks zunächst in der Menüleiste auf „File" und anschließend auf „New". Alternativ dazu können wir auch das leere Blatt mit dem gelben Pluszeichen in der Werkzeugleiste anklicken. Nun wählen wir jedoch nicht wie bisher „File" aus, sondern „Project". Daraufhin öffnet sich das Fenster, das in Abbildung 9.2 zu sehen ist. Hier wählen wir dann „Console application" aus.

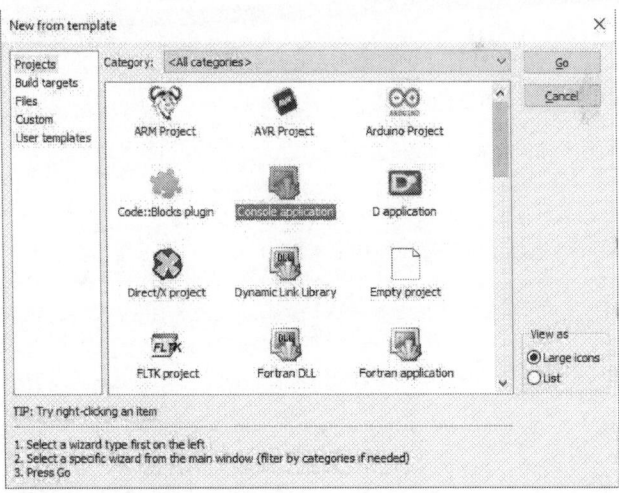

Abb. 9.2 Ein neues Projekt erstellen

Im nächsten Fenster wählen wir dann wie gewohnt die Programmiersprache C aus. Danach erscheint das Fenster, das in Abbildung 9.3 zu sehen ist. Hier können wir einen Namen für unser Projekt auswählen. Wir nennen es **Modul**. Außerdem können wir auswählen, in welchem Ordner wir das Projekt anlegen möchten.

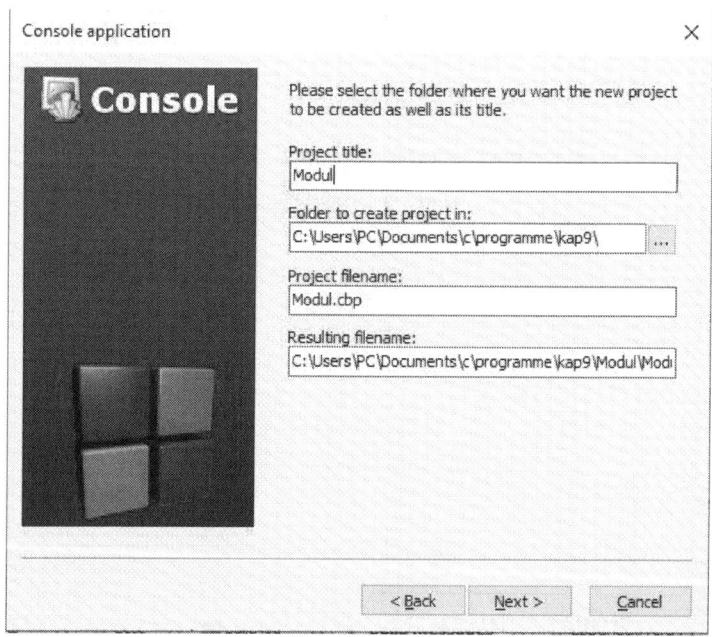

Abb. 9.3 Den Namen und den Speicherort des Projekts festlegen

Im nächsten Fenster werden die Vorgaben für den Compiler abgefragt. Hierbei übernehmen wir einfach die Standardeinstellungen und klicken danach auf „Finish". Danach erscheint in der linken Spalte der IDE der Name unseres neuen Projekts. Hier können wir es verwalten. Wenn wir auf das Pluszeichen neben dem Ordner „Sources" klicken, erscheint eine Datei mit der Bezeichnung main.c – so wie das in Abbildung 9.4 zu sehen ist. Hierbei handelt es sich um die Hauptdatei unseres Projekts. Wenn wir sie doppelt anklicken, stellen wir fest, dass die IDE hier automatisch ein kleines Hallo-Welt-Programm erstellt hat.

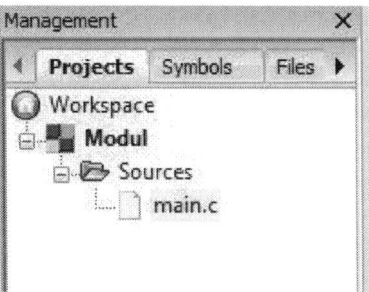

Abb. 9.4 Die Struktur unseres neuen Projekts

Nun erstellen wir zunächst eine neue C-Datei. Dabei nutzen wir genau die gleiche Vorgehensweise wie bei unseren bisherigen Programmen. Es ist lediglich wichtig, darauf zu achten, dass diese innerhalb des Ordners angelegt wird, der unser Projekt enthält. Wenn wir die Standardeinstellungen jedoch nicht verändern, wählt die IDE automatisch den richtigen Speicherort aus. Wir nennen diese Datei **modul.c**. Nachdem wir den Dateinamen eingegeben haben, öffnet sich das letzte Fenster für die Bestätigung der Angaben. Im Gegensatz zu unseren bisherigen einzelnen Dateien, ist hier nun jedoch eine Checkbox mit der Aufschrift „Add file to active project in build target(s)" zu sehen. Diese klicken wir an. Daraufhin wählen wir auch die beiden Checkboxen aus, die sich darunter befinden – so wie dies in Abbildung 9.5 zu sehen ist.

Abb. 9.5 Die neue Datei zum Projekt hinzufügen

Nun müssen wir noch das Interface erstellen. Die ersten Schritte sind hierbei die gleichen wie bei einer gewöhnlichen C-Datei: Wir klicken entweder auf das leere Blatt mit dem gelben Pluszeichen oder in der Menüleiste auf „File" und auf „New". Anschließend wählen wir wie gewohnt den Begriff „File" aus. Nun klicken wir jedoch nicht wie bisher auf „C/C++ source" sondern auf „C/C++ header". Abbildung 9.6 zeigt zur Verdeutlichung die entsprechende Auswahl.

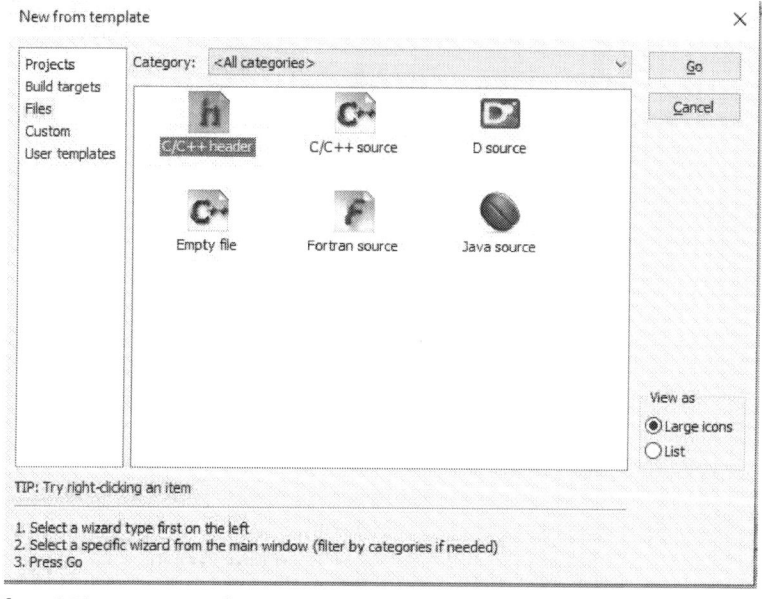

Abb. 9.6 Eine neue Header-Datei erstellen

Nachdem wir die Auswahl bestätigt haben, müssen wir einen Namen für das Interface auswählen. Es ist hierbei üblich, die gleiche Bezeichnung wie für die C-Datei zu verwenden, in der wir das Modul implementieren. Daher nennen wir sie modul.h. Wir speichern sie im gleichen Ordner ab und wählen wie bei der eben erstellten C-Datei die Checkboxen im abschließenden Fenster aus. Hier erscheint nun außerdem eine weitere Zeile mit der Beschriftung „Header guard word". Diese lassen wir jedoch unverändert.

Nun müssen wir das Programm mit den Modulen implementieren. Hierfür wählen wir wieder das gleiche Beispiel wie in Kapitel 9.2 aus. In der Datei **main.c** löschen wir zunächst das Hallo-Welt-Programm, das hier automatisch erstellt wurde. Danach fügen wir den Code ein, den wir im genannten Beispiel für das Hauptprogramm verwendet haben. Dieser bleibt beinahe unverändert. der einzige Unterschied besteht darin, dass wir nun statt der Datei modul.c die Datei **modul.h** einbinden:

```
1  #include "modul.h"
```

Auch die Datei modul.c bleibt beinahe unverändert. Allerdings müssen wir hier zusätzlich die Datei **modul.h** einbinden. Der Code sieht dann so aus:

```
1  #include "modul.h"
2  #include <stdio.h>
3  int addieren(int zahl1, int zahl2){
4      return zahl1 + zahl2;
5  }
```

Nun müssen wir noch die Header-Datei gestalten. Wenn wir diese öffnen, sehen wir, dass hier bereits einige Code-Zeilen enthalten sind. Was diese genau bedeuten, werden wir im folgenden Abschnitt erklären. Für unser erstes Beispiel haben sie keine Bedeutung. Es wäre auch möglich, sie zu löschen.

In der Header-Datei müssen wir die Funktion deklarieren. Dies geschieht auf die gleiche Weise wie bei unserem Beispiel in Kapitel 8: Wir geben den Rückgabewert, den Namen und die Übergabewerte der Funktion an:

```
1  int addieren(int zahl1, int zahl2);
```

Wenn wir den bereits vorgefertigten Code übernehmen, sieht die komplette Header-Datei so aus:

```
1  #ifndef MODUL_H_INCLUDED
2  #define MODUL_H_INCLUDED
3  int addieren(int zahl1, int zahl2);
4  #endif // MODUL_H_INCLUDED
```

Nun können wir das Hauptprogramm wie gewohnt kompilieren und ausführen. Dabei sehen wir, dass dieses nun ebenfalls Zugriff auf die Funktion hat, obwohl es die C-Datei mit der Implementierung nicht direkt einbindet.

9.5 Mehrfache Einbindungen eines Moduls verhindern

Zum Abschluss wollen wir nun noch kurz die vorgefertigten Code-Zeilen der Header-Datei betrachten. Diese dienen dazu, eine doppelte Einbindung der entsprechenden Definitionen zu verhindern. Das könnte Probleme beim Kompilieren verursachen.

Wenn wir mit mehreren Modulen arbeiten, kann es vorkommen, dass wir diese mehrfach in unser Hauptprogramm einbinden. Das heißt nicht, dass wir dafür den entsprechenden `include`-Befehl mehrmals im Programm anbringen müssen. Es ist auch möglich, die Datei auf indirektem Wege mehrfach einzubinden. Wenn wir beispielsweise ein weiteres Modul erstellen, das ebenfalls die Funktion `addieren()` verwendet, müssen wir die Datei **modul.h** auch hier einbinden. Wenn wir dieses weitere Modul dann in unserem Hauptprogramm verwenden, binden wir die Datei modul.h nochmals ein – wenn auch auf indirektem Weg. Daher sollten wir dies stets vermeiden.

Zu diesem Zweck fügen wir eine sogenannte Präprozessor-Angabe ein. Hier können wir mit dem Ausdruck `#define` Konstanten, Funktionen und weitere Ausdrücke definieren. Wir können dem Block einen frei wählbaren Namen geben. Code::Blocks wählt hierfür passend zu unserem Dateinamen die Bezeichnung `MODUL_H_INCLUDED` aus.

Davor steht allerdings noch eine weitere Zeile. Diese wird mit dem Ausdruck `#ifndef` eingeleitet. Danach steht wieder die gleiche Bezeichnung, die wir auch für die Definition unserer Funktion verwendet haben. Dieser Ausdruck stellt eine Bedingung auf. Er steht als Abkürzung für „if not defined". Das bedeutet, dass der folgende Block nur dann ausgeführt wird, wenn für den angegebenen Bezeichner noch keine Definition besteht. Die Angabe `#endif` zum Schluss der Datei schließt diese Bedingung ab.

Wenn wir die Datei das erste Mal einbinden, trifft die `#ifndef`-Bedingung zu. Das bedeutet, dass wir die Vorgaben für unsere Funktion neu definieren. Wenn wir sie jedoch ungewollt ein zweites Mal einbinden, ist bereits eine Definition mit dem entsprechenden Bezeichner vorhanden. Daher trifft die Bedingung nicht zu und es kommt nicht zu einer neuen Definition. Das verhindert Fehler beim Kompilieren.

9.6 Übungsaufgabe: eigene Module erstellen

1. Erstellen Sie ein Programm, das eine kurze Begrüßung ausgibt. Diese soll jedoch in eine Funktion in einem eigenen Modul ausgelagert werden. Nutzen Sie hierfür ein Interface.

2. Erstellen Sie ein Programm, das zwei separate Module enthält. Das Hauptprogramm ruft diese nacheinander auf. Das erste Modul dient dazu, eine Zahl vom Anwender abzufragen und gibt diese an das Hauptprogramm zurück. Dieses ruft damit dann das zweite Modul auf. Darin ist eine Funktion enthalten, die das Quadrat des entsprechenden Werts ausgibt.

Lösungen:

1.

main.c:

```
1  #include "begruessung.h"
2  #include <stdio.h>
3  int main()
4  {
5      begruessung();
6      return 0;
7  }
```

begruessung.c:

```
1  #include "begruessung.h"
2  void begruessung () {
3      printf("Hallo!");
4  }
5  begruessung.h:
6  #ifndef BEGRUESSUNG_H_INCLUDED
7  #define BEGRUESSUNG_H_INCLUDED
8  void begruessung();
9  #endif
```

9

```
C:\Users\PC\Documents\c\programme\kap9\Aufgabe1\bin\Debug\Aufgabe1.exe
Hallo!
Process returned 0 (0x0)    execution time : 0.219 s
Press any key to continue.
```

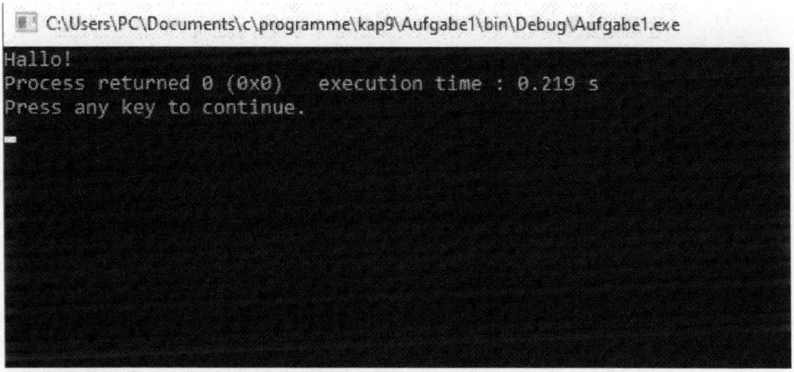

Abb. 9.7 Die Ausgabe der Begrüßung

2.

main.c:

```
 1  #include "abfrage.h"
 2  #include "quadrat.h"
 3  #include <stdio.h>
 4  #include <stdlib.h>
 5  int main()
 6  {
 7      int wert = abfrage();
 8      quadrat(wert);
 9      return 0;
10  }
```

abfrage.c:

```
 1  #include "abfrage.h"
 2  #include <stdio.h>
 3  int abfrage(){
 4      printf("Geben Sie bitte einen Wert ein: ");
 5      int eingabe;
 6      scanf("%i", &eingabe);
 7      return eingabe;
 8  }
```

abfrage.h:

```
 1  #ifndef ABFRAGE_H_INCLUDED
 2  #define ABFRAGE_H_INCLUDED
 3  int abfrage();
 4  #endif
```

quadrat.c:

```
 1  #include "quadrat.h"
 2  #include <stdio.h>
 3  void quadrat (int wert){
 4      printf("Quadrat des eingegebenen Werts: %i", wert*wert);
 5  }
```

quadrat.h:

```
1  #ifndef QUADRAT_H_INCLUDED
2  #define QUADRAT_H_INCLUDED
3  void quadrat (int wert);
4  #endif
```

C:\Users\PC\Documents\c\programme\kap9\Quadrat\bin\Debug\Quadrat.exe

```
Geben Sie bitte einen Wert ein: 4
Quadrat des eingegebenen Werts: 16
Process returned 0 (0x0)   execution time : 1.509 s
Press any key to continue.
```

Abb. 9.8 Die Ausgabe der Quadratzahl

9

Alle Programmcodes aus diesem Buch sind als PDF zum
Download verfügbar. Dadurch müssen Sie sie nicht abtippen:
https://bmu-verlag.de/c

Außerdem erhalten Sie die eBook Ausgabe zum Buch im
PDF Format kostenlos auf unserer Website:

https://bmu-verlag.de/c
Downloadcode: siehe Kapitel 19

Kapitel 10

Die C-Standardbibliothek: vielfältige Befehle nutzen

Alle unsere bisherigen C-Programme haben mit dem Befehl `#include` begonnen. In den Beispielen im letzten Kapitel haben wir auf diese Weise Dateien eingebunden, die wir selbst erstellt haben. Von dieser Ausnahme abgesehen haben wir hierfür jedoch Header-Files verwendet, die wir nicht selbst erstellt haben. Hierbei handelte es sich um vorgefertigte Dateien aus der *C-Standardbibliothek*. Dieses Kapitel stellt vor, was es hiermit auf sich hat und wie wir diese Inhalte für eine einfache und effiziente Programmgestaltung nutzen können.

10.1 Vorgefertigte Funktionen nutzen: eine erhebliche Erleichterung beim Programmieren

Im vorigen Kapitel haben wir gelernt, Module zu verwenden. Das ist insbesondere dann sinnvoll, wenn wir Funktionen erstellen, die wir auch in weiteren Programmen benötigen. In diesem Fall müssen wir das Modul nicht erneut erstellen. Wir können es einfach in ein weiteres Programm einbinden. Dazu ist es nicht einmal notwendig, dass der Programmcode zur Verfügung steht. Per Header-Datei ist es auch möglich, bereits kompilierte Funktionen einzubinden und auf diese Weise wiederzuverwenden.

Nun stellen wir uns vor, dass wir eine Funktion erstellt haben, die nicht nur für unsere eigenen Programme hilfreich ist, sondern auch für andere Programmierer. In diesem Fall wäre es sinnvoll, diese allgemein zugänglich zu machen. Das ist das Prinzip der C-Standardbibliothek. Diese enthält viele verschiedene Funktionen, die von allgemeinem Interesse sind und die daher für alle C-Programmierer wichtig sind. Daher haben die Entwickler dieser Programmiersprache die entsprechenden Funktionen umgesetzt und direkt in den Compiler integriert. Daher stehen sie uns für jedes C-Programm zur Verfügung – wir müssen sie zu diesem Zweck lediglich einbinden.

Viele andere Programmiersprachen verwenden eingebaute Funktionen. Das bedeutet, dass diese direkt in der Sprache implementiert sind, sodass wir sie nicht einbinden müssen. Bei C ist dies jedoch nicht der Fall. Hierbei ist es selbst bei einfachen Ein- und Ausgabebefehlen notwendig, die entsprechenden Bibliotheken explizit einzubinden. Daher hatten bisher alle unsere Programme mindestens einen include-Befehl.

Eine weitere Besonderheit der C-Standardbibliothek besteht darin, dass sie nur einen sehr geringen Umfang hat. Die Bibliotheken anderer Programmiersprachen bieten beispielsweise häufig Funktionen für grafische Benutzeroberflächen, Netzwerkfunktionalitäten und für weitere komplexe Aufgaben. Das ist bei C hingegen nicht so. Wenn eine derartige Funktion notwendig ist, muss man sie daher selbst programmieren. Das ist der Grund dafür, weshalb C für diese Aufgaben nur recht selten zum Einsatz kommt.

Trotz dieser Einschränkung bietet die C-Standardbibliothek viele Funktionen, die wir in unseren Programmen bislang nicht verwendet haben. Wenn wir all diese Befehle in diesem Buch erläutern würden, würde das sicherlich den Rahmen sprengen. Dennoch ist es wichtig zu wissen, wie wir hiermit arbeiten können und wo wir die hierfür notwendigen Erklärungen finden. Daher wird in diesem Kapitel der Umgang mit der C-Standardbibliothek erläutert.

10.2   Die Dokumentation der C-Standardbibliothek

Um mit der C-Standardbibliothek zu arbeiten, ist es wichtig, über eine Dokumentation zu verfügen. Dabei handelt es sich um eine Auflistung aller darin enthaltenen Befehle. Außerdem ist eine Erklärung zur Funktionsweise und häufig auch ein kleines Beispiel für die Anwendung enthalten.

Wenn wir nach der offiziellen Dokumentation der C-Standard-Bibliothek suchen, ist es jedoch schwierig, hierfür ein passendes Dokument zu finden. Das liegt daran, dass es hierfür keine offizielle Version gibt, die frei zugänglich ist. Eine Möglichkeit besteht darin, den offiziellen C-Standard direkt bei der ISO (International Organiziation for Standardization) herunterzuladen. Das wäre unter folgendem Link möglich:

http://bmu-verlag.de/c2

Allerdings ist dieses Dokument für Anfänger recht schwer verständlich. Außerdem fallen für den Download erhebliche Gebühren an. Deshalb weichen die meisten Programmierer auf andere Quellen aus, die frei im Internet verfügbar sind. Leser, die Wert auf eine deutschsprachige Ausführung legen, finden beispielsweise unter folgendem Link einen Überblick über die C-Standard-Bibliothek:

http://bmu-verlag.de/c3

Allerdings sind die hier enthaltenen Erklärungen nur sehr minimalistisch. Daher ist es oftmals schwierig, die Funktionsweise der Befehle genau zu verstehen. Deutlich umfangreicher sind die Erklärungen bei cppreference.com – allerdings in englischer Sprache. Diese Seite befasst sich in erster Linie mit C++. Da man in dieser Programmiersprache jedoch auch C-Befehle verwenden kann, sind diese hier ebenfalls aufgelistet. Einen Überblick über die C-Standardbibliothek findet man unter folgendem Link:

http://bmu-verlag.de/c4

Hier sind alle in der C-Standardbibliothek enthaltenen Header-Files aufgeführt – inklusive einer kurzen Beschreibung des Inhalts. Wenn man eine dieser Dateien aufruft, sieht man, welche Befehle darin enthalten sind. Jeder einzelne von ihnen lässt sich anklicken. Auf diese Weise gelangt man zu einer ausführlichen Beschreibung mit einem Anwendungsbeispiel. Mit dieser Hilfestellung ist es möglich, die komplette C-Standardbibliothek kennenzulernen und die darin enthaltenen Befehle in den eigenen Programmen zu verwenden.

10.3 Mit Funktionen der Standardbibliothek arbeiten

Um zu zeigen, wie wir mit der C-Standardbibliothek arbeiten können, soll dies nun an einem kleinen Beispiel vorgestellt werden. Um die Vorgehensweise zu verdeutlichen, wollen wir ein Programm erstellen, das die Quadratwurzel einer Zahl berechnet. In Kapitel 7 haben wir diese Aufgabe bereits implementiert und konnten auf diese Weise das Ergebnis zuverlässig berechnen. Nun wollen wir hierfür jedoch die Funktionen der Standardbibliothek nutzen.

Wenn wir eine bestimmte Aufgabe erledigen wollen, ist es wichtig, sich zunächst zu überlegen, ob es sich hierbei um ein spezielles Problem handelt, das nur für uns von Bedeutung ist oder ob die Funktionsweise von allgemeinem Interesse ist. Im ersten Fall ist es in der Regel erforderlich, den notwendigen Code selbst zu schreiben. Wenn es sich jedoch um ein allgemeines Problem handelt, das auch für viele andere Programmierer von Bedeutung ist, stehen die Chancen gut, dass wir hierfür eine Lösung in der C-Standardbibliothek finden.

Die Berechnung der Quadratwurzel ist sicherlich eine sehr häufige Aufgabe, die unzählige Programmierer in ihren Programmen verwenden. Das bedeutet, dass die Wahrscheinlichkeit, dass wir hierfür eine Lösung in der Standardbibliothek finden, sehr hoch ist. Daher rufen wir die entsprechende

Seite auf. Wir verwenden hierfür den letzten Link des vorigen Abschnitts, der uns zur englischsprachigen Referenz führt. Die Seite ist in Abbildung 10.1 zu sehen.

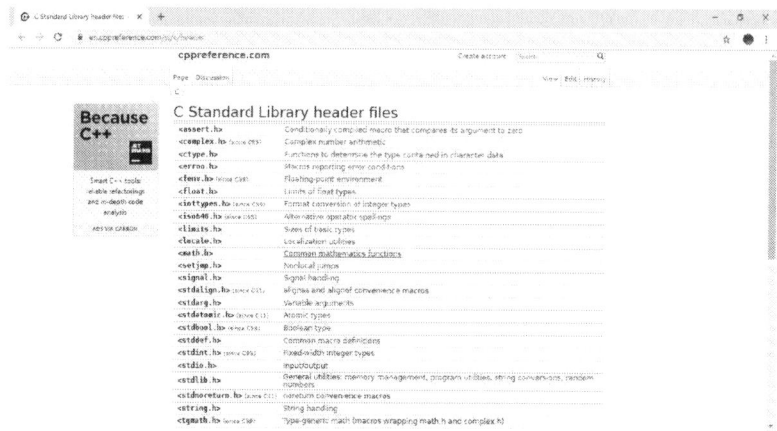

Abb. 10.1 Die einzelnen Header-Dateien der C-Standardbibliothek

Der erste Schritt besteht darin, die einzelnen Header-Dateien durchzugehen. In der rechten Spalte sehen wir hierbei eine Kurzbeschreibung, die einen ersten Überblick über den Inhalt gibt. Bei der Datei **math.h** lautet die Beschreibung „Common mathematics functions". Das scheint für unsere Aufgabe ein vielversprechender Ansatz zu sein. Daher klicken wir diesen Link an. Daraufhin erscheint die Seite, die Abbildung 10.2 zeigt.

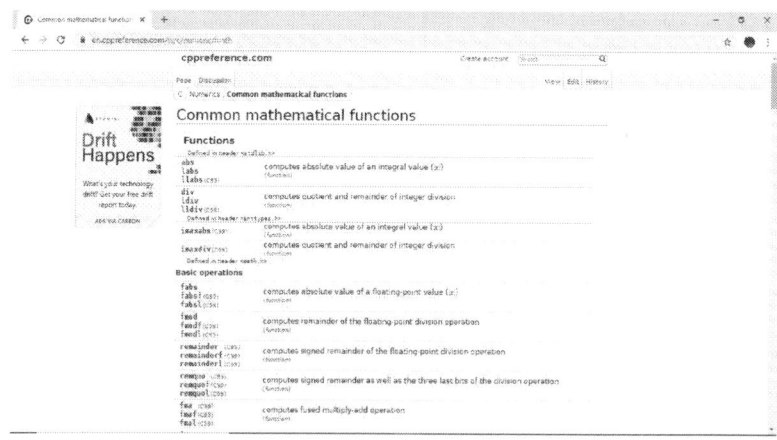

Abb. 10.2 Die Inhalte von math.h

Hier erkennen wir eine Liste mit allen Funktionen, die in der Datei math.h definiert sind – jeweils mit einer kurzen Beschreibung. Diese Liste müssen wir nun durchgehen, um zu schauen, ob eine passende Möglichkeit dabei ist. Hier entdecken wir unter der Überschrift „Power functions" die Funktion sqrt(). Die Beschreibung lautet hierbei „computes square root (√x)". Das ist ein eindeutiges Zeichen dafür, dass diese die gewünschte Funktionsweise anbietet. Daher klicken wir sie an. Auf diese Weise gelangen wir zur Seite, die Abbildung 10.3 darstellt.

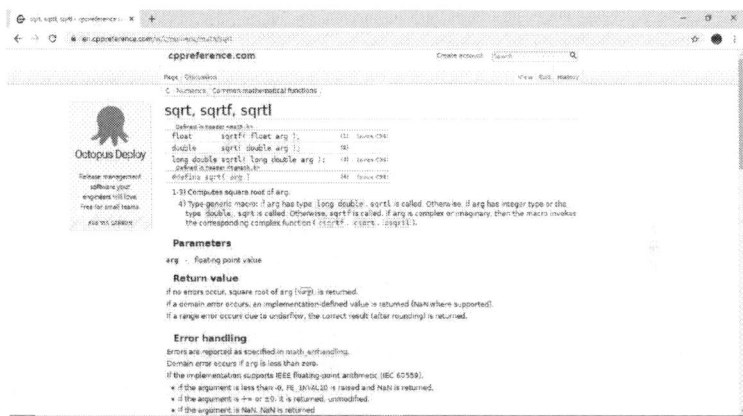

Abb. 10.3 Die Beschreibung der Funktion sqrt()

Auf dieser Seite entdecken wir nun eine genaue Beschreibung der Funktion. Hier sehen wir, welche Übergabewerte sie benötigt und welchen Wert sie zurückgibt. Darüber hinaus sind im unteren Bereich der Seite mehrere Anwendungsbeispiele zu sehen. Auf diese Weise sollte es kein Problem darstellen, die Funktion zu verwenden. Wichtig ist es lediglich, darauf zu achten, auch die zugehörige Header-Datei einzubinden – in diesem Fall also math.h. Auf diese Weise erstellen wir ein Programm, das eine Zahl vom Anwender abfragt und daraufhin deren Wurzel ausgibt. Abbildung 10.4 zeigt, dass wir nun auf einfache Weise das richtige Ergebnis erhalten.

```
1  #include <stdio.h>
2  #include <math.h>
3  int main () {
4      float eingabe;
5      printf("Geben Sie den Ausgangswert ein: ");
6      scanf("%f", &eingabe);
7      printf("Wurzel: %f", sqrt(eingabe));
8      return 0;
9  }
```

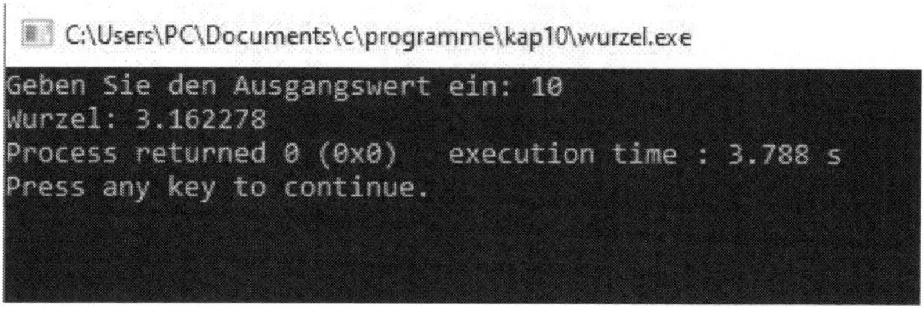

```
■ C:\Users\PC\Documents\c\programme\kap10\wurzel.exe
Geben Sie den Ausgangswert ein: 10
Wurzel: 3.162278
Process returned 0 (0x0)    execution time : 3.788 s
Press any key to continue.
```

Abb. 10.4 Die Berechnung der Wurzel

10.4   Übungsaufgabe: Die Standardbibliothek verwenden

1. Erstellen Sie ein Programm, das den Betrag eines durch den Anwender eingegebenen Werts berechnet (der englischsprachige Begriff hierfür lautet „absolute value"). Das Programm soll auch Fließkommazahlen verarbeiten können. Achten Sie daher darauf, die richtige Betragsfunktion auszuwählen. Es gibt nämlich auch eine Funktion, die nur ganze Zahlen verarbeitet.

2. Gestalten Sie ein Programm, bei dem der Anwender seinen Namen eingeben kann. Geben Sie danach eine Begrüßung mit diesem Namen aus. Dabei soll der entsprechende Name stets mit einem Großbuchstaben beginnen – selbst wenn der Anwender bei der Eingabe einen Kleinbuchstaben verwendet hat. Suchen Sie für die Umwandlung in einen Großbuchstaben einen passenden Befehl in der C-Standardbibliothek.

Lösungen:

1.

```
1  #include <stdio.h>
2  #include <math.h>
3  int main () {
4      float eingabe;
5      printf("Geben Sie einen Wert ein: ");
6      scanf("%f", &eingabe);
7      printf("Betrag: %f", fabsf(eingabe));
8      return 0;
9  }
```

```
C:\Users\PC\Documents\c\programme\kap10\aufgabe1.exe

Geben Sie einen Wert ein: -3.45
Betrag: 3.450000
Process returned 0 (0x0)    execution time : 5.178 s
Press any key to continue.
```

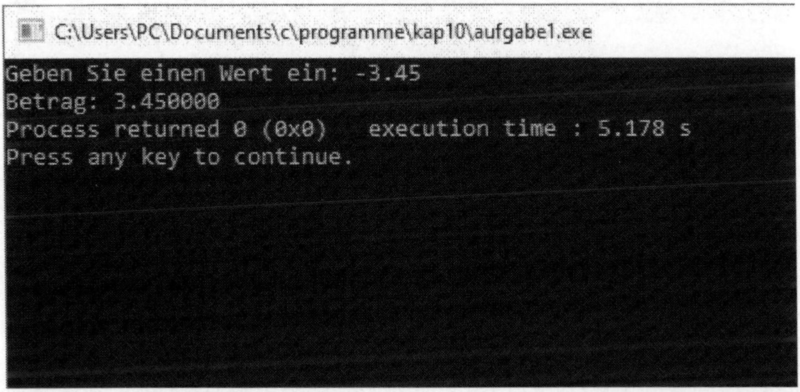

Abb. 10.5 Die Ausgabe des Betrags

2.

```
1   #include <stdio.h>
2   #include <string.h>
3   int main () {
4       char eingabe[20];
5       printf("Geben Sie Ihren Namen ein: ");
6       scanf("%s", eingabe);
7       eingabe[0] = toupper(eingabe[0]);
8       printf("Hallo %s!", eingabe);
9       return 0;
10  }
```

```
C:\Users\PC\Documents\c\programme\kap10\aufgabe2.exe

Geben Sie Ihren Namen ein: markus
Hallo Markus!
Process returned 0 (0x0)   execution time : 3.793 s
Press any key to continue.
```

Abb. 10.6 Die Ausgabe der Begrüßung mit dem Großbuchstaben

Alle Programmcodes aus diesem Buch sind als PDF zum
Download verfügbar. Dadurch müssen Sie sie nicht abtippen:
https://bmu-verlag.de/c

10

Außerdem erhalten Sie die eBook Ausgabe zum Buch im
PDF Format kostenlos auf unserer Website:

https://bmu-verlag.de/c
Downloadcode: siehe Kapitel 19

Kapitel 11

Zeiger: ein mächtiges Werkzeug für C-Programme

In der Einführung zu diesem Buch wurde gesagt, dass C eine sehr hardware-nahe Sprache ist. Das bedeutet, dass sie einen direkten Zugriff auf die Funktionen der Hardware bietet. Das ist eine der großen Besonderheiten der Programmiersprache und bietet viele verschiedene Anwendungsmöglichkeiten.

In unseren bisherigen Beispielen haben wir diese Möglichkeiten jedoch noch nicht ausgenutzt. Die Funktionen und Befehle, die wir hierbei verwendet haben, gibt es wohl in jeder anderen Programmiersprache in ähnlicher Form. In diesem Kapitel befassen wir uns nun zum ersten Mal mit der Möglichkeit, die Hardware direkt zu beeinflussen. Dazu verwenden wir *Zeiger*, die es uns erlauben, die Belegung des Arbeitsspeichers direkt zu verwalten. Zwar ist C nicht die einzige Programmiersprache, die Zeiger verwendet. Allerdings bieten viele höhere Programmiersprachen diese Möglichkeit nicht. Daher ist die Verwendung von Zeigern als eine Besonderheit von C zu betrachten.

Die Verwendung von Zeigern bietet uns zahlreiche Vorteile und neue Möglichkeiten für die Umsetzung unserer Programme. Beispielsweise erlauben sie es, die bislang starren Größen eines Arrays variabel zu gestalten. Darüber hinaus erleichtern sie die Übergabe von Werten an Funktionen erheblich. Auch auf die internen Strukturen des Programms wirken sie sich positiv aus. Sie führen in der Regel zu einer besseren Performance und erhöhen dadurch die Ausführungsgeschwindigkeit unserer Programme. Darüber hinaus können wir mithilfe von Zeigern neue Datenstrukturen erstellen, die für die Verwaltung unserer Werte sehr hilfreich sein können. Aus diesen Gründen ist die Verwendung von Zeigern in C sehr wichtig. Das folgende Kapitel gibt einen ersten Einblick in diesen Themenbereich.

11.1 Was ist ein Zeiger in der Informatik?

Um die Funktionsweise von Zeigern zu verstehen, ist es sinnvoll, nochmals etwas intensiver auf die Belegung des Arbeitsspeichers und auf die Verwendung von Variablen einzugehen. Wir haben bereits gelernt, dass bei der Deklarierung einer Variablen ein bestimmter Bereich des Arbeitsspeichers für diese reserviert wird. Das Programm merkt sich dabei den Variablentyp, der unter anderem die Größe des benötigten Speicherplatzes angibt. Darüber hinaus muss der Ort vermerkt werden, an dem sich die entsprechende Variable befindet.

An dieser Stelle ist es jedoch notwendig, sich zu überlegen, wie dieser Ort definiert ist. Hierfür kommt eine sogenannte *Adresse* zum Einsatz. Der Arbeitsspeicher enthält eine riesige Anzahl an einzelnen Bits. Das Betriebssystem teilt diese in Einheiten zu jeweils einem Byte ein und gibt jedem einzelnen Byte eine Nummer. Diese Nummer wird als Adresse des Speicherorts bezeichnet. Mit jedem Variablennamen ist stets eine bestimmte Adresse verknüpft. Diese gibt an, an welchem Ort sich das erste Byte dieser Variablen befindet. Je nach Länge des Variablentyps können noch weitere Bytes hinzukommen, bei denen die Adresse jedoch nicht separat vermerkt wird. Variablen werden stets in zusammengehörigen Blöcken abgespeichert. Wenn eine Variable beispielsweise eine Länge von vier Bytes hat, gibt ihre Adresse das erste Byte an. Bei den übrigen drei Bytes handelt es sich um die Bereiche, die sich daran anschließen.

In vielen Programmiersprachen können wir lediglich mit dem Variablennamen arbeiten. Das Programm erhält vom Betriebssystem eine Adresse dafür zugewiesen. Diese lässt sich jedoch nicht verändern. Es ist nicht einmal möglich, sie anzuzeigen. In C hingegen können wir auch die Adressen einer Variablen nutzen. Das gibt uns viele interessante Interaktionsmöglichkeiten. Allerdings ist hierbei auch etwas Vorsicht notwendig. Es ist nämlich auch möglich, Adressen einzugeben, die nicht zu dem Bereich des Arbeitsspeichers gehören, der für unser Programm reserviert ist. Auf diese Weise können wir die Ausführung anderer Programme beeinträchtigen.

Bisher haben wir uns zwar mit Adressen befasst. Allerdings haben wir noch nicht geklärt, was denn nun ein Zeiger ist. Ein Zeiger ist eine Variable, die eine Adresse enthält. Das bedeutet, dass sie genau den Ort angibt, an dem sich der entsprechende Inhalt befindet. Wenn wir ihren Wert ändern, verändern wir nicht den Wert, der an diesem Ort gespeichert ist. Stattdessen verweisen wir auf einen anderen Ort im Arbeitsspeicher.

11.2   Die Adresse einer Variablen bestimmen

Im ersten Schritt lernen wir, wie wir die Adresse einer Variablen bestimmen können. Hierfür müssen wir lediglich das Ampersand-Zeichen vor dem Variablennamen einfügen. Wenn wir beispielsweise eine Variable mit der Bezeichnung `variable1` deklariert haben, erhalten wir ihre Adresse über den

Ausdruck &variable1. Diesen können wir dann beispielsweise in einem printf()-Befehl ausgeben. Als Platzhalter verwenden wir hierfür zunächst %i – genau wie für ganze Zahlen. Das zeigt unser erstes Beispielprogramm:

```
1   #include <stdio.h>
2   int main () {
3       int variable1 = 2;
4       printf("Adresse variable1: %i", &variable1);
5       return 0;
6   }
```

C:\Users\PC\Documents\c\programme\kap11\adresse.exe

```
Adresse variable1: 6422300
Process returned 0 (0x0)    execution time : 0.131 s
Press any key to continue.
```

Abb. 11.1 Die Ausgabe der Adresse

Abbildung 11.1 zeigt, dass hier nun die Adresse 6422300 angezeigt wird. Dieser Wert kann jedoch bei jedem Leser unterschiedlich sein. Der Ort, an dem die Variable abgespeichert wird, hängt von der Rechnerarchitektur, vom Betriebssystem und von der Verfügbarkeit ab. Wenn wir das Programm mehrmals hintereinander ausführen, ist es üblich, dass hier immer die gleiche Adresse ausgegeben wird, da die Variable jedes Mal erneut am gleichen Ort abgelegt wird. Allerdings kann es auch gelegentlich zu Veränderungen kommen.

Wenn wir erreichen möchten, dass unsere Variable an einem anderen Ort abgespeichert wird, können wir unser Programm etwas verändern. Wenn wir beispielsweise zuvor noch eine weitere Variable deklarieren, speichert unser Programm den Wert von variable1 meistens an einem anderen Ort ab. Daher fügen wir nun eine kleine Änderung ein. Abbildung 11.2 zeigt, dass unser Programm nun einen anderen Speicherort für variable1 ausgewählt hat.

```
7   #include <stdio.h>
8   int main () {
9       char variable2 = 'x';
10      int variable1 = 2;
11      printf("Adresse variable1: %i", &variable1);
12      return 0;
13  }
```

C:\Users\PC\Documents\c\programme\kap11\adresse.exe

```
Adresse variable1: 6422296
Process returned 0 (0x0)     execution time : 0.187 s
Press any key to continue.
```

Abb. 11.2 Die Ausgabe der Adresse nach der Änderung

Auf diese Weise können wir die Adresse einer Variablen bereits zuverlässig ermitteln. Allerdings soll noch auf die Darstellung des Werts eingegangen werden. Bisher haben wir hierfür den Platzhalter %i verwendet. Dieser sorgt für eine Darstellung in Dezimalschreibweise. Es ist jedoch üblich, hierfür einen Hexadezimalwert zu verwenden. Dieser verwendet 16 verschiedene Symbole – neben den Ziffern von 0 bis 9 auch die Buchstaben von a bis f. Auf diese Weise sind weniger Stellen notwendig, um die Adresse anzugeben. Wenn wir die Adresse als Hexadezimalwert ausgeben wollen, verwenden wir als Platzhalter %x. Abbildung 11.3 zeigt, wie der Wert dann ausgegeben wird. Dabei ändert sich jedoch nur die Darstellung der Adresse. Die zugrunde liegende Bitfolge bleibt dabei genau die gleiche.

```
1   #include <stdio.h>
2   int main () {
3       int variable1 = 2;
4       printf("Adresse variable1: %x", &variable1);
5       return 0;
6   }
```

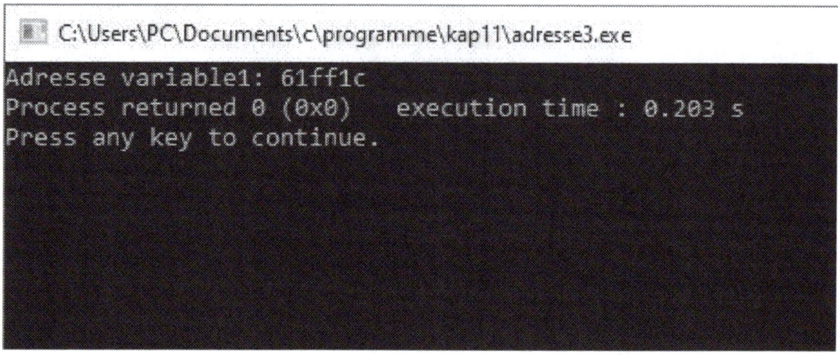

C:\Users\PC\Documents\c\programme\kap11\adresse3.exe

```
Adresse variable1: 61ff1c
Process returned 0 (0x0)   execution time : 0.203 s
Press any key to continue.
```

Abb. 11.3 Die Darstellung als Hexadezimalwert

11.3   Zeiger im Programm verwenden

Nachdem wir gelernt haben, wie wir die Adresse einer Variablen herausfinden, können wir nun Zeiger gestalten. Auch bei Zeigern ist es notwendig, den Variablentyp anzugeben, der an der entsprechenden Adresse gespeichert ist. Jeder Zeiger hat außerdem einen eigenen Namen. Der Unterschied zu gewöhnlichen Variablen besteht lediglich darin, dass wir vor dem Variablennamen das Sternsymbol anbringen. Wenn wir beispielsweise einen Zeiger auf einen `int`-Wert deklarieren wollen, kann dieser so aussehen:

```
1  int *zeiger;
```

Bisher hat unser Zeiger jedoch noch keine Adresse erhalten. Hierbei ist es jedoch nicht sinnvoll, eine Adresse frei auszuwählen. Stattdessen weisen wir ihm die Adresse einer anderen Variablen zu. Wie wir diese erhalten, haben wir im vorigen Abschnitt bereits gelernt. Hierfür ist es selbstverständlich notwendig, zunächst eine entsprechende Variable zu deklarieren:

```
1  int variable;
2  int *zeiger = &variable;
```

Nun enthält der Zeiger die Adresse der entsprechenden Variable. Wenn wir mit einem Zeiger arbeiten, können wir entweder die Adresse beeinflussen oder den Wert, der unter dieser Adresse gespeichert ist. Wenn wir direkt mit der Adresse arbeiten, verwenden wir lediglich den Namen des Zeigers – ohne das Sternsymbol. Wenn wir hingegen auf den Wert zugreifen möchten, müssen wir dem Namen des Zeigers das Sternsymbol voranstellen. Das folgende Programm definiert zunächst eine gewöhnliche Variable und weist ihr einen Wert zu. Daraufhin erstellt es einen Zeiger, der auf diese Variable verweist. Danach gibt es in einem `printf()`-Befehl zunächst den Zeiger ohne Sternsymbol (also die entsprechende Adresse) und danach den Zeiger mit Sternsymbol (also den hier gespeicherten Wert) aus. Abb. 11.4 zeigt, dass dieser dem Wert entspricht, den wir der Variablen zugewiesen haben:

```
1  #include <stdio.h>
2  int main () {
3      int variable = 5;
4      int *zeiger = &variable;
5      printf("Adresse: %x\nWert: %i", zeiger, *zeiger);
6      return 0;
7  }
```

```
C:\Users\PC\Documents\c\programme\kap11\zeiger.exe

Adresse: 61ff18
Wert: 5
Process returned 0 (0x0)    execution time : 0.166 s
Press any key to continue.
```

Abb. 11.4 Die Adresse und der Wert des Zeigers

Nun können wir über den Zeiger auch den hier gespeicherten Wert ändern – indem wir mit dem Sternsymbol auf ihn zugreifen. Auf diese Weise können wir den Wert der entsprechenden Variablen beeinflussen, ohne sie auf direktem Wege zu ändern. Das zeigt das folgende Programm. Dieses erstellt einen Zeiger auf eine Variable und erhöht dann deren Wert um 1:

```
1   #include <stdio.h>
2   int main () {
3       int variable = 5;
4       int *zeiger = &variable;
5       printf("Wert der Variablen vor der
6       \x8enderung: %i\n", variable);
7       (*zeiger)++;
8       printf("Wert der Variablen nach der \x8enderung:
9       %i\n", variable);
10      return 0;
11  }
```

149

Abbildung 11.5 zeigt, dass sich auf diese Weise der Wert der Variablen verändert hat. Wenn wir den Inkrement-Operator für den Wert eines Zeigers verwenden, müssen wir darauf achten, dass wir dessen Namen zusammen mit dem Sternsymbol in eine Klammer stellen müssen. Alternativ dazu können wir den Wert auch direkt zuweisen. Hierbei wäre dann keine Klammer notwendig.

C:\Users\PC\Documents\c\programme\kap11\zeiger2.exe

```
Wert der Variablen vor der Änderung: 5
Wert der Variablen nach der Änderung: 6

Process returned 0 (0x0)   execution time : 0.128 s
Press any key to continue.
```

Abb. 11.5 Die Änderung an der Variablen

Wir können nicht nur den Wert des Zeigers verändern, sondern auch die entsprechende Adresse. Das probieren wir in einem weiteren Programm aus. Hierbei bestimmen wir wie in den vorigen Beispielen eine Variable und setzen einen Zeiger, der auf sie verweist. Daraufhin geben wir den hier gespeicherten Wert aus. Im nächsten Schritt erhöhen wir die Adresse des Zeigers um 1. Abbildung 11.6 zeigt, dass wir nun einen vollkommen anderen Wert erhalten:

```
1   #include <stdio.h>
2   int main (){
3       int variable = 5;
4       int *zeiger = &variable;
5       printf("Wert des Zeigers vor der \x8enderung:
6       %i\n", *zeiger);
7       zeiger++;
8       printf("Wert des Zeigers nach der \x8enderung:
9       %i\n", *zeiger);
10      return 0;
11  }
```

```
C:\Users\PC\Documents\c\programme\kap11\zeiger3.exe

Wert des Zeigers vor der Änderung: 5
Wert des Zeigers nach der Änderung: 6422300

Process returned 0 (0x0)   execution time : 0.212 s
Press any key to continue.
```

Abb. 11.6 Die Ausgabe des Werts nach der Änderung der Adresse

Nun stellt sich die Frage, was hierbei passiert ist. Die Erhöhung der Adresse führt dazu, dass unser Zeiger nun auf die nächste Adresse im Arbeitsspeicher verweist. Dabei wird die Adresse jedoch nicht um ein einzelnes Byte erhöht, sondern stets um die Länge des entsprechenden Werts. Bei vielen Rechnerarchitekturen hat ein int-Wert eine Länge von vier Bytes. Wenn wir nun auch die Adresse ausgeben, sehen wir, dass sie um den Wert 4 erhöht wurde. Bei Lesern, die einen Computer mit einer anderen Architektur verwenden, kann sich dieser Wert jedoch auch unterscheiden. Bei älteren Rechnern hatten int-Werte beispielsweise meistens eine Länge von zwei Bytes.

An der entsprechenden Stelle haben wir in unserem Programm jedoch noch überhaupt keine Variable definiert. Daher befindet sich hier ein willkürlicher Wert, der eventuell auch aus anderen Programmen stammt. Das führt dazu, dass es nicht vorhersehbar ist, welches Ergebnis hier erscheint.

Dieses Beispiel zeigt, dass es in der Regel nicht sinnvoll ist, die Adresse direkt zu verändern. Zwar gibt es auch Programme, die Zeiger auf diese Weise manipulieren. Hierfür sind jedoch sehr weit fortgeschrittene Kenntnisse der Rechnerarchitektur notwendig. Daher ist dies momentan noch nicht zu empfehlen. Daher sollten wir uns darauf beschränken, konkrete Adressen von Variablen zu verwenden, die wir selbst definiert haben.

Allerdings gibt es auch ein Anwendungsbeispiel für die direkte Verwendung der Adressen, das für uns bereits interessant ist: die Verwendung von Arrays. Bei einem Array handelt es sich um eine direkte Aneinanderreihung der entsprechenden Werte. Wenn wir hierbei die Adresse um 1 erhöhen, gelangen wir zum darauffolgenden Element. Auf diese Weise erhalten wir Zugriff auf alle Array-Felder, ohne dass wir hierfür eine Indexnummer verwenden müssen.

Wenn wir einen Zeiger auf ein Array setzen, dürfen wir hierfür nicht das Ampersand-Zeichen verwenden. Der Bezeichner für das Array enthält bereits dessen Adresse. Daher können wir diesen direkt für die Zuweisung des Zeigers verwenden. Das folgende Programm erstellt ein Array mit 5 Feldern. Daraufhin definiert es einen Zeiger, der auf dieses Array verweist und gibt mit dessen Hilfe die Felder 1, 2 und 5 aus. Abbildung 11.7 zeigt, dass der Zugriff auf diese Weise problemlos möglich ist.

```
1  #include <stdio.h>
2  int main () {
3      int array[5] = {2,6,9,11,4};
4      int *zeiger = array;
5      printf("Feld1: %i\n", *zeiger);
6      zeiger++;
7      printf("Feld2: %i\n", *zeiger);
8      zeiger += 3;
9      printf("Feld5: %i\n", *zeiger);
10     return 0;
11 }
```

C:\Users\PC\Documents\c\programme\kap11\zeiger4.exe

```
Feld1: 2
Feld2: 6
Feld5: 4

Process returned 0 (0x0)   execution time : 0.191 s
Press any key to continue.
```

Abb.11.7 Der Zugriff auf die Array-Felder mit einem Zeiger

11.4 Übungsaufgabe: Programme mit Zeigern erstellen

1. Gestalten Sie ein Programm und erstellen Sie darin eine float-Variable. Geben Sie die Adresse der Variablen aus. Gestalten Sie einen Zeiger, der auf diese Variable verweist und geben Sie ihn ebenfalls aus.

2. Schreiben Sie ein Programm mit zwei int-Variablen und geben Sie ihnen einen beliebigen Wert. Erstellen Sie einen Zeiger auf die erste der beiden. Weisen Sie den Wert dieses Zeigers dann der zweiten Variable zu und geben Sie diese aus.

3. Erstellen Sie eine Zeichenkette, die das Wort „Hallo" enthält. Gestalten Sie daraufhin einen Zeiger auf diese Zeichenkette und geben Sie mit dessen Hilfe jeden Buchstaben in einer eigenen Zeile aus. Beachten Sie dabei, dass es sich bei Zeichenketten ebenfalls um Arrays handelt.

11

Lösungen:

1.

```
1  #include <stdio.h>
2  int main () {
3      float variable = 3.21;
4      printf("Adresse der Variablen: %x\n", &variable);
5      int *zeiger = &variable;
6      printf("Zeiger: %x\n", zeiger);
7      return 0;
8  }
```

■ C:\Users\PC\Documents\c\programme\kap11\aufgabe1.exe

```
Adresse der Variablen: 61ff18
Zeiger: 61ff18

Process returned 0 (0x0)   execution time : 0.240 s
Press any key to continue.
```

Abb. 11.8 Die Ausgabe der Adresse und des Zeigers: Beide Werte sind identisch

2.

```
1  #include <stdio.h>
2  int main () {
3      int variable1 = 4;
4      int variable2 = 23;
5      int *zeiger = &variable1;
6      variable2 = *zeiger;
7      printf("Wert der Variablen: %i\n", variable2);
8      return 0;
9  }
```

Abb. 11.9 Die Ausgabe von `variable2`

3.

```
1  #include <stdio.h>
2  int main () {
3      char wort[] = "Hallo";
4      char *zeiger = wort;
5      for (int i = 0; i < 5; i++){
6          printf ("%c\n", *zeiger);
7          zeiger++;
8      }
9      return 0;
10 }
```

Abb. 11.10 Die Ausgabe der einzelnen Buchstaben

Alle Programmcodes aus diesem Buch sind als PDF zum
Download verfügbar. Dadurch müssen Sie sie nicht abtippen:
https://bmu-verlag.de/c

Außerdem erhalten Sie die eBook Ausgabe zum Buch im
PDF Format kostenlos auf unserer Website:

https://bmu-verlag.de/c
Downloadcode: siehe Kapitel 19

Kapitel 12
Dynamische Speicherbelegung

Im vorigen Kapitel haben wir die Verwendung von Zeigern kennengelernt. Diese bringt für sich genommen jedoch kaum Vorteile beim Erstellen eines Programms. Allerdings gibt es hierfür zahlreiche Anwendungsmöglichkeiten, mit deren Hilfe wir unsere Programme um nützliche Funktionen erweitern können. Ein Beispiel hierfür ist die dynamische Speicherbelegung. Diese ermöglicht es uns, Arrays mit variablen Größen zu erstellen.

12.1 Was ist dynamische Speicherbelegung und wozu dient sie?

Wenn wir bisher ein Array definiert haben, haben wir dessen Größe bereits von Anfang an fest vorgegeben. Das bringt jedoch einige Einschränkungen mit sich. Das soll das folgende Beispiel zeigen. Dabei erstellen wir ein Programm, das es dem Anwender erlaubt, Zahlen einzugeben, die wir daraufhin in einem Array abspeichern. Deren Anzahl soll jedoch nicht fest vorgegeben sein. Deshalb fragen wir den Anwender zunächst, wie viele Werte er eingeben will. Daraufhin erstellen wir ein Array mit einer passenden Größe und fügen daraufhin eine Schleife ein, die mit der entsprechenden Anzahl an Durchläufen die Werte abfragt und im Array abspeichert. Abschließend geben wir noch zur Kontrolle die Länge des Arrays aus:

```
1   #include <stdio.h>
2   int main () {
3       int anzahl;
4       printf("Anzahl der Werte: ");
5       scanf("%i", &anzahl);
6       int array[anzahl];
7       int zahl;
8       for (int i = 0; i < anzahl; i++){
9           printf("Geben Sie den %i. Wert ein: ", i + 1);
10          scanf("%i", &zahl);
11          array[i] = zahl;
12      }
13      printf("L\x84nge: %i", sizeof(array)/sizeof(array[0]));
14      return 0;
15  }
```

```
C:\Users\PC\Documents\c\programme\kap12\variablesArray1.exe
Anzahl der Werte: 4
Geben Sie den 1. Wert ein: 6
Geben Sie den 2. Wert ein: 9
Geben Sie den 3. Wert ein: 12
Geben Sie den 4. Wert ein: 2
Länge: 4
Process returned 0 (0x0)   execution time : 6.599 s
Press any key to continue.
```

Abb. 12.1 Die Eingabe der Werte und die Anzeige der Länge des Arrays

Abbildung 12.1 zeigt, dass wir auf diese Weise ein Programm erstellen können, das die Verwendung eines Arrays mit variabler Länge erlaubt. Auf den meisten Systemen sollte es problemlos möglich sein, dieses auszuführen. Dennoch wird von dessen Verwendung abgeraten. Der Grund dafür besteht darin, dass die Erstellung von Arrays mit variabler Größe auf diese Weise den Vorgaben für die Programmiersprache C widerspricht. Zwar ermöglichen es fast alle modernen Compiler, ein derartiges Programm dennoch zu kompilieren und auszuführen. Wenn wir jedoch die Vorgaben für den C-Standard missachten, ist es nicht sichergestellt, dass dies tatsächlich immer der Fall ist. Außerdem hat der Anwender beim Kompilieren die Möglichkeit, verschiedene weitere Anforderungen hinzuzufügen, die das Programm auf die Erfüllung der Standards überprüft. Auch in diesem Fall könnte ein derartiges Programm Probleme bereiten.

Um zu verstehen, weshalb diese Vorgehensweise nicht zu empfehlen ist, ist es notwendig, kurz auf die Verwendung des Arbeitsspeichers einzugehen. Wenn wir ein Programm kompilieren, ermittelt der Compiler genau, welche Variablen wir deklarieren und wie groß diese sind. Das kompilierte Programm enthält daher eine präzise Information über den für die Ausführung benötigten Speicherplatz.

Wenn wir das Programm nun ausführen, weist ihm das Betriebssystem genau diesen Speicherplatz zu. Dieser ist ausschließlich für unser Programm reserviert und ermöglicht eine schnelle und effiziente Ausführung. Dieser Bereich wird als *Stapelspeicher* – oder auf Englisch als Stack – bezeichnet.

Wenn wir nun ein Array mit variabler Größe erstellen, ist es nicht möglich, das beschriebene System des Stapelspeichers anzuwenden. Die Größe des Speicherplatzes ist in diesem Fall beim Kompilieren des Programms noch nicht bekannt. Dieser Wert ergibt sich erst während der Ausführung durch die Eingabe des Nutzers. Daher kann unser Programm zu Beginn nicht den notwendigen Speicherplatz reservieren.

Wie wir gesehen haben, ist unser Compiler dazu in der Lage, das Programm dennoch auszuführen. Der Grund dafür besteht darin, dass er das Programm so gestaltet, dass es automatisch den notwendigen Speicherplatz erhält. Wenn wir ein standardkonformes Programm schreiben möchten, müssen wir uns um diese Aufgabe jedoch selbst kümmern – durch die *dynamische Speicherbelegung*.

Wenn ein Programm während der Ausführung zusätzlichen Speicherplatz benötigt, kann es zu diesem Zweck eine Nachricht an das Betriebssystem senden, um diesen einzufordern. Im Gegensatz zum Stapelspeicher, bei dem es sich um eine zusammengehörige Einheit handelt, wird hierbei der erforderliche Speicherplatz jedoch in einem anderen Bereich zugewiesen. Dieser wird als *Haldenspeicher* oder als dynamischer Speicher bezeichnet – oder auf Englisch als Heap.

Das reduziert die Effizienz bei der Ausführung des Programms etwas, sodass wir diese Möglichkeit nur dann anwenden sollten, wenn sich dies nicht vermeiden lässt. Es ist immer besser, den Stapelspeicher zu verwenden.

12

Um den Haldenspeicher richtig zu nutzen, benötigen wir Zeiger. Wenn wir ein Array definieren, erstellen wir lediglich einen Zeiger, der auf das erste Feld verweist. Da der Zeiger selbst eine konstante Größe hat, können wir diesen problemlos im Stapelspeicher anbringen. Wenn wir die Länge kennen, fordern wir einen Speicherplatz mit der entsprechenden Länge vom Betriebssystem an. Dieses übermittelt uns dann ein entsprechendes Feld im Haldenspeicher. Dessen Adresse nehmen wir in unserem Zeiger auf.

Auf diese Weise können wir nicht nur Speicherplatz im Haldenspeicher anfordern. Wir können diesen auch wieder freigeben. Das macht es möglich, die Länge eines Arrays auch während der Ausführung des Programms zu ändern. Zu diesem Zweck fordern wir einen neuen Speicherplatz mit der gewünschten Größe an und geben daraufhin den bisherigen Bereich frei. Das ermöglicht eine effiziente Ausnutzung des verfügbaren Speicherplatzes und eine genaue Anpassung an die Bedürfnisse unseres Programms.

12.2 Speicherplatz mit malloc() und calloc() zuweisen

Um die dynamische Speicherbelegung vorzustellen, möchten wir nun das Beispiel aus dem vorigen Abschnitt so umschreiben, dass es sich um standardkonformen C-Code handelt – jedoch ohne die Funktionsweise zu verändern.

Das Programm fragt nun ebenfalls zunächst die gewünschte Länge ab. Danach erstellt es jedoch nicht direkt ein Array mit diesem Wert. Stattdessen erstellen wir einen Zeiger auf einen `int`-Wert. Um dem Array den benötigten Speicherplatz zur Verfügung zu stellen, wenden wir die Funktion `malloc()` an. Diese reserviert den entsprechenden Speicherplatz. Bei der Verwendung müssen wir darauf achten, die Bibliothek **stdlib.h** einzubinden.

Die `malloc()`-Funktion gibt als Rückgabewert die Adresse des ersten Feldes an. Daher können wir diesen Wert direkt unserem Zeiger zuweisen. Als Übergabewert müssen wir die Größe des benötigten Speicherplatzes angeben. Hierzu verwenden wir die `sizeof()`-Funktion die wir auf den Begriff `int` anwenden. Dabei erhalten wir die Größe zurück, die ein `int`-Wert im verwendeten System beansprucht. Diese multiplizieren wir mit der Zahl, die der Anwender eingegeben hat, um die benötigte Gesamtgröße zu ermitteln:

```
1  int *array = malloc(anzahl * sizeof(int));
```

Nun möchten wir das komplette Array durchgehen und bei jedem Durchlauf den Anwender zur Eingabe einer Zahl auffordern. Hierfür könnten wir nun wie bisher mit den Indexnummern arbeiten. Diese Vorgehensweise funktioniert auch, wenn wir für das Array einen Zeiger verwenden. Alternativ dazu können wir jedoch auch wie in Kapitel 11 vorgestellt mit einem Zeiger auf die einzelnen Array-Felder zugreifen. Um diese Vorgehensweise noch weiter zu vertiefen, wählen wir sie für dieses Beispiel. Dabei könnten wir das Array durchgehen, indem wir eine Schleife erstellen und in jedem Durchgang den Wert des Zeigers um 1 erhöhen, so wie wir das im Beispiel in Kapitel 11 getan haben. Für weitere Anwendungen ist es jedoch sinnvoll, dass der Zeiger stets auf das erste Feld verweist. Es wäre nun selbstverständlich möglich, ihn nach dem Durchlauf der Schleife wieder auf den ursprünglichen Wert zurückzustellen. Sinnvoller ist es jedoch, mit einer Kopie zu arbeiten. Daher erstellen wir einen weiteren Zeiger und weisen diesem ebenfalls die Adresse unseres Arrays zu:

```
1  int *zeiger = array;
```

Anhand der kopierten Adressdaten können wir nun das komplette Array durchgehen und die entsprechenden Werte zuweisen. Indem wir hierbei das Sternsymbol verwenden, verändern wir hierbei den Wert am Speicherort, auf den die entsprechende Adresse verweist. Da die Adresse mit dem eigentlichen Array identisch ist, weisen wir diesem auf diese Weise ebenfalls die entsprechenden Werte zu:

```
for (int i = 0; i < anzahl; i++){
    printf("Geben Sie den %i. Wert ein: ", i + 1);
    scanf("%i", &zahl);
    *zeiger = zahl;
    zeiger++;
}
```

Im letzten Schritt haben wir dann zur Kontrolle die Länge des Arrays ausgegeben. Dazu haben wir die `sizeof()`-Funktion verwendet. Nun ergibt sich jedoch das Problem, dass wir diese nicht auf dynamisch gestaltete Arrays anwenden können. Daher müssen wir uns eine andere Lösung einfallen lassen, um die Größe zu ermitteln.

Eine häufig verwendete Vorgehensweise besteht darin, die Größe direkt im Array abzuspeichern. Das ist bei Arrays aus Integer-Werten besonders einfach. Zu diesem Zweck reservieren wir per `malloc()`-Befehl einfach ein weiteres Feld:

```
int *array = malloc(anzahl * sizeof(int) + 1);
```

Daraufhin weisen wir dem erste Feld die Größe unseres Arrays zu:

```
*array = anzahl;
```

Da wir jedoch wie bisher mit unserem Array arbeiten möchten, erhöhten wir die Adresse daraufhin um den Wert 1. Auf diese Weise verweist sie auf das erste Feld, in dem sich unsere eigentlichen Werte befinden. Wenn wir auf die Größe zugreifen möchten, rufen wir dann das Feld auf, das vor unserem eigentlichen ersten Arrayfeld steht: `*(array - 1)`. Auf diese Weise können wir dann wieder problemlos die Größe ausgeben:

```
printf("L\x84nge: %i\n", *(array - 1));
```

Diesen Ausdruck können wir dann auch bereits verwenden, wenn wir die Bedingung für die Schleife aufstellen. Nach diesen Änderungen ist das Programm mit der dynamischen Speicherbelegung fertiggestellt:

```
1   #include <stdio.h>
2   #include <stdlib.h>
3   int main () {
4       int anzahl;
5       printf("Anzahl der Werte: ");
6       scanf("%i", &anzahl);
7       int *array = malloc(anzahl * sizeof(int) + 1);
8       *array = anzahl;
9       array++;
10      int zahl;
11      int *zeiger = array;
12      for (int i = 0; i < *(array - 1); i++){
13          printf("Geben Sie den %i. Wert ein: ", i + 1);
14          scanf("%i", &zahl);
15          *zeiger = zahl;
16          zeiger++;
17      }
18      printf("L\x84nge: %i\n", *(array - 1));
19      return 0;
20  }
```

Die Veränderungen sind im Vergleich zum Beispiel aus dem vorigen Abschnitt auf den ersten Blick nicht zu bemerken. Allerdings entspricht unser Programm nun exakt den Vorgaben für diese Programmiersprache.

Als Alternative zum `malloc()`-Befehl können wir auch den Ausdruck `calloc()` verwenden. Dieser hat beinahe die gleiche Funktionsweise. Der wesentliche Unterschied besteht darin, dass wir hierbei nicht die Größe des benötigten Speicherplatzes in Bytes angeben müssen. Stattdessen verwenden wir zwei Übergabewerte: den ersten für die Anzahl der benötigten Elemente und den zweiten für die Größe jedes einzelnen Elements. Wenn wir diesen Befehl verwenden möchten, können wir den Speicherplatz auf folgende Weise belegen:

```
1   int *array = calloc(anzahl, sizeof(int) + 1);
```

Der Rest unseres Programms bleibt unverändert. Neben der Anzahl der Übergabewerte gibt es jedoch noch einen weiteren kleinen Unterschied zwischen `malloc()` und `calloc()`. Der `malloc()`-Befehl lässt den reservierten Speicherplatz unverändert. Das bedeutet, dass sich hier beliebige Werte befinden können, bevor wir die entsprechenden Felder initialisiert haben. Der `calloc()`-Befehl sorgt hingegen dafür, dass im Rahmen der Speicherreservierung alle Felder den Wert 0 erhalten.

12.3 Die Größe des zugewiesenen Speicherplatzes ändern

Oftmals entsteht während der Ausführung eines Programms der Bedarf, den zugewiesenen Speicherplatz für ein Array zu verändern. Insbesondere bei umfangreichen Programmen erfolgt die Eingabe der Daten häufig schrittweise, sodass zu Beginn die genaue Menge noch nicht feststeht.

Mit unseren bisherigen Kenntnissen wäre es lediglich möglich, über das erneute Ausführen des `malloc()`- oder `calloc()`-Befehls einen neuen Speicherplatz mit der benötigten Größe zu reservieren. Das entsprechende Programm würde zwar funktionieren, doch würde diese Vorgehensweise erhebliche Probleme mit sich bringen. Zum einen würde unser Programm hierbei die zuvor reservierten Speicherbereiche nach wie vor beanspruchen. Das würde dazu führen, dass große Teile des Arbeitsspeichers unnötig belegt sind. Da es sich hierbei um eine knappe Ressource handelt, wirkt sich dies negativ auf die Performance des Programms aus. Zum anderen wäre es in diesem Fall notwendig, die Inhalte manuell in den neuen Speicherbereich zu kopieren. Das würde einen erheblichen zusätzlichen Aufwand mit sich bringen.

Diese Probleme vermeiden wir, indem wir den `realloc()`-Befehl verwenden. Dieser belegt einen neuen Speicherbereich in der erforderlichen Größe. Sollten sich im Anschluss an unser bisheriges Array noch freie Felder in der erforderlichen Anzahl befinden, ist es möglich, den entsprechenden Bereich einfach zu erweitern. Häufig ist es jedoch notwendig, einen ganz neuen Speicherbereich zu reservieren. Der `realloc()`-Befehl wählt automatisch eine passende Möglichkeit aus. Wenn ein Wechsel notwendig ist, kopiert er die bisherigen Inhalte in den neuen Bereich. Außerdem weist er unserem Zeiger die neue Adresse zu.

Um den `realloc()`-Befehl zu verwenden, müssen wir als Übergabewerte zum einen den Zeiger auf unser bisheriges Array als Übergabewert festlegen. Zum anderen geben wir an, welche neue Größe wir benötigen. Das Ergebnis dieser Funktion weisen wir wieder einem Zeiger zu – normalerweise dem gleiche Zeiger, den wir für unser bisheriges Array verwendet haben.

Die Funktionsweise soll das folgende Programm verdeutlichen. Dieses erstellt zunächst ein Array und weist diesem einen Bereich zu, der für drei Felder ausreicht. Danach weisen wir diesen drei Feldern verschiedene Werte zu. Daraufhin geben wir die Adresse des Arrays und die Inhalte der drei Felder aus. Nun vergrößern wir den entsprechenden Bereich und gestalten ein Array, das 100 Felder aufnehmen kann. Die große Differenz in der Größe führt

12

dazu, dass die Wahrscheinlichkeit, dass es zu einer Änderung der Adresse kommt, zunimmt.

Im nächsten Schritt geben wir nun erneut die Adresse aus. Abbildung 12.2 zeigt, dass sich diese in unserem Beispiel verändert hat. Das ist jedoch nicht zwangsläufig so. Es ist auch möglich, dass die bisherige Adresse beibehalten wird und dass lediglich ein neuer Bereich angehängt wird. Danach geben wir die ersten vier Werte des Arrays aus. Die ersten drei Werte sind identisch zu den Inhalten unseres bisherigen Arrays. Den vierten Wert haben wir jedoch noch nicht definiert. Daher erscheint hier eine beliebige Zahl, die den bisherigen Speicherinhalten an dieser Stelle entspricht. Das gleiche wäre auch der Fall, wenn wir die übrigen 96 Felder des Arrays ausgeben würden:

```
#include <stdio.h>
#include <stdlib.h>
int main () {
    int *array = malloc(3 * sizeof(int));
    int *zeiger = array;
    *zeiger = 5;
    zeiger++;
    *zeiger = 7;
    zeiger++;
    *zeiger = 15;
    printf("Adresse vor der \x8enderung: %x\n", array);
    printf("Inhalt:\n");
    zeiger = array;
    for (int i = 0; i < 3; i++){
        printf("Wert %i: %i\n", i + 1, *zeiger);
        zeiger++;
    }
    array = realloc(array, 100 * sizeof(int));
    printf("\nAdresse nach der \x8enderung: %x\n", array);
    printf("Inhalt:\n");
    zeiger = array;
    for (int i = 0; i < 4; i++){
        printf("Wert %i: %i\n", i + 1, *zeiger);
        zeiger++;
    }
    return 0;
}
```

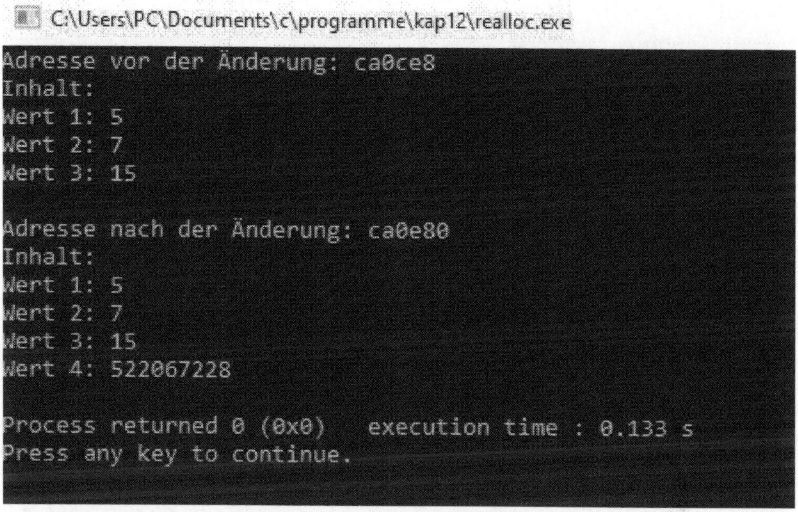

Abb. 12.2 Die Ausgabe der Adressen und der Werte

12.4 Belegten Speicherplatz wieder freigeben

Wenn wir einen Speicherplatz per `malloc()`, `calloc()` oder `realloc()` für unser Programm reservieren, ist es wichtig, diesen wieder freizugeben, wenn wir ihn nicht mehr benötigen. Tun wir dies nicht, reserviert unser Programm immer größere Speicherbereiche, die überhaupt nicht notwendig sind. Das kann die Performance stark beeinträchtigen.

Um den entsprechenden Speicherbereich wieder freizugeben, verwenden wir den Befehl `free()`. Dieser sorgt dafür, dass das Betriebssystem diesen nun nicht mehr schützt. Die Inhalte werden dabei jedoch nicht automatisch gelöscht. Wenn wir nach dem `free()`-Befehl erneut einen Inhalt des entsprechenden Arrays abrufen, ist es wahrscheinlich, dass hier noch der gleiche Wert enthalten ist. Allerdings ist es auch möglich, dass mittlerweile ein parallel ablaufendes Programm den entsprechenden Speicherbereich belegt hat, sodass sich die Werte verändert haben. Daher sollten wir darauf achten, dass wir den entsprechenden Zeiger nach dem `free()`-Befehl nicht weiter verwenden – es sei denn, wir weisen ihm per `malloc()`- oder `calloc()`-Befehl wieder einen neuen Speicherbereich zu.

Um den `free()`-Befehl zu verwenden, müssen wir lediglich den Namen des Zeigers, dem wir per `malloc()`- oder `calloc()`-Befehl einen Speicherbereich zugewiesen haben, in die Klammer schreiben, in unserem vorigen

Beispiel wäre es beispielsweise sinnvoll, folgenden Befehl zum Schluss des Programms einzufügen:

```
1  free(array);
```

Auf diese Weise geben wir den zuvor reservierten Speicherplatz wieder frei und sorgen dafür, dass andere Programme darauf zugreifen können.

12.5 Übungsaufgabe: Speicherplatz dynamisch vergeben

1. Gestalten Sie ein Programm, das den Anwender dazu auffordert, seinen Namen einzugeben. Um den Speicherplatz so effizient wie möglich zu nutzen, wollen wir hierbei jedoch nur so viel Platz reservieren, wie für den Namen notwendig ist. Fragen Sie daher zunächst nach der Länge des Namens und weisen Sie daraufhin einem Zeiger einen entsprechenden Speicherplatz zu. Beachten Sie dabei, dass für Zeichenketten noch das Schluss-Symbol notwendig ist, sodass Sie immer ein weiteres Feld benötigen. Geben Sie daraufhin eine Begrüßung mit diesem Namen aus.

2. Schreiben Sie ein Programm, das es dem Anwender ermöglicht, beliebig viele positive int-Werte in ein Array einzutragen. Dabei soll er jedoch nicht bereits am Anfang die Anzahl vorgeben müssen. Gestalten Sie eine Schleife, die ihn immer wieder aufs Neue dazu auffordert, einen Wert einzugeben. Vergrößern Sie das Array daraufhin mit dem realloc()-Befehl. Zum Beenden der Schleife soll der Anwender einen negativen Wert eingeben. Geben Sie nach der Beendigung der Schleife das komplette Array aus.

In diesem Beispiel ist es einfacher, mit konkreten Index-Werten auf die Array-Felder zuzugreifen. Speichern Sie die Länge des Arrays im Feld 0 ab und aktualisieren Sie diesen Wert bei jedem Durchgang der Schleife. Die eigentlichen Inhalte sind dann ab Feld 1 verfügbar.

Lösungen:

1.

```
1  #include <stdio.h>
2  #include <stdlib.h>
3  int main () {
4      int anzahl;
5      printf("Wie viele Buchstaben hat Ihr Name? ");
6      scanf("%i", &anzahl);
7      char *name = malloc(anzahl * sizeof(char) + 1);
8      printf("Geben Sie Ihren Namen ein: ");
9      scanf("%s", name);
10     printf("Willkommen, %s", name);
11     free(name);
12     return 0;
13 }
```

```
C:\Users\PC\Documents\c\programme\kap12\aufgabe1.exe

Wie viele Buchstaben hat Ihr Name? 4
Geben Sie Ihren Namen ein: Paul
Willkommen, Paul
Process returned 0 (0x0)   execution time : 5.336 s
Press any key to continue.
```

Abb. 12.3 Die Eingabe des Namens und die Ausgabe der Begrüßung

2.

```
1  #include <stdio.h>
2  #include <stdlib.h>
3  int main () {
4      int wert;
5      int *array = malloc (sizeof(int));
6      array[0] = 0;
7      int i = 1;
8      while (wert >= 0) {
9          printf("Geben Sie eine positive Zahl ein\n(oder
10         einen negativen Wert zum Beenden der Schleife)\n");
11         scanf ("%i", &wert);
12         if (wert >= 0) {
13             array = realloc (array, array[0] + 1);
14             array[i] = wert;
15             i++;
16             array[0]++;
```

```
17              }
18      }
19      for (int i = 1; i <= array[0]; i++){
20          printf("Wert %i: %i\n", i, array[i]);
21      }
22      free(array);
23      return 0;
24 }
```

C:\Users\PC\Documents\c\programme\kap12\aufgabe2.exe

```
Geben Sie eine positive Zahl ein
(oder einen negativen Wert zum Beenden der Schleife)
2
Geben Sie eine positive Zahl ein
(oder einen negativen Wert zum Beenden der Schleife)
5
Geben Sie eine positive Zahl ein
(oder einen negativen Wert zum Beenden der Schleife)
213
Geben Sie eine positive Zahl ein
(oder einen negativen Wert zum Beenden der Schleife)
2
Geben Sie eine positive Zahl ein
(oder einen negativen Wert zum Beenden der Schleife)
-4
Wert 1: 2
Wert 2: 5
Wert 3: 213
Wert 4: 2

Process returned -1073741819 (0xC0000005)   execution time : 8.451 s
Press any key to continue.
```

Abb. 12.4 Die Ein- und Ausgabe der Array-Werte

Alle Programmcodes aus diesem Buch sind als PDF zum
Download verfügbar. Dadurch müssen Sie sie nicht abtippen:
https://bmu-verlag.de/c

Außerdem erhalten Sie die eBook Ausgabe zum Buch im
PDF Format kostenlos auf unserer Website:

https://bmu-verlag.de/c
Downloadcode: siehe Kapitel 19

Kapitel 13
Referenzen als Übergabewerte für Funktionen

In diesem Buch haben wir bereits Funktionen kennengelernt. Diese bieten die Möglichkeit, über Übergabe- und Rückgabewerte Daten mit dem Hauptprogramm auszutauschen. Allerdings sind diese Möglichkeiten nicht allzu umfangreich. Wenn wir in einer Funktion sehr viele Werte unterschiedlichen Datentyps bearbeiten und diese daraufhin wieder dem Hauptprogramm verfügbar machen möchten, ist diese Aufgabe bislang sehr kompliziert.

Allerdings haben wir die Möglichkeit, hierfür Zeiger zu verwenden. Das erweitert unsere Möglichkeiten deutlich. Auf diese Weise können wir die Berechnungen, die wir innerhalb einer Funktion vornehmen, deutlich besser an unser Hauptprogramm übertragen. In diesem Kapitel lernen wir daher, wie wir mit Zeigern als Übergabewerte für Funktionen arbeiten können.

13.1 Übergabewerte von Funktionen: eine Kopie des eigentlichen Werts

Um zu lernen, wie wir mit Zeigern in Funktionen arbeiten können, ist es zunächst notwendig, sich mit der Funktionsweise der Übergabewerte etwas intensiver zu befassen. Wenn wir einen Übergabewert verwenden, fügen wir hier im Hauptprogramm eine Variable oder einen konkreten Wert ein. Dieser wird dann in der Funktion aufgegriffen.

Wenn wir hier im Hauptprogramm eine Variable verwenden, könnte man meinen, dass sich deren Wert ebenfalls verändert, wenn wir innerhalb der Funktion eine Änderung am übergebenen Wert durchführen. Um das auszuprobieren, erstellen wir ein Programm mit einer einfachen Funktion, die lediglich den Übergabewert um 1 erhöht. Im Hauptprogramm erstellen wir eine Variable und geben ihr den Wert 0. Danach rufen wir die Funktion auf und verwenden diese Variable als Übergabewert. Anschließend geben wir ihren Wert aus:

```
1   #include <stdio.h>
2   void addition (int wert);
3   int main (){
4       int zahl = 0;
5       addition(zahl);
6       printf("%i", zahl);
7       return 0;
8   }
9   void addition (int wert){
10      wert++;
11  }
```

C:\Users\PC\Documents\c\programme\kap13\beispiel1.exe

```
0
Process returned 0 (0x0)    execution time : 0.156 s
Press any key to continue.
```

Abb. 13.1 Der Wert hat sich nicht verändert

Abbildung 13.1 zeigt, dass sich der Wert der Variablen hierbei nicht verändert hat. Das zeigt, dass die Funktion keinerlei Auswirkungen auf den ursprünglichen Übergabewert hat. Im nächsten Versuch könnten wir ausprobieren, was passiert, wenn wir den Wert der Variablen, die wir innerhalb der Funktion verwendet haben – in diesem Fall also `wert` – im Hauptprogramm aufrufen:

```
1   #include <stdio.h>
2   void addition (int wert);
3   int main (){
4       int zahl = 0;
5       addition(zahl);
6       printf("%i", wert);
7       return 0;
8   }
9   void addition (int wert){
10      wert++;
11  }
```

13

```
Logs & others
  ♪ Code::Blocks  ×  ⟲ Build log  ×  ♟ Build messages  ×

  File              Line  Message
                          === Build file: "no target" in "no project" (compiler: unknown) ===
  C:\Users\PC\Do...       In function 'main':
  C:\Users\PC\Do...  8    error: 'wert' undeclared (first use in this function)
  C:\Users\PC\Do...  8    note: each undeclared identifier is reported only once for each function it appears in
                          === Build failed: 1 error(s), 0 warning(s) (0 minute(s), 0 second(s)) ===
```

Abb. 13.2 Die Fehlermeldung beim Versuch, das Programm zu kompilieren

Wenn wir nun versuchen, das Programm zu kompilieren und auszuführen, erscheint die Fehlermeldung, die in Abbildung 13.2 zu sehen ist. Das zeigt, dass wir im Hauptprogramm nicht auf eine Variable zugreifen können, die wir in der Funktion definiert haben.

Der Grund für dieses Verhalten besteht darin, dass unser Programm eine neue Variable innerhalb der Funktion erstellt. Diese befindet sich jedoch an einem anderen Speicherplatz als die Variable, die wir im Hauptprogramm als Übergabewert eingesetzt haben. Sie erhält lediglich den gleichen Wert. Es handelt sich also um eine Kopie der ursprünglichen Variablen. Alle Veränderungen, die wir im weiteren Verlauf an ihr durchführen, sind jedoch vollkommen unabhängig von dem Wert im Hauptprogramm.

Variablen, die wir in einer Funktion deklarieren, sind außerdem nur hier gültig. Das Hauptprogramm hat keinen Zugriff auf sie. Wenn wir sie hier dennoch aufrufen, kommt es zu einem Fehler.

Um diesen Sachverhalt zu verdeutlichen, ändern wir unser Programm nochmals etwas ab. Nun geben wir in der Funktion neben dem Wert die Adresse der für die Aufnahme des Übernahmewerts verwendeten Variablen aus. Im Hauptprogramm stellen wir dann den Wert und die Adresse der Variablen dar, die wir an die Funktion übergeben haben. Abbildung 13.3 zeigt, dass die Werte zwar identisch sind, dass sich die Variablen jedoch an einem unterschiedlichen Speicherort befinden.

```
1   #include <stdio.h>
2   void funktion (int wert);
3   int main () {
4       int zahl = 0;
5       funktion(zahl);
6       printf("Wert im Hauptprogramm: %i\n", zahl);
7       printf("Adresse im Hauptprogramm: %x\n", &zahl);
8       return 0;
9   }
10  void funktion (int wert){
```

172

```
11   printf("Wert in der Funktion: %i\n", wert);
12   printf("Adresse in der Funktion: %x\n", &wert);
13 }
```

C:\Users\PC\Documents\c\programme\kap13\beispiel2.exe

```
Wert in der Funktion: 0
Adresse in der Funktion: 61ff00
Wert im Hauptprogramm: 0
Adresse im Hauptprogramm: 61ff1c

Process returned 0 (0x0)   execution time : 0.187 s
Press any key to continue.
```

Abb. 13.3 Die Ausgabe der Werte und der Adressen der Variablen

13.2 Der Funktion die Adresse einer Variablen übermitteln

Der letzte Abschnitt hat gezeigt, dass es normalerweise nicht möglich ist, Variablen aus dem Hauptprogramm innerhalb einer Funktion zu verändern. Für viele Anwendungen wäre dies jedoch sehr nützlich. Daher lernen wir jetzt, wie wir diese Einschränkung umgehen und somit die Werte von Variablen innerhalb des Hauptprogramms mit einer Funktion bearbeiten können.

Zu diesem Zweck arbeiten wir mit Zeigern und Adressen. Wir haben gesehen, dass wir bei einem Übergabewert innerhalb der Funktion nur eine Kopie des eigentlichen Werts erhalten. Wenn wir nun jedoch statt des Werts der Variablen deren Adresse übergeben, können wir mithilfe eines Zeigers auf den eigentlichen Wert zugreifen.

Um dies zu demonstrieren, öffnen wir nochmals das Programm aus dem vorigen Abschnitt, das die Funktion addition() aufgerufen hat. Bisher hatte die Veränderung, die wir in der Funktion vorgenommen haben, keine Auswirkung auf den Wert der Variablen im Hauptprogramm. Nun verwenden wir als Übergabewert für die Funktion jedoch deren Adresse:

```
1  addition(&zahl);
```

Nun müssen wir noch die Funktion anpassen. Hier nehmen wir den Übergabewert nun nicht mehr in einer `int`-Variablen auf, sondern in einem Zeiger auf eine `int`-Variable:

```
1   void addition (int *wert)
```

Diese Änderung müssen wir sowohl bei der Definition als auch bei der Implementierung vornehmen. Nun ist es noch wichtig, darauf zu achten, dass wir bei der Erhöhung nicht die Adresse, sondern den Wert, den wir hier gespeichert haben, verändern:

```
1   (*wert)++;
```

Damit sind alle Änderungen abgeschlossen. Abbildung 13.4 zeigt, dass unsere Funktion nun den Wert einer Variablen aus dem Hauptprogramm verändert hat. Der komplette Code für dieses Programm sieht dann so aus:

```
1   #include <stdio.h>
2   void addition (int *wert);
3   int main () {
4       int zahl = 0;
5       addition(&zahl);
6       printf("%i", zahl);
7       return 0;
8   }
9   void addition (int *wert){
10      (*wert)++;
11  }
```

C:\Users\PC\Documents\c\programme\kap13\beispiel3.exe

```
1
Process returned 0 (0x0)   execution time : 0.137 s
Press any key to continue.
```

Abb. 13.4 Die Ausgabe des veränderten Werts

13.3 Anwendungsbeispiel: eine eigene Liste implementieren

Die Verwendung von Zeigern und die Übergabe von Adressen an Funktionen gibt uns viele weitere Anwendungsmöglichkeiten. Beispielsweise können wir auf diese Weise neue zusammengesetzte Datentypen für den Umgang mit unseren Werten implementieren. Das soll nun an einem kleinen Praxisbeispiel vorgestellt werden. Zu diesem Zweck gestalten wir eine eigene Liste.

Die Liste ist ein zusammengesetzter Datentyp, der in vielen anderen Programmiersprachen bereits implementiert ist. In C ist dies jedoch nicht der Fall. Hier stehen uns lediglich Arrays zur Verfügung. Diese eignen sich zwar ebenfalls für die Aufnahme von Werten, allerdings sind sie recht unflexibel. Beispielsweise ist es hierbei schwierig, ein Element einfach am Ende anzuhängen. Noch problematischer ist es, einen Eintrag aus der Mitte des Arrays zu löschen und daraufhin die darauffolgenden Elemente jeweils um eine Position nach vorne zu verschieben, um die entstandene Lücke zu schließen. Eine Liste bietet all diese Funktionen an.

Wenn wir eine Liste in C umsetzen möchten, geht das am besten, indem wir Zeiger dafür verwenden. Die Grundstruktur sieht dabei so aus, dass wir immer ein Wertepaar bilden. Dabei handelt es sich zum einen um den eigentlichen Wert, den wir in die Liste aufnehmen möchten. Zum anderen ist hier ein Zeiger enthalten. Dieser verweist auf das nächste Element in der Liste. Auf diese Weise ist es möglich, beliebig viele Einträge in die Liste aufzunehmen. Der Zeiger stellt die Verbindung zwischen ihnen her, sodass es möglich ist, die gesamte Liste durchzugehen – beispielsweise um ein bestimmtes Element zu finden oder um eine Veränderung an der Liste vorzunehmen.

13

Bevor wir mit der Implementierung der Liste beginnen, überlegen wir uns kurz, welche Strukturen wir diesem Projekt geben möchten. Da es eventuell auch bei späteren Programmen sinnvoll sein könnte, eine Liste einzubinden, ist es empfehlenswert, hierfür ein eigenes Modul zu erstellen. Das macht es möglich, die hier erstellte Liste jederzeit wiederzuverwenden. Zu diesem Zweck erstellen wir nun ein neues Projekt und legen darin die Dateien liste.c und liste.h an.

Es wurde bereits gesagt, dass wir für die Umsetzung stets ein Paar aus dem eigentlichen Wert und aus einem Zeiger benötigen. Dafür ist es sinnvoll, eine eigene Datenstruktur zu erstellen. Diese trägt den Namen knoten, da sie sich zur Erstellung der einzelnen Knotenpunkte anbietet. Sie sieht folgendermaßen aus:

```
1  struct knoten {
2      int wert;
3      struct knoten *naechstesElement;
4  };
```

Diese Definition bringen wir in der Datei liste.h an. Auf diese Weise können wir darauf sowohl aus dem Hauptprogramm als auch aus der Datei liste.c zugreifen.

Hierbei müssen wir beachten, dass diese Struktur lediglich dazu dient, int-Werte aufzunehmen. Daher eignet sich unsere Liste nur für ganze Zahlen. Wenn wir andere Werte bearbeiten möchten, müssen wir hier den Datentyp entsprechend anpassen.

Nachdem wir die Struktur erstellt haben, beginnen wir damit, in der Datei liste.c die Funktionen für die einzelnen Anwendungen zu implementieren. Um mit einer Liste zu arbeiten, ist es in der Regel sinnvoll, zunächst ein Element in diese einzufügen. Daher erstellen wir die Funktion hinzufuegen(), mit deren Hilfe wir ein Element an das Ende der Liste anhängen.

Bevor wir uns mit der Implementierung befassen, ist es wichtig, kurz darauf einzugehen, wie wir später im Hauptprogramm eine Liste erzeugen. Zu diesem Zweck erstellen wir einen Zeiger auf den ersten Knotenpunkt. Das stellt den Einstiegspunkt dar, um die gesamte Liste durchzugehen. Zu Beginn befindet sich jedoch kein Element und damit auch kein Knotenpunkt in unserer Liste. Daher geben wir dem Zeiger den Wert NULL. Das bedeutet, dass der Zeiger zwar existiert, dass er jedoch auf keine konkrete Adresse verweist. Diesen Wert verwenden wir auch, um das Ende der Liste zu kennzeichnen. Sobald wir zu einem Element gelangen, dessen Zeiger den Wert NULL aufweist, bedeutet das, dass wir das Ende der Liste erreicht haben.

Wenn wir ein Element in die Liste einfügen, müssen wir nur den Zeiger des letzten Knotenpunkts verändern, sodass dieser auf den neuen Inhalt verweist. In der Regel ist es dafür nicht notwendig, den Zeiger aus dem Hauptprogramm zu verändern. Allerdings gibt es hierbei eine Ausnahme: Sollte bisher noch kein Element in der Liste vorhanden sein, müssen wir diesen Zeiger so anpassen, dass er auf das erste Element der Liste verweist.

Wie wir in diesem Kapitel gelernt haben, können wir jedoch der Funktion auf direktem Wege keinen Zugriff auf die Variablen aus dem Hauptprogramm geben. Stattdessen müssen wir die Adresse übergeben und in der Funktion dann mit einem Zeiger arbeiten. Das gilt auch, wenn wir wie in diesem Fall bereits im Hauptprogramm einen Zeiger verwenden. Um diesen zu manipulieren, müssen wir dann die Adresse des Zeigers übergeben und in der Funktion einen Zeiger auf einen Zeiger setzen. Das machen wir dadurch kenntlich, dass wir nun zwei Sternsymbole einfügen. Darüber hinaus ist es notwendig, den Wert, den wir einfügen möchten, an die Funktion zu übergeben. Daher leiten wir sie mit folgender Zeile ein und fügen diesen Eintrag auch zur Header-Datei hinzu:

```
1  void hinzufuegen (struct knoten **liste, int wert)
```

Im ersten Schritt erzeugen wir nun einen neuen Knotenpunkt. Daher erstellen wir einen Zeiger auf diese Struktur und reservieren mit dem `malloc()`-Befehl die benötigte Größe. Daraufhin weisen wir dem Feld `wert` den Inhalt zu, den wir in die Liste eintragen möchten. Da wir diesen Knotenpunkt am Ende anhängen, handelt es sich hierbei nach der Bearbeitung um das letzte Element der Liste. Daher muss der Zeiger, der auf das folgende Feld verweist, den Wert NULL haben:

```
1  struct knoten *neuerKnoten;
2  neuerKnoten = malloc (sizeof(struct knoten));
3  neuerKnoten->wert = wert;
4  neuerKnoten->naechstesElement = NULL;
```

Bei diesem Code ist der Operator `->` zu beachten. Diesen kennen wir bisher noch nicht. Bei selbst definierten Datenstrukturen haben wir bislang stets den Punkt verwendet, um auf die einzelnen Member zuzugreifen. Wenn wir jedoch einen Zeiger auf eine Struktur verwenden, kommen wir auf diese Weise nicht ans Ziel. In diesem Fall müssen wir diese beiden Symbole verwenden, die auch als Pfeil-Operator bezeichnet werden.

Wenn sich noch kein Element in der Liste befindet, müssen wir lediglich den Zeiger aus dem Hauptprogramm so verändern, dass er auf unseren neuen Knotenpunkt verweist. Dazu überprüfen wir, ob dieser Zeiger den Wert NULL hat. Trifft dies zu, bedeutet das, dass noch kein Element in der Liste enthalten ist, sodass wir die entsprechende Aktion vornehmen:

```
1  if (*liste == NULL){
2      *liste = neuerKnoten;
3  }
```

Trifft dies nicht zu, müssen wir die komplette Liste durchgehen und den neuen Knotenpunkt am Ende anhängen. Dazu ist es jedoch nicht sinnvoll, mit der eigentlichen Liste aus dem Hauptprogramm zu arbeiten, da wir diesen Zeiger nicht verändern möchten. Daher erstellen wir einen weiteren Zeiger auf einen Knotenpunkt und geben diesem den gleichen Wert wie für die eigentliche Liste.

```
1  struct knoten *element = *liste;
```

Nun können wir die Liste Schritt für Schritt durchgehen. Dafür ändern wir den gerade erstellten Zeiger in einer Schleife so ab, dass er bei jedem Durchlauf die Adresse des nächsten Elements erhält. Damit fahren wir so lange fort, bis der Wert des Zeigers NULL beträgt. Das bedeutet, dass wir das Ende erreicht haben.

```
1  while (element->naechstesElement != NULL){
2      element = element->naechstesElement;
3  }
```

Wenn wir das Ende der Liste erreicht haben, müssen wir das letzte Element nun so verändern, dass es auf unseren neuen Knotenpunkt verweist. Auf diese Weise fügen wir diesen am Ende der Liste ein:

```
1  element->naechstesElement = neuerKnoten;
```

Damit ist die Funktion zum Hinzufügen eines neuen Elements abgeschlossen. Ihr kompletter Code sieht so aus:

```
1  void hinzufuegen (struct knoten **liste, int wert){
2      struct knoten *neuerKnoten;
3      neuerKnoten = malloc (sizeof(struct knoten));
4      neuerKnoten->wert = wert;
5      neuerKnoten->naechstesElement = NULL;
6      if (*liste == NULL){
7          *liste = neuerKnoten;
8      }
9      else{
10         struct knoten *element = *liste;
11         while (element->naechstesElement != NULL){
12             element = element->naechstesElement;
13         }
14         element->naechstesElement = neuerKnoten;
15     }
16 }
```

Wenn wir mit einer Liste arbeiten, ist es auch wichtig, deren komplette Inhalte auszugeben. Zu diesem Zweck erstellen wir die Funktion ausgeben(). In diesem Fall müssen wir die Inhalte des ursprünglichen Zeigers aus dem Hauptprogramm nicht verändern. Daher ist es hierbei nicht notwendig, mit einem doppelten Zeiger zu arbeiten. Wir müssen lediglich die Adresse des ersten Knotenpunkts aufnehmen:

```
1   void ausgeben (struct knoten *liste)
```

Innerhalb dieser Funktion erstellen wir dann eine while-Schleife. Darin geben wir zunächst den Wert des aktuellen Knotenpunkts aus. Danach setzen wir den Zeiger auf das nächste Element – so lange, bis wir das Ende der Liste erreicht haben und der Wert des Zeigers NULL beträgt:

```
1   void ausgeben (struct knoten *liste){
2       while (liste != NULL){
3           printf("%i\n", liste->wert);
4           liste = liste->naechstesElement;
5       }
6   }
```

Eine weitere wichtige Aufgabe beim Umgang mit einer Liste besteht darin, ihre Länge auszugeben. Zu diesem Zweck implementieren wir nun die Funktion laenge(). Diese benötigt als Übergabewert den Zeiger auf den ersten Knotenpunkt. Als Rückgabewert gibt sie die Anzahl der Elemente zurück:

```
1   int laenge (struct knoten *liste)
```

Genau wie bei der Funktion ausgeben() müssen wir hierbei die komplette Liste durchgehen. Anstatt den gespeicherten Wert auszugeben, fügen wir hierbei jedoch einen Zähler ein, den wir bei jedem Durchgang um 1 erhöhen. Nachdem wir das Ende der Schleife erreicht haben, geben wir diesen Wert per return-Statement zurück:

```
1   int laenge (struct knoten *liste){
2       int i = 0;
3       while (liste != NULL){
4           i++;
5           liste = liste->naechstesElement;
6       }
7       return i;
8   }
```

Nun wollen wir es dem Anwender noch ermöglichen, ein Element aus der Liste zu löschen. Dazu benötigen wir wieder die Adresse des ersten Knotenpunkts. Hierbei ist es jedoch wieder in einigen Fällen notwendig, den Zeiger aus dem Hauptprogramm zu verändern. Daher müssen wir wieder mit einem doppelten Zeiger arbeiten. Darüber hinaus müssen wir die Indexnummer des Elements übergeben, das wir entfernen möchten. Dabei arbeiten wir nach dem gleichen System wie bei Arrays – das erste Element hat demnach die Indexnummer 0. Die Funktion leiten wir daher mit diesen beiden Übergabewerten ein:

```
1  void entfernenIndex(struct knoten **liste, int index)
```

Beim Löschen eines Elements können mehrere Fälle auftreten, die wir separat behandeln müssen. Beispielsweise ist es möglich, dass die Liste leer ist – also dass der ursprüngliche Zeiger den Wert NULL aufweist. In diesem Fall können wir kein Element löschen. Stattdessen geben wir einen entsprechenden Hinweis aus:

```
1  if (*liste == NULL){
2      printf("Keine Elemente in der Liste vorhanden!");
3  }
```

Wenn die Liste mindestens ein Element enthält, können wir mit dem Löschvorgang fortfahren. Daher stehen die folgenden Kommandos in einem else-Block. Doch auch hierbei müssen wir wieder zwischen mehreren Fällen unterscheiden. Wenn wir das erste Element aus der Liste löschen wollen – wenn die Indexnummer also 0 beträgt – müssen wir den ursprünglichen Zeiger aus dem Hauptprogramm so ändern, dass er auf das zweite Element verweist. Darüber hinaus ist es sinnvoll, den entsprechenden Speicherplatz wieder freizugeben. Zu diesem Zweck erstellen wir zunächst einen weiteren Zeiger auf einen Knotenpunkt, dem wir die Adresse des ersten Feldes zuweisen. Nachdem wir den Start-Zeiger der Liste so angepasst haben, dass er auf das zweite Feld verweist, geben wir den Speicherplatz des ersten Feldes, das wir ja löschen wollen, frei:

```
1  struct knoten *loeschen = *liste;
2  if (index == 0){
3      *liste = (*liste)->naechstesElement;
4      free(loeschen);
5  }
```

Nun müssen wir die Fälle abarbeiten, in denen eine höhere Indexnummer eingegeben wurde. Hierbei ist es sinnvoll, zunächst zu überprüfen, ob diese Indexnummer überhaupt in der Liste vorhanden ist. Ist sie höher als die Länge der Liste, ist kein entsprechendes Feld vorhanden, sodass wir dieses auch nicht löschen können. Daher geben wir wieder eine entsprechende Nachricht aus:

```
1  if (index >= laenge(*liste)){
2      printf("Indexnummer nicht vorhanden!\n");
3  }
```

In allen übrigen Fällen müssen wir nun die Liste durchgehen, bis wir die entsprechende Indexnummer erreicht haben. Hierfür ist es erforderlich, einen weiteren Zeiger auf einen Knotenpunkt zu erstellen, um die Adresse der eigentlichen Liste nicht zu verändern. Mit einer `for`-Schleife springen wir dann so oft zum nächsten Element weiter, bis wir das Feld erreicht haben, das vor dem Element steht, das wir löschen möchten. Hier verändern wir nun den Zeiger und passen ihn so an, dass er auf das übernächste Feld verweist. Außerdem geben wir den Speicherplatz des entsprechenden Elements frei:

```
1  else {
2      struct knoten *element = *liste;
3      for (int i = 1; i < index; i++){
4          element = element->naechstesElement;
5      }
6      loeschen = element->naechstesElement;
7      element->naechstesElement = element->
8      naechstesElement->naechstesElement;
9      free(loeschen);
10 }
```

Damit ist auch diese Funktion abgeschlossen. Der komplette Code dafür sieht wie folgt aus:

```
1  void entfernenIndex(struct knoten **liste, int index){
2      if (*liste == NULL){
3          printf("Keine Elemente in der Liste vorhanden!");
4      }
5      else {
6          struct knoten *loeschen = *liste;
7          if (index == 0){
8              *liste = (*liste)->naechstesElement;
9              free(loeschen);
10         }
11         else{
12             if (index >= laenge(*liste)){
13                 printf("Indexnummer nicht vorhanden!\n");
14             }
15             else {
16                 struct knoten *element = *liste;
17                 for (int i = 1; i < index; i++){
18                     element = element->naechstesElement;
19                 }
20                 loeschen = element->naechstesElement;
21                 element->naechstesElement = element->
```

```
22              naechstesElement->naechstesElement;
23              free(loeschen);
24          }
25      }
26  }
27 }
```

Mit diesen vier Funktionen haben wir bereits einige wichtige Listenfunktionen abgedeckt. Um den Code abgleichen zu können, steht hier nochmals der komplette Inhalt der Datei liste.c:

```
1  #include "liste.h"
2  #include <stdio.h>
3  #include <stdlib.h>
4
5  void hinzufuegen (struct knoten **liste, int wert){
6      struct knoten *neuerKnoten;
7      neuerKnoten = malloc (sizeof(struct knoten));
8      neuerKnoten->wert = wert;
9      neuerKnoten->naechstesElement = NULL;
10     if (*liste == NULL){
11         *liste = neuerKnoten;
12     }
13     else{
14         struct knoten *element = *liste;
15         while (element->naechstesElement != NULL){
16             element = element->naechstesElement;
17         }
18         element->naechstesElement = neuerKnoten;
19     }
20 }
21 void ausgeben (struct knoten *liste){
22     while (liste != NULL){
23         printf("%i\n", liste->wert);
24         liste = liste->naechstesElement;
25     }
26 }
27 int laenge (struct knoten *liste){
28     int i = 0;
29     while (liste != NULL){
30         i++;
31         liste = liste->naechstesElement;
32     }
33     return i;
34 }
35 void entfernenIndex(struct knoten **liste, int index){
36     if (*liste == NULL){
37         printf("Keine Elemente in der Liste vorhanden!");
38     }
39     else {
40         struct knoten *loeschen = *liste;
41         if (index == 0){
```

```
42          *liste = (*liste)->naechstesElement;
43          free(loeschen);
44     }
45     else{
46          if (index >= laenge(*liste)){
47              printf("Indexnummer nicht vorhanden!\n");
48          }
49          else {
50              struct knoten *element = *liste;
51              for (int i = 1; i < index; i++){
52                  element = element->naechstesElement;
53              }
54              loeschen = element->naechstesElement;
55              element->naechstesElement = element->
56              naechstesElement->naechstesElement;
57              free(loeschen);
58          }
59     }
60   }
61 }
```

Darüber hinaus gibt es noch viele weitere sinnvolle Funktionen, die wir für unsere Liste implementieren können. In der Übungsaufgabe werden wir uns beispielsweise damit befassen, wie wir ein Element am Anfang der Liste einfügen können. Weiter sinnvolle Funktionen bestünden darin, das Löschen eines Eintrags anhand dessen Werts und nicht über seine Indexnummer zu erlauben, den Inhalt eines bestimmten Feldes auszugeben oder Funktionen zu erstellen, die es ermöglichen, das erste oder das letzte Element der Liste zu entfernen. Als weiterführende Übung ist jeder Leser dazu eingeladen, das Programm um die entsprechenden Funktionsweisen zu erweitern.

Damit wir unser Programm ausprobieren können, müssen wir nun noch alle Definitionen unserer Funktionen in die Datei liste.h übertragen. Diese sieht dann so aus:

```
1  #ifndef LISTE_H_INCLUDED
2  #define LISTE_H_INCLUDED
3  struct knoten {
4      int wert;
5      struct knoten *naechstesElement;
6  };
7  int laenge (struct knoten *liste);
8  void hinzufuegen (struct knoten **liste, int wert);
9  void ausgeben (struct knoten *liste);
10 void entfernenIndex(struct knoten **liste, int index);
11 #endif // LISTE_H_INCLUDED
```

Nun können wir im Hauptprogramm einen Zeiger auf einen Knotenpunkt erzeugen, um eine leere Liste zu erstellen. Danach fügen wir einige Elemente ein, geben die komplette Liste aus, zeigen die Länge an und löschen ein Element aus der Liste. Abbildung 13.5 zeigt, dass wir hierbei stets das gewünschte Ergebnis erhalten. Der Code für dieses Hauptprogramm sieht dann so aus:

```
1   #include "liste.h"
2   #include <stdio.h>
3   #include <stdlib.h>
4   int main()
5   {
6       struct knoten *meineListe = NULL;
7       hinzufuegen(&meineListe, 4);
8       hinzufuegen(&meineListe, 24);
9       hinzufuegen(&meineListe, 7);
10      hinzufuegen(&meineListe, 17);
11      printf("L\x84nge: %i\n", laenge(meineListe));
12      ausgeben(meineListe);
13      entfernenIndex(&meineListe, 1);
14      printf("L\x84nge: %i\n", laenge(meineListe));
15      ausgeben(meineListe);
16      return 0;
17  }
```

C:\Users\PC\Documents\c\programme\kap13\Liste\bin\Debug\Liste.exe

```
Länge: 4
4
24
7
17
Länge: 3
4
7
17

Process returned 0 (0x0)   execution time : 0.156 s
Press any key to continue.
```

Abb. 13.5 Die Ausgabe der Länge und der Listenelemente

13.4 Übungsaufgabe: Funktionen mit Referenzen verwenden

1. Gestalten Sie ein Programm mit einer Funktion, die das Quadrat eines Werts erzeugt. Dieses soll sie jedoch nicht als Rückgabewert zurückge-

ben. Stattdessen soll sie über einen Zeiger direkt auf die Variable des Hauptprogramms zugreifen.

2. Erstellen Sie ein Programm, das den Anwender zur Eingabe seines Namens auffordert. Speichern Sie diesen Wert in einer Zeichenkette. Erstellen Sie nun eine Funktion, die den Inhalt dieser Zeichenkette so verändert, dass der Name stets mit einem Großbuchstaben beginnt, selbst wenn der Anwender einen Kleinbuchstaben eingegeben hat.

3. Ergänzen Sie das Programm aus Kapitel 13.3 um eine Funktion, die es ermöglicht, ein Element am Anfang der Liste einzufügen. Passen Sie die Header-Datei ebenfalls entsprechend an. Erweitern Sie daraufhin das Hauptprogramm so, dass es nun auch diese Funktion anwendet und geben Sie die Liste aus.

13

Lösungen:

1.

```
#include <stdio.h>
void quadrat(int *wert){
    *wert = *wert * *wert;
}
int main (){
    int wert = 4;
    quadrat(&wert);
    printf("Quadrat: %i\n", wert);
}
```

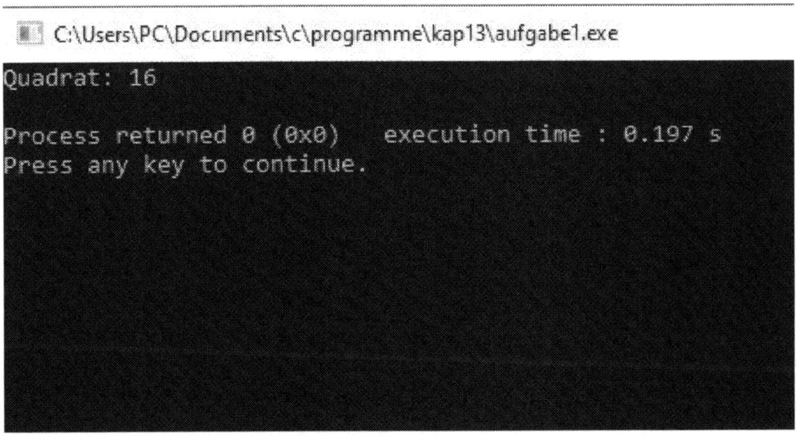

C:\Users\PC\Documents\c\programme\kap13\aufgabe1.exe

```
Quadrat: 16

Process returned 0 (0x0)   execution time : 0.197 s
Press any key to continue.
```

Abb. 13.6 Die Ausgabe des Quadrats

2.

```
#include <stdio.h>
void gross(char *name){
    name[0] = toupper(name[0]);
}
int main (){
    char name[20];
    printf("Geben Sie Ihren Namen ein: ");
    scanf("%s", name);
    gross(name);
    printf("Ihr Name: %s", name);
}
```

```
C:\Users\PC\Documents\c\programme\kap13\aufgabe2.exe

Geben Sie Ihren Namen ein: anna
Ihr Name: Anna
Process returned 0 (0x0)    execution time : 4.082 s
Press any key to continue.
```

Abb. 13.7 Der groß geschriebene Name

3.

Die Funktion für die Datei liste.c:

```c
void hinzufuegenAnfang (struct knoten **liste, int wert){
    struct knoten *neuerKnoten;
    neuerKnoten = malloc (sizeof(struct knoten));
    neuerKnoten->wert = wert;
    neuerKnoten->naechstesElement = *liste;
    *liste = neuerKnoten;
}
```

Die Datei liste.h mit der neuen Funktionsdefinition:

```c
#ifndef LISTE_H_INCLUDED
#define LISTE_H_INCLUDED
struct knoten {
    int wert;
    struct knoten *naechstesElement;
};
int laenge (struct knoten *liste);
void hinzufuegen (struct knoten **liste, int wert);
void ausgeben (struct knoten *liste);
void entfernenIndex(struct knoten **liste, int index);
void hinzufuegenAnfang (struct knoten **liste, int wert);
#endif // LISTE_H_INCLUDED
```

Das neue Hauptprogramm:

```
1   #include "liste.h"
2   #include <stdio.h>
3   #include <stdlib.h>
4   int main()
5   {
6       struct knoten *meineListe = NULL;
7       hinzufuegen(&meineListe, 4);
8       hinzufuegen(&meineListe, 24);
9       hinzufuegen(&meineListe, 7);
10      hinzufuegen(&meineListe, 17);
11      printf("L\x84nge: %i\n", laenge(meineListe));
12      ausgeben(meineListe);
13      entfernenIndex(&meineListe, 1);
14      printf("L\x84nge: %i\n", laenge(meineListe));
15      ausgeben(meineListe);
16      hinzufuegenAnfang(&meineListe, 12);
17      printf("Die Liste mit dem neuen Start-Element:\n");
18      ausgeben(meineListe);
19      return 0;
20  }
```

```
C:\Users\PC\Documents\c\programme\kap13\Liste\bin\Debug\Liste.exe

Länge: 4
4
24
7
17
Länge: 3
4
7
17
Die Liste mit dem neuen Start-Element:
12
4
7
17

Process returned 0 (0x0)   execution time : 0.141 s
Press any key to continue.
```

Abb. 13.8 Die Ausgabe der Liste mit dem neuen Element

Alle Programmcodes aus diesem Buch sind als PDF zum
Download verfügbar. Dadurch müssen Sie sie nicht abtippen:
https://bmu-verlag.de/c

Außerdem erhalten Sie die eBook Ausgabe zum Buch im
PDF Format kostenlos auf unserer Website:

https://bmu-verlag.de/c
Downloadcode: siehe Kapitel 19

Kapitel 14
Fehlerbehandlung in C

Bei der Ausführung eines Programms kann es zu unterschiedlichen Fehlern kommen. Bei unseren bisherigen Projekten sind den meisten Lesern sicherlich bereits einige Syntaxfehler unterlaufen. Das bedeutet, dass der Code nicht den formalen Anforderungen der Programmiersprache entspricht – beispielsweise wenn man ein Semikolon oder eine Klammer vergessen oder den Namen einer Variable falsch geschrieben hat. Diese Fehler verhindern, dass man das Programm kompilieren kann. Daher müssen sie vor der Ausführung alle beseitigt werden. Da man beim Kompilieren eine entsprechende Nachricht mit der zugehörigen Zeilennummer erhält, ist es in der Regel einfach, diese Fehler aufzuspüren.

Darüber hinaus gibt es jedoch noch weitere Fehlerarten. Beispielsweise ist es möglich, dass das Programm zwar alle formalen Regeln beachtet und daher problemlos ausführbar ist, dass es jedoch nicht das gewünschte Ergebnis liefert. In diesem Fall spricht man von einem logischen Fehler oder von einem Semantikfehler. Tritt dieses Problem auf, ist es notwendig, alle Berechnungen genau zu überprüfen, um herauszufinden, weshalb das Ergebnis nicht korrekt ist.

Dieses Kapitel beschäftigt sich jedoch vorwiegend mit Laufzeitfehlern. In diesem Fall läuft das Programm zwar in der Regel vollkommen korrekt ab. Allerdings kann es gelegentlich zu Problemen bei der Ausführung kommen. Das ist der Fall, wenn das Programm mit bestimmten Eingaben des Anwenders oder mit anderen Daten nicht zurechtkommt. Um unsere Programme so robust wie möglich zu gestalten, ist es wichtig, diese Laufzeitfehler zu unterbinden.

14.1 Was sind Laufzeitfehler und weshalb müssen wir sie behandeln?

Um uns dem Thema der Laufzeitfehler anzunähern, erstellen wir zunächst ein einfaches Beispielprogramm. Darin fordern wir den Anwender dazu auf, zwei Zahlen einzugeben. Danach dividieren wir diese durcheinander und geben das Ergebnis aus:

```
1  #include <stdio.h>
2  int main () {
3      float wert1, wert2;
4      printf("Geben Sie den ersten Wert ein: ");
5      scanf("%f", &wert1);
6      printf("Geben Sie den zweiten Wert ein: ");
7      scanf("%f", &wert2);
8      printf("Ergebnis: %f", wert1/wert2);
9  }
```

C:\Users\PC\Documents\c\programme\kap14\laufzeitfehler.exe

```
Geben Sie den ersten Wert ein: 4
Geben Sie den zweiten Wert ein: 8
Ergebnis: 0.500000
Process returned 0 (0x0)    execution time : 3.798 s
Press any key to continue.
```

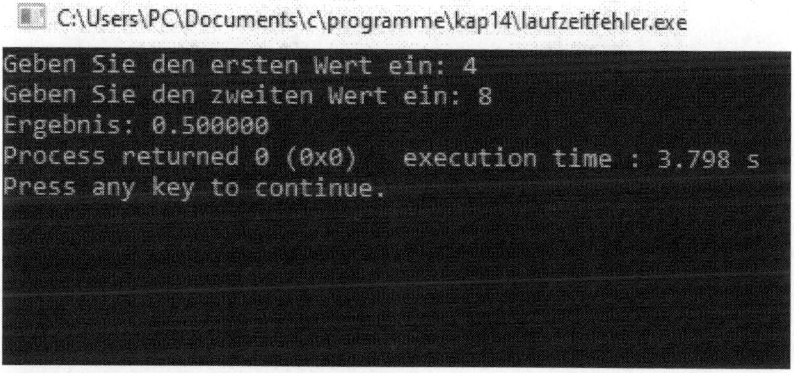

Abb. 14.1 Die Ausführung der Berechnung

Abbildung 14.1 zeigt dass wir das Programm problemlos ausführen können und dass dabei das richtige Ergebnis angezeigt wird. Allerdings kann es auch vorkommen, dass der Anwender als zweiten Wert die Zahl 0 eingibt. Was in diesem Fall passiert, zeigt Abbildung 14.2.

C:\Users\PC\Documents\c\programme\kap14\laufzeitfehler.exe

```
Geben Sie den ersten Wert ein: 7
Geben Sie den zweiten Wert ein: 0
Ergebnis: 1.#INF00
Process returned 0 (0x0)    execution time : 3.395 s
Press any key to continue.
```

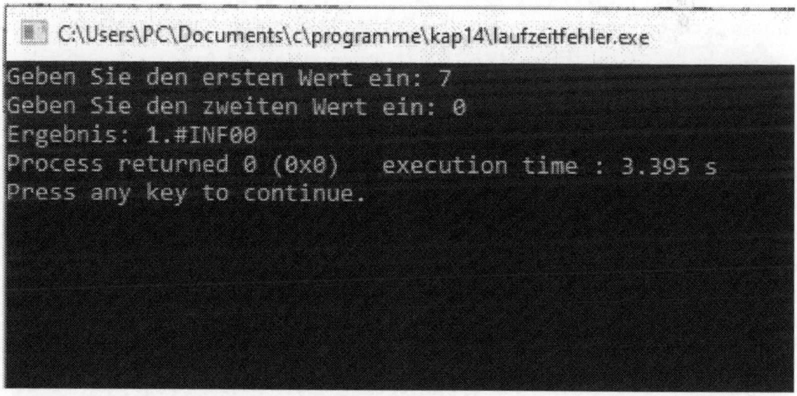

Abb. 14.2 Die Ausgabe bei der Division durch 0

Das zeigt, dass nun kein korrektes Ergebnis mehr angezeigt wird. Das liegt daran, dass es mathematisch nicht möglich ist, eine Zahl durch 0 zu teilen.

Bei einem C-Programm scheinen die Auswirkungen dieses Fehlers zunächst gering. Es fällt lediglich auf, dass das Programm keinen korrekten Wert anzeigt. Bei vielen anderen Programmiersprachen führt ein derartiger Fehler hingegen direkt zu einem Absturz des Programms. Allerdings kann ein solcher Laufzeitfehler auch in einem C-Programm zahlreiche weitere unerwünschte Auswirkungen haben. Wenn wir dieses Ergebnis beispielsweise noch für weitere Berechnungen heranziehen, zieht sich der Fehler weiter und kann beispielsweise dazu führen, dass wir ungewollt wichtige Daten überschreiben.

Das ist nur ein Beispiel dafür, wie Laufzeitfehler unser Programm beeinträchtigen können. Darüber hinaus gibt es noch viele weitere Fehlerquellen. Derartige Probleme treten auf, wenn wir eine Datei laden möchten, die nicht existiert, wenn wir verschiedene mathematische Funktionen aufrufen und dabei eine Zahl außerhalb des Wertebereichs eingeben und in vielen weiteren Fällen. Um diese Probleme zu vermeiden, ist eine Fehlerbehandlung notwendig. Diese führt dazu, dass unsere Programme auch mit unerwarteten Eingaben umgehen können.

14.2   C: die Besonderheiten bei der Behandlung von Fehlern

Leser, die sich bereits mit anderen Programmiersprachen befasst haben, wissen sicherlich, dass es hierbei in den meisten Fällen eine konkrete Unterstützung für die Behandlung von Laufzeitfehlern gibt. Fehlerhafte Eingaben führen hierbei direkt zu einem Abbruch des Programms. Dies können wir jedoch verhindern, indem wir sogenannte Ausnahmen aufstellen. Diese erlauben es, einen bestimmten Abschnitt des Programms auf Laufzeitfehler zu überprüfen und nur dann auszuführen, wenn dabei keine Probleme auftreten.

C bietet hingegen keine derartigen Möglichkeiten. Manchem Anfänger mag es auf den ersten Blick als Vorteil erscheinen, wenn ein Laufzeitfehler nicht gleich zu einem Programmabbruch führt. Allerdings wurde bereits angesprochen, dass fehlerhafte Eingaben weitreichende Folgen haben können, wenn wir diese nicht richtig behandeln. Da es in C kein automatisches System hierfür gibt, müssen wir uns selbst um diese Aufgabe kümmern.

Obwohl C keine Fehlerbehandlung anbietet, steht uns hierfür dennoch ein Hilfsmittel zur Verfügung. Die meisten C-Funktionen arbeiten mit der Variable `errno`. Diese ist in der Header-Datei **errno.h** definiert. Wenn eine Funktion einen Fehler feststellt, gibt sie dieser Variable einen Wert und legt eine entsprechende Fehlermeldung fest. In unserem Programm müssen wir zwar selbst kontrollieren, ob ein Fehler aufgetreten ist. Allerdings können wir in vielen Fällen auf die Fehlermeldung der Datei **errno.h** zurückgreifen, um zu erkennen, um welche Art von Fehler es sich hierbei handelt.

14.3 Möglichkeiten für die Behandlung von Fehlern

Um zu lernen, wie wir mit Laufzeitfehlern in C umgehen können, befassen wir uns nochmals mit dem Programm aus Kapitel 14.1. Hierbei kam es zu einer Division durch einen vom Nutzer eingegebenen Wert. In aller Regel treten hierbei keine Probleme auf. Lediglich wenn der Nutzer bei der zweiten Eingabe den Wert 0 eingibt, kommt es zu einem Fehler. Daher ist es sinnvoll, vor der Division den Wert dieser Variablen zu überprüfen und eine entsprechende Fehlermeldung auszugeben. Zu diesem Zweck ist eine einfache `if`-Abfrage ausreichend. Darin geben wir einen Hinweis auf den fehlerhaften Wert:

```
if (wert2 == 0){
    printf("Fehlerhafte Eingabe! Keine Division durch
    0 m\x94glich!");
}
```

Nun stellt sich noch die Frage, wie wir den Ablauf unseres Programms gestalten möchten, wenn ein entsprechender Fehler auftritt. Eine Möglichkeit besteht darin, zur Eingabe des Werts zurückzuspringen, um diese zu wiederholen. Hierfür bietet sich beispielsweise das `goto`-Statement an. Wenn wir unser Programm auf diese Weise abändern und zusätzlich eine Information für die wiederholte Eingabe hinzufügen, sieht es so aus:

```
#include <stdio.h>
int main () {
    float wert1, wert2;
    printf("Geben Sie den ersten Wert ein: ");
    scanf("%f", &wert1);
    printf("Geben Sie den zweiten Wert ein: ");
    eingabe2:
    scanf("%f", &wert2);
    if (wert2 == 0){
        printf("Fehlerhafte Eingabe! Keine Division
        durch 0 m\x94glich!\n");
        printf("Probieren Sie es erneut: ");
        goto eingabe2;
    }
```

```
15      printf("Ergebnis: %f", wert1/wert2);
16  }
```

C:\Users\PC\Documents\c\programme\kap14\fehlerbehandlung.exe

```
Geben Sie den ersten Wert ein: 4
Geben Sie den zweiten Wert ein: 0
Fehlerhafte Eingabe! Keine Division durch 0 möglich!
Probieren Sie es erneut: 6
Ergebnis: 0.666667
Process returned 0 (0x0)    execution time : 11.177 s
Press any key to continue.
```

Abb. 14.3 Die Wiederholung der Eingabe bei einem fehlerhaften Wert

Im Falle einer Eingabe durch den Nutzer ist es sicherlich sinnvoll, nicht gleich das ganze Programm abzubrechen, sondern dem Anwender die Möglichkeit zu geben, einen richtigen Wert einzugeben. Allerdings gibt es auch Fälle, in denen dies keine praktikable Lösung darstellt. Wenn wir beispielsweise davon ausgehen, dass wir die Daten aus einer Datei einlesen, ist es nicht so einfach, die Werte zu korrigieren und mit dem Programm fortzufahren. In diesem Fall ist es besser, eine Fehlermeldung auszugeben und das Programm abzubrechen. Um auch diese Alternative kennenzulernen, stellen wir sie nun ebenfalls kurz vor.

Zu diesem Zweck können wir in die `if`-Abfrage das `return`-Statement einfügen. Alternativ dazu können wir den Befehl `exit()` verwenden. Solange wir uns innerhalb der `main()`-Funktion befinden, sind die Unterschiede zwischen diesen Möglichkeiten nur minimal. Das `return`-Statement beendet die `main()`-Funktion, was wiederum einen Abbruch des Programms zur Folge hat. Der `exit()`-Befehl beendet hingegen unmittelbar das komplette Programm. Wenn wir eine derartige Überprüfung hingegen in einer anderen Funktion durchführen, ist es immer empfehlenswert, den `exit()`-Befehl zu verwenden. In diesem Fall würde das `return`-Statement nur die entsprechende Funktion beenden, nicht jedoch das ganze Programm.

In beiden Fällen ist es sinnvoll, den Wert 1 oder besser noch den Ausdruck EXIT_FAILURE anzugeben. Die zweite Alternative ist vorzuziehen, da diese auf allen Plattformen das gewünschte Verhalten hervorruft, während der Wert 1 unter manchen Betriebssystemen zu einem abweichenden Verhalten führen kann. Hierfür müssen wir jedoch noch die Bibliothek **stdlib.h** einbinden. Diese Werte geben an, dass das Programm nicht ordnungsgemäß ausgeführt wurde. Das spielt in unserem Beispiel zwar keine Rolle. Wenn jedoch eine andere Software unser Programm aufruft, kann diese Information wichtig sein. Der folgende Code zeigt, wie wir unser Beispielprogramm mit dem `exit()`-Befehl verlassen:

```
1  #include <stdio.h>
2  #include <stdlib.h>
3  int main () {
4      float wert1, wert2;
5      printf("Geben Sie den ersten Wert ein: ");
6      scanf("%f", &wert1);
7      printf("Geben Sie den zweiten Wert ein: ");
8      scanf("%f", &wert2);
9      if (wert2 == 0){
10         printf("Fehlerhafte Eingabe! Keine Division
11         durch 0 m\x94glich!\n");
12         printf("Auf Wiedersehen!");
13         exit(EXIT_FAILURE);
14     }
15     printf("Ergebnis: %f", wert1/wert2);
16 }
```

■ C:\Users\PC\Documents\c\programme\kap14\fehlerbehandlung2.exe

```
Geben Sie den ersten Wert ein: 4
Geben Sie den zweiten Wert ein: 0
Fehlerhafte Eingabe! Keine Division durch 0 möglich!
Auf Wiedersehen!
Process returned 1 (0x1)   execution time : 3.268 s
Press any key to continue.
```

Abb. 14.4 Der Abbruch des Programms bei einer fehlerhaften Eingabe

Im vorigen Abschnitt haben wir erfahren, dass wir in C auf die Header-Datei **errno.h** zugreifen können, um Fehler zu erkennen und Fehlermeldungen auszugeben. Im Beispiel bei der Division durch 0 war dies nicht möglich, da dieser Fehler hierbei nicht registriert wird. Daher wählen wir nun ein anderes Beispiel aus. Hierfür erstellen wir ein Programm, das einen Wert vom Nutzer abfragt. Daraufhin berechnen wir die Wurzel dieser Zahl mit dem `sqrt()`-Befehl und geben das Ergebnis aus. Wie wir aus dem Mathematikunterricht wissen, ist es bei negativen Zahlen nicht möglich, die Wurzel zu berechnen.

Um diesen Fehler zu behandeln, binden wir zunächst die Datei **errno.h** in unser Programm ein. Nachdem wir die Wurzel berechnet haben, geben wir den Wert der Variablen `errno` aus. Diese müssen wir hierfür nicht deklarieren, da dies bereits in der Datei **errno.h** erfolgt ist. Daher können wir direkt auf sie zugreifen:

```
int main () {
    int wert;
    float ergebnis;
    printf("Geben Sie einen Wert ein: ");
    scanf("%i", &wert);
    ergebnis = sqrt(wert);
    printf("Wert der Variablen errno: %i\n", errno);
    printf("Ergebnis: %f", ergebnis);
    return 0;
}
```

C:\Users\PC\Documents\c\programme\kap14\fehlerbehandlung3.exe

```
Geben Sie einen Wert ein: 5
Wert der Variablen errno: 0
Ergebnis: 2.236068
Process returned 0 (0x0)   execution time : 3.720 s
Press any key to continue.
```

Abb. 14.5 Die Ausgabe bei einem gültigen Wert

Nun probieren wir das Programm aus und geben hierfür zunächst eine positive Zahl ein – also einen gültigen Wert. Abbildung 14.5 zeigt, dass der Wert der Variablen errno hierbei 0 beträgt. Das ist der Wert für eine korrekte Ausführung. Daraufhin führen wir das Programm erneut aus. Dieses Mal geben wir jedoch eine negative Zahl ein. Das Ergebnis ist in Abbildung 14.6 zu sehen. In diesem Fall beträgt der Wert der Variablen `errno` 33. Jede Zahl, die größer als 0 ist, bedeutet, dass es hierbei zu einem Fehler gekommen ist. Die unterschiedlichen Werte stehen für verschiedene Arten von Fehlern.

■ C:\Users\PC\Documents\c\programme\kap14\fehlerbehandlung3.exe

```
Geben Sie einen Wert ein: -5
Wert der Variablen errno: 33
Ergebnis: -1.#IND00
Process returned 0 (0x0)   execution time : 2.163 s
Press any key to continue.
```

Abb. 14.6 Die Ausgabe bei einem fehlerhaften Wert

Diese Eigenschaft können wir uns zunutze machen, indem wir eine entsprechende if-Abfrage in das Programm einfügen, um den Fehler zu behandeln. Wenn der Wert dieser Variablen ungleich 0 ist, geben wir eine entsprechende Meldung aus und brechen das Programm ab:

```
1  if (errno != 0){
2      printf("Fehlerhafte Eingabe!");
3      exit(EXIT_FAILURE);
4  }
```

Darüber hinaus bietet uns diese Variable die Möglichkeit, die Art des Fehlers zu bestimmen. Zu diesem Zweck können wir die Funktion perror() oder strerror() verwenden. Beide Alternativen führen zum gleichen Ergebnis. Die Anwendung weist jedoch einige Unterschiede auf.

Wenn wir die perror()-Funktion aufrufen, wird automatisch die passende Fehlermeldung zum vorhandenen errno-Wert angezeigt. Diesen müssen wir nicht extra angeben. In die Klammer fügen wir eine beliebige Zeichenkette als weitere Nachricht ein. Die perror()-Funktion gibt diese aus, fügt einen Doppelpunkt und ein Leerzeichen hinzu und zeigt schließlich die zum errno-Wert zugehörige Fehlermeldung an:

```
1  perror("Fehlernachricht (mit perror())");
```

Die strerror()-Funktion gibt hingegen eine Zeichenkette mit der entsprechenden Fehlermeldung zurück. Diese können wir dann über einen printf()-Befehl ausgeben. Als Übergabewert müssen wir hierbei die Variable errno verwenden:

```
1  printf("Fehlernachricht (mit strerror()): %s",
2  strerror(errno));
```

In unserem Programm probieren wir nun beide Möglichkeiten aus. Abbildung 14.7 zeigt, dass wir in beiden Fällen die gleiche Nachricht erhalten. Hierbei handelt es sich um einen Domain error. Der Code für dieses Programm sieht dann so aus:

```
1   #include <stdio.h>
2   #include <errno.h>
3   #include <math.h>
4   #include <stdlib.h>
5   int main () {
6       int wert;
7       float ergebnis;
8       printf("Geben Sie einen Wert ein: ");
9       scanf("%i", &wert);
10      ergebnis = sqrt(wert);
11      if (errno != 0){
12          printf("Fehlerhafte Eingabe!\n");
13          perror("Fehlernachricht (mit perror())");
14          printf("Fehlernachricht (mit strerror()): %s",
15          strerror(errno));
16          exit(EXIT_FAILURE);
17      }
18      printf("Wert der Variablen errno: %i\n", errno);
19      printf("Ergebnis: %f", ergebnis);
20      return 0;
21  }
```

```
C:\Users\PC\Documents\c\programme\kap14\fehlerbehandlung3.exe
Geben Sie einen Wert ein: -4
Fehlerhafte Eingabe!
Fehlernachricht (mit perror()): Domain error
Fehlernachricht (mit strerror()): Domain error
Process returned 1 (0x1)   execution time : 2.292 s
Press any key to continue.
```

Abb. 14.7 Die Ausgabe der System-Fehlermeldung

14.4   Semantikfehler: Möglichkeiten für die Korrektur des Programms

Wie bereits in der Einleitung angesprochen, stellen Semantikfehler eine weitere häufige Quelle für Fehlfunktionen dar. In diesem Fall lässt sich das

Programm ausführen und es treten auch keine ungültigen Werte durch Laufzeitfehler auf. Dennoch führt das Programm nicht zum gewünschten Ergebnis.

Die Gründe hierfür können vielfältig sein – häufig handelt es sich um eine Verwechslung von Variablen oder um einen falsch eingesetzten Operator. Wenn es sich um kleine Programme mit wenigen Codezeilen handelt – so wie es in den meisten bisherigen Beispielen in diesem Buch der Fall war – ist es in der Regel sehr leicht, den Fehler zu finden. Wenn es sich jedoch um umfangreiche Programme mit vielen Hundert Codezeilen handelt, kann die Fehlersuche sehr aufwendig sein. Häufig finden hierbei viele interne Berechnungen statt, bei denen dann lediglich das Endergebnis angezeigt wird. Das macht es sehr schwierig, den fehlerhaften Rechenschritt zu identifizieren.

Die klassische Methode, um Semantikfehler aufzuspüren, besteht darin, `printf()`-Befehle für die einzelnen Zwischenergebnisse einzufügen. Auf diese Weise ist der Verlauf deutlich einfacher nachzuvollziehen und es ist möglich, den Fehler zu finden. Diese Vorgehensweise ist jedoch mit einem erheblichen Aufwand verbunden – schließlich ist es notwendig, alle `printf()`-Befehle zunächst einzufügen. Vor der Veröffentlichung des Programms müssen sie dann wieder entfernt werden, was nochmals einen erheblichen Zeitbedarf mit sich bringt.

Um die Fehlersuche zu vereinfachen, bieten die meisten integrierten Entwicklungsumgebungen eine sogenannte Debugging-Funktion an. Diese macht es möglich, das Programm an sogenannten Haltepunkten zu unterbrechen. Dabei werden dann die Werte aller Variablen angezeigt. Das ist für eine schnelle Fehlersuche sehr hilfreich.

Bevor wir mit dieser Aufgabe beginnen, ist es häufig notwendig, den Debugger vorzugeben. Je nach Installation kann es jedoch auch möglich sein, dass dieser bereits korrekt ausgewählt ist. Um die richtige Einstellung vorzunehmen, wählen wir in der Menüleiste „Settings" und daraufhin „Debugger" aus. In der linken Spalte klicken wir dann auf „Default". Im nächsten Schritt wählen wir unter der Bezeichnung „Executable path" die Datei gdb32.exe aus. Diese sollte sich im Installationsverzeichnis von Code::Blocks befinden – in den Unterverzeichnissen **MinGW** und **bin**.

Nach dieser Vorarbeit können wir die Debugging-Funktion nutzen. Dabei ist es jedoch wichtig, zu beachten, dass diese nicht für einzelne Dateien, son-

14

dern nur für Projekte verfügbar ist. Daher erstellen wir ein neues Projekt und geben folgenden Code für das Hauptprogramm vor:

```
1   #include <stdio.h>
2   int main()
3   {
4       int wert1, wert2, ergebnis;
5       printf("Geben Sie Wert 1 ein: ");
6       scanf("%i", &wert1);
7       printf("Geben Sie Wert 2 ein: ");
8       scanf("%i", &wert2);
9       ergebnis = wert1 - wert2;
10      printf("Summe der beiden Werte: %i", ergebnis);
11      return 0;
12  }
```

Dieses Programm soll die Summe der beiden Eingabewerte berechnen. Allerdings liefert es nicht das gewünschte Ergebnis. Bei diesem einfachen Beispiel wird es auf den ersten Blick klar, dass wir statt des Pluszeichens das Minuszeichen verwendet haben. Dennoch soll anhand dieses Codes die Debug-Funktion vorgestellt werden. Hierfür ist es notwendig, einen Haltepunkt einzufügen. Dafür klicken wir einfach mit der Maus in den Bereich rechts neben der Zeilennummer. Daraufhin erscheint ein roter Punkt, so wie dies in Abbildung 14.8 zu sehen ist.

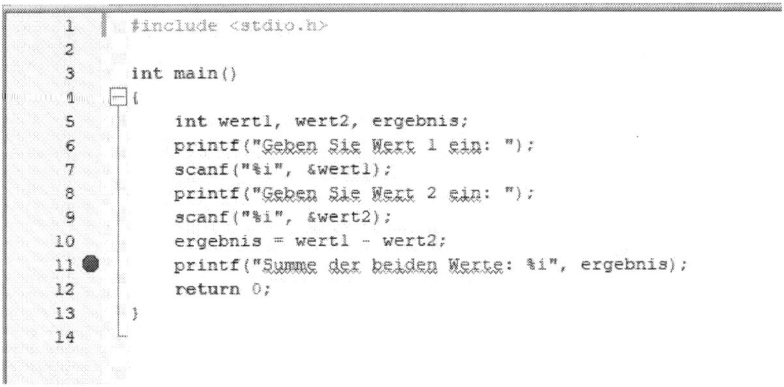

Abb. 14.8 Der Quellcode mit dem Haltepunkt

Um das Programm auszuführen, klicken wir nun nicht mehr auf das grüne Dreieck in der Werkzeugleiste, sondern auf das rote Dreieck. Alternativ dazu können wir auch in der Menüleiste „Debug" und daraufhin „Start/Continue" auswählen oder die Taste F8 betätigen. Daraufhin wird unser Programm bis zu der Zeile ausgeführt, in der wir den Haltepunkt vorgegeben haben.

Wenn wir den Haltepunkt erreicht haben, können wir das Fenster für die Ausführung minimieren. Nun klicken wir in der Menüleiste auf „Debug" und anschließend auf „Debugging windows" und danach auf „Watches". Daraufhin erscheint das Fenster, das in Abbildung 14.9 zu sehen ist. Darin sehen wir alle Variablen mit dem Wert, den sie beim Erreichen des Haltepunkts aufweisen.

Watches		
Function arguments		
⊟ Locals		
wert1	5	
wert2	7	
ergebnis	-2	

Abb. 14.9 Die Werte der Variablen

Hier erkennen wir, dass die Variable `ergebnis` einen falschen Wert aufweist. Daher ist es sinnvoll, deren Zuweisung nochmals zu überprüfen. Dabei stellen wir fest, dass wir hierbei den falschen Operator verwendet haben. Obwohl die Debugging-Funktion bei diesem kleinen Beispiel sicherlich nicht erforderlich ist, zeigt dieses dennoch, wie wir damit Fehler im Programm finden können. Wenn wir die Variablenwerte an diesem Haltepunkt überprüft haben, müssen wir nochmals auf das rote Dreieck klicken oder die F8-Taste betätigen. Daraufhin fährt das Programm – falls vorhanden – bis zum Erreichen des nächsten Haltepunkts oder bis zu seinem Ende fort.

14

Alle Programmcodes aus diesem Buch sind als PDF zum Download verfügbar. Dadurch müssen Sie sie nicht abtippen:
https://bmu-verlag.de/c

Außerdem erhalten Sie die eBook Ausgabe zum Buch im PDF Format kostenlos auf unserer Website:

https://bmu-verlag.de/c
Downloadcode: siehe Kapitel 19

Kapitel 15

Daten dauerhaft in Dateien abspeichern

Wenn wir unsere bisherigen Programme ausgeführt haben, konnten wir dabei zwar zahlreiche Werte eingeben. Sobald wir sie beendet hatten, waren diese Inhalte jedoch unwiederbringlich verloren. Wenn wir nun davon ausgehen, dass wir beispielsweise ein Programm für eine Büroanwendung schreiben, wären damit allerdings erhebliche Probleme verbunden. Muss der Anwender bei jeder Ausführung des Programms alle Daten aufs Neue von Hand eingeben, ist hierfür ein enormer Zeitaufwand erforderlich.

Aus diesem Grund ist es wichtig, dass ein Programm die Möglichkeit bietet, die Daten dauerhaft abzuspeichern. Auf diese Weise stehen die Informationen, die wir einmal eingegeben haben, auch bei jedem weiteren Start zur Verfügung. Das ist eine grundlegende Voraussetzung für fast alle Programme, die in der Praxis zum Einsatz kommen – sei es in einem privaten oder in einem gewerblichen Umfeld.

Um Daten dauerhaft auf dem Computer abzuspeichern, bestehen mehrere Möglichkeiten. In diesem Kapitel befassen wir uns mit *Dateien*. Diese Möglichkeit ist besonders einfach und daher leicht zu erlernen. Allerdings weist sie einige Probleme hinsichtlich der Effizienz bei der Verarbeitung auf. Im nächsten Kapitel lernen wir dann mit den Datenbanken eine weitere Alternative kennen.

15.1 Dateien: eine einfache Möglichkeit für die dauerhafte Datenspeicherung

Eine Datei ist eine abgeschlossene Einheit zusammengehöriger Daten. Auf technischer Ebene handelt es sich hierbei um eine Aneinanderreihung einzelner Bits. Die Interpretation dieser Bits findet durch ein Anwenderprogramm oder direkt durch das Betriebssystem statt.

In unseren bisherigen Beispielen haben wir bereits verschiedene Dateien verwendet. Beispielsweise haben wir unseren Quellcode in C-Dateien verfasst. Dieser enthält reine Textinformationen und lässt sich innerhalb der IDE visualisieren. Danach haben wir die Dateien kompiliert. Dabei entstanden ausführbare Dateien in Maschinensprache. Diese kann das Betriebssystem direkt ausführen. Dateien verfügen über eine bestimmte Endung, die angibt, um welchen Typ es sich hierbei handelt.

Wenn wir Dateien in unserem Programm für die Datenspeicherung verwenden, ist es sinnvoll, diese Informationen in Textform zu hinterlegen. Das stellt eine einfache Auswertung sicher. Hierfür bietet sich das Format .txt an. Allerdings wäre es auf genau die gleiche Weise möglich, die Daten in einer Datei in jedem beliebigen anderen Format abzuspeichern, das die Informationen in reiner Textform hinterlegt – beispielsweise in Dateien mit der Endung .xml, .html oder auch in den bereits von uns verwendeten Formaten .c und .h. Die Endungen beschreiben hier lediglich, auf welche Weise die entsprechenden Informationen aufbereitet werden sollen oder welchen weiteren Verwendungszweck die Datei hat. Um Daten darin zu speichern oder um sie auszulesen, ist es jedoch nicht einmal notwendig, diese Regeln zu beachten. Daher spielt die Dateiendung hierbei eigentlich keine große Rolle. Aus Gründen der Übersichtlichkeit ist es aber dennoch sinnvoll, sich auf die Endung .txt zu beschränken – es sei denn, wir bereiten die Daten nach einem der genannten Systeme auf.

Die Verwendung von Dateien ist nicht allzu effizient. Um eine Information aus der Datei auszuwerten, müssen wir hierfür zunächst alle Werte, die vor ihr stehen, ebenfalls einlesen. Das kann bei langen Dateien viel Zeit in Anspruch nehmen. Daher ist in Programmen, bei denen viel Wert auf eine gute Performance gelegt wird, die Verwendung von Datenbanken sinnvoller. Allerdings bieten Dateien auch Vorteile – beispielsweise wenn man die Informationen später über ein Netzwerk übertragen oder per E-Mail verschicken will.

15.2   Daten in eine Datei schreiben

Zunächst lernen wir, wie wir Daten in eine Datei schreiben können. Um das gleich an einem Beispiel zu verdeutlichen, gestalten wir ein Programm, das es uns erlaubt, unsere nächste Geburtstagsfeier zu planen. Zu diesem Zweck möchten wir eine Schleife gestalten, über die wir beliebig viele Namen mit der zugehörigen Telefonnummer eingeben können. Im Gegensatz zu unseren bisherigen Programmen speichern wir diese Informationen nun jedoch in einer Datei ab.

Im ersten Schritt müssen wir hierfür einen Zeiger auf eine Datenstruktur vom Typ FILE erstellen. Diese definieren wir jedoch nicht selbst. Sie ist bereits in der Datei **stdio.h** vorhanden. Daher können wir einfach den entsprechenden Zeiger erstellen:

```
FILE *datei;
```

Im nächsten Schritt müssen wir die Datei öffnen. Dazu weisen wir dem eben erstellten Zeiger das Ergebnis der Funktion `fopen()` zu. Als Übergabewerte müssen wir hier zum einen den gewünschten Dateinamen angeben. Zum anderen ist es notwendig, einen Modus vorzugeben:

```
datei = fopen ("gaesteliste.txt", "w");
```

Den Namen der Datei können wir hierbei frei wählen. Passend zu unserem Vorhaben nennen wir sie **gaesteliste.txt**. Hierbei ist es nicht notwendig, dass bereits eine Datei mit der entsprechenden Bezeichnung vorhanden ist. Existiert diese noch nicht, erstellt sie unser Programm automatisch. Als Modus wählen wir den Buchstaben w aus. Dieser steht für write und dient demnach dazu, Daten in die Datei zu schreiben.

Wenn wir diese beiden Befehle in eine `main()`-Funktion schreiben, können wir das Programm bereits einmal ausprobieren. Dabei sehen wir zwar bislang keine Ausgabe. Wenn wir jedoch den Ordner öffnen, in dem wir das Programm gespeichert haben, erkennen wir, dass hier nun die Datei **gaesteliste. txt** entstanden ist. Allerdings hat sie bislang keinen Inhalt.

Im nächsten Schritt erstellen wir eine Schleife, in der wir den Namen und die Telefonnummer des entsprechenden Gasts abfragen. Die Schleife soll so lange fortgeführt werden, bis der Anwender den Begriff EXIT eingibt. Da die hierfür notwendige Vorgehensweise bereits bekannt ist, wird dieser Bereich nicht näher erläutert. In unserem ersten Beispiel müssen wir jedoch darauf achten, dass wir den Wert für die Telefonnummer als Zeichenkette und nicht als int-Wert aufnehmen. Der Befehl, den wir in diesem Programm zum Speichern der Daten verwenden, unterstützt nur Zeichenketten. Solange wir keine Berechnungen mit der Zahl durchführen müssen, ist es daher am einfachsten, sie direkt in als String-Variable abzuspeichern.

Nun müssen wir die eingegebenen Werte in die Datei schreiben. Bevor wir hiermit beginnen, ist es jedoch wichtig, sich Gedanken über die Strukturen für die Datenspeicherung zu machen. Es ist notwendig, hierfür eine klare Vorgehensweise zu definieren und diese dann auch konsequent einzuhalten. Tut man dies nicht, ist es später schwierig, die Daten richtig auszulesen. Zu diesem Zweck legen wir fest, dass wir zunächst den Namen und danach die Telefonnummer angeben – jeweils in einer eigenen Zeile. Zwischen jedem zusammengehörigen Block erzeugen wir eine Leerzei-

15

le. Diese macht deutlich, dass nun die Informationen zu einem anderen Gast beginnen.

Im nächsten Schritt können wir damit beginnen, die Daten in die Datei zu schreiben. Hierfür kommen mehrere Befehle infrage. Wir beginnen mit der `fputs()`-Funktion. Diese ist besonders einfach anzuwenden. In die Klammer müssen wir lediglich den Inhalt schreiben, den wir in die Datei einfügen möchten und anschließend den Zeiger, der auf unsere Datei verweist. Den Inhalt müssen wir hierbei stets als Zeichenkette angeben – also entweder direkt als Text in Anführungszeichen oder wie in diesem Beispiel als String-Variable:

```
1   fputs(name, datei);
```

Danach fügen wir auf die gleiche Weise einen Zeilenumbruch, den Wert für die Telefonnummer und zwei weitere Zeilenumbrüche ein. Das sorgt dafür, dass die Daten nach der eben beschriebenen Struktur in der Datei abgespeichert werden. Nach der Schleife wenden wir noch den `fclose()`-Befehl auf unsere Datei an. Damit ist das Programm bereits abgeschlossen:

```
1   #include <stdio.h>
2   #include <stdbool.h>
3   #include <string.h>
4   int main () {
5       FILE *datei;
6       datei = fopen ("gaesteliste.txt", "w");
7       char name[20];
8       char tel[20];
9       while (true){
10          printf("Geben Sie einen Namen ein oder EXIT,
11          um das Programm zu verlassen: ");
12          scanf("%s", name);
13          if (strcmp("EXIT", name) == 0){
14              break;
15          }
16          printf("Geben Sie die Telefonnummer ein: ");
17          scanf("%s", tel);
18          fputs(name, datei);
19          fputs("\n", datei);
20          fputs(tel, datei);
21          fputs("\n", datei);
22          fputs("\n", datei);
23          fclose(datei);
24      }
25      return 0;
26  }
```

```
C:\Users\PC\Documents\c\programme\kap15\dateiSchreiben.exe
Geben Sie einen Namen ein oder EXIT, um das Programm zu verlassen: Robert
Geben Sie die Telefonnummer ein: 234324
Geben Sie einen Namen ein oder EXIT, um das Programm zu verlassen: Michael
Geben Sie die Telefonnummer ein: 82123214
Geben Sie einen Namen ein oder EXIT, um das Programm zu verlassen: Ines
Geben Sie die Telefonnummer ein: 126412
Geben Sie einen Namen ein oder EXIT, um das Programm zu verlassen: EXIT

Process returned 0 (0x0)   execution time : 32.409 s
Press any key to continue.
```

Abb. 15.1 Die Eingabe der Werte

Abbildung 15.1 zeigt, dass wir nun über unser Programm die entsprechenden Informationen eingeben können. Wichtiger ist es jedoch, im Ordner unseres Programms nachzuschauen, was aus der Datei geworden ist. Wenn wir sie öffnen, sehen wir, dass hier wie es in Abbildung 15.2 zu erkennen ist, nun unsere Namen und Telefonnummern nach der vorgegebenen Struktur enthalten sind.

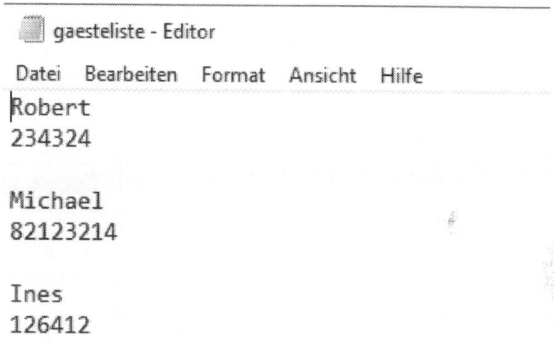

gaesteliste - Editor

Datei   Bearbeiten   Format   Ansicht   Hilfe

Robert
234324

Michael
82123214

Ines
126412

Abb. 15.2 Die Datei mit unseren Werten

Dieses Programm funktioniert bereits einwandfrei. Allerdings sollen nun noch einige Alternativen zum `fputs()`-Befehl vorgestellt werden. Zum einen ist es möglich, den `fputc()`-Befehl zu nutzen. Dieser dient dazu, einzelne Buchstaben oder Symbole in die Datei zu schreiben. Eine weitere Möglichkeit stellt der Befehl `fprintf()` dar. Hierbei müssen wir beachten, dass wir in diesem Fall zuerst die Datei und erst danach den Inhalt einfügen müssen. Wenn wir beispielsweise den Namen in die Datei schreiben möchten, wäre folgender Befehl notwendig:

```
1   fprintf(datei, name);
```

Darüber hinaus ist es möglich, die gleiche Formatierung wie beim `printf()`-Befehl zu verwenden. Auf diese Weise können wir nicht nur Zahlen und andere Werte in die Datei schreiben, ohne sie zuvor in eine Zeichenkette umzuwandeln. Darüber hinaus ist es möglich, mehrere Einträge in einem Befehl zusammenzufassen. Wenn wir beispielsweise beide Variablen und alle zugehörigen Zeilenumbrüche in die Datei schreiben möchten, können wir das mit nur einem Befehl erledigen:

```
1   fprintf(datei, "%s\n%i\n\n", name, tel);
```

Anmerkung: In diesem Beispiel fügen wir die Telefonnummer als `int`-Wert ein. Hierfür ist es selbstverständlich notwendig, die Variable zuvor entsprechend zu deklarieren und über den `scanf()`-Befehl als Zahl aufzunehmen.

Nachdem wir das Programm einmal ausgeführt haben, möchten wir weitere Gäste zu unserer Liste hinzufügen. Daher führen wir das Programm erneut aus. Wenn wir daraufhin die Liste betrachten, erkennen wir jedoch, dass nun nur noch die neuen Einträge enthalten sind. Das liegt daran, dass der Modus `w` dafür sorgt, dass alle vorhandenen Inhalte vor dem Schreiben gelöscht werden. Möchten wir diese jedoch übernehmen und die neuen Einträge daran anhängen, müssen wir den Buchstaben `a` (für append) verwenden.

15.3   Daten aus einer Datei auslesen

Nachdem wir unsere Daten in einer Datei gespeichert haben, ist es sinnvoll, auch ein Programm zu entwickeln, um sie wieder auszulesen. Auch hierfür gibt es wieder mehrere Möglichkeiten, die wir nacheinander vorstellen. Unabhängig davon, welche konkreten Befehle wir zum Auslesen der Daten verwenden, müssen wir jedoch wieder einen Zeiger zu unserer Datei erstellen. Dieses Mal verwenden wir den Modus `r` für read.

Im ersten Beispiel verwenden wir den Befehl `fgets()` zum Auslesen der Werte. Dieser liest eine Zeile unseres Dokuments ein. Er beginnt dabei mit der ersten Zeile. Wenn wir ihn erneut aufrufen, fährt er mit der nächsten Zeile fort. Hat er das Ende des Dokuments erreicht, gibt er einen `NULL`-Zeiger zurück – also einen Zeiger ohne konkrete Adresse.

Diese Eigenschaft machen wir uns zunutze, um festzulegen, wie viele Zeilen wir einlesen müssen. Da wir nicht wissen können, wie viele Zeilen unser Dokument umfasst, müssen wir das Programm so gestalten, dass es automatisch am Ende der Datei mit dem Lesevorgang aufhört. Daher erstellen wir eine while-Schleife mit folgender Bedingung:

```
1   while (fgets(eingabe, 20, datei) != NULL)
```

Hierbei rufen wir in der Bedingung den fgets()-Befehl auf. Dieser benötigt als Übergabewert eine Zeichenkette, in der er die Ergebnisse abspeichert. Diese müssen wir selbstverständlich zuvor deklarieren. Danach steht die Maximalgröße für die Eingabe. Da wir bereits beim Schreiben der Daten mit Zeichenketten mit einer Maximalgröße von 20 Zeichen gearbeitet haben, können wir diesen Wert auch hier übernehmen. Der dritte Übergabewert ist der Zeiger auf unsere Datei.

Diese Funktion gibt normalerweise einen Zeiger auf die gleiche Zeichenkette zurück, die wir für die Aufnahme des Werts verwenden. Wenn wir jedoch das Ende der Datei erreicht haben oder wenn hierbei ein Fehler aufgetreten ist, erhalten wir einen NULL-Zeiger zurück. Daher können wir diesen Wert verwenden, um die Abbruchbedingung der Schleife festzulegen. In der Schleife geben wir dann lediglich den Wert der Zeichenkette eingabe aus. Nach der Schleife schließen wir die Datei wieder. Damit ist unser erstes Programm zum Auslesen einer Datei abgeschlossen. Abbildung 15.3 zeigt, dass das Programm nun die eingegebenen Namen und Telefonnummern ausgibt – genau so, wie sie sich zum Zeitpunkt der Ausführung in unserer Datei befinden.

```
1    #include <stdio.h>
2    #include <stdbool.h>
3    #include <string.h>
4    int main () {
5        FILE *datei;
6        datei = fopen ("gaesteliste.txt", "r");
7        char eingabe[20] = "";
8        while (fgets(eingabe, 20, datei) != NULL){
9            printf("%s", eingabe);
10       }
11       fclose(datei);
12       return 0;
13   }
```

15

```
C:\Users\PC\Documents\c\programme\kap15\dateiLesen.exe
Robert
234324

Michael
82123214

Ines
126412


Process returned 0 (0x0)   execution time : 0.129 s
Press any key to continue.
```

Abb. 15.3 Die Ausgabe der Gästeliste

Auf diese Weise können wir nicht nur die Gäste direkt ausgeben. Wenn wir im Verlauf des Programms noch weitere Aktionen mit unserer Gästeliste durchführen wollen, ist es notwendig, die Einträge auch in einer Variablen zu speichern, um sie später wiederverwenden zu können. Hierfür ist es sinnvoll, eine Struktur zu erstellen, die den Namen und die Telefonnummer aufnimmt:

```
1  struct gast {
2      char name[20];
3      char tel[20];
4  };
```

Um die einzelnen Einträge aufzunehmen, ist es sinnvoll, sie gemeinsam abzuspeichern. Das Problem besteht hierbei jedoch darin, dass wir nicht wissen können, wie viele Einträge in unserer Datei vorhanden sind. Für diese Anwendung würde sich eigentlich eine Liste anbieten – ähnlich wie wir sie in Kapitel 13 implementiert haben. In diesem Beispiel haben wir jedoch eine Liste gestaltet, die ausschließlich der Aufnahme von int-Werten diente. Wenn wir darin unsere Struktur aus Namen und Telefonnummer abspeichern möchten, wären hierfür größere Anpassungen notwendig. Daher entscheiden wir uns in diesem Beispiel für ein Array. Allerdings ist es hierbei notwendig, die Größe an die Zahl der Einträge anzupassen.

Aus diesem Grund müssen wir die komplette Schleife etwas verändern. Zum einen fügen wir einen Zähler mit der Bezeichnung anzahl ein, der angibt, wie viele Gäste unsere Liste enthält. Bei jedem Durchgang weisen wir dem

Array mit dem `realloc()`-Befehl den benötigten Speicherplatz zu – entsprechend der Anzahl, die wir ermittelt haben. Lediglich im ersten Durchgang – wenn der Zähler noch auf 0 steht, nutzen wir den `malloc()`-Befehl.

Der Zähler soll die Anzahl der einzelnen Datensätze erfassen. Daher ist es notwendig, dass wir in jedem Durchgang auch einen kompletten Datensatz einlesen – also einen Namen, die zugehörige Telefonnummer und die Leerzeile, die die Trennung zum nächsten Eintrag darstellt. Daher müssen wir zwei weitere `fgets()`-Befehle in die Schleife einfügen. Nachdem wir den Namen und die Telefonnummer eingelesen haben, speichern wir diese Werte direkt in der entsprechenden Struktur ab. Die `while`-Schleife sieht dann so aus:

```
 1  while (fgets(eingabe, 20, datei) != NULL){
 2      if (anzahl == 0){
 3          gaesteliste = malloc (sizeof(struct gast));
 4      }
 5      else {
 6          gaesteliste = realloc(gaesteliste, (anzahl + 1)
 7              * sizeof(struct gast));
 8      }
 9      strcpy(gaesteliste[anzahl].name, eingabe);
10      fgets(eingabe, 20, datei);
11      strcpy(gaesteliste[anzahl].tel, eingabe);
12      fgets(eingabe, 20, datei);
13      anzahl++;
14  }
```

Nachdem wir die gesamte Datei eingelesen haben, können wir die Werte dann in einer `for`-Schleife ausgeben. Die Ausgabe ist dabei identisch wie in unserem letzten Beispiel. Allerdings können wir die Werte nun weiterhin verwenden, wenn wir sie im weiteren Verlauf des Programms nochmals benötigen sollten. Das komplette Programm sieht dann so aus:

```
 1  #include <stdio.h>
 2  #include <stdlib.h>
 3  #include <string.h>
 4  struct gast {
 5      char name[20];
 6      char tel[20];
 7  };
 8  int main () {
 9      FILE *datei;
10      datei = fopen ("gaesteliste.txt", "r");
11      char eingabe[20] = "";
12      int anzahl = 0;
13      struct gast *gaesteliste;
```

```
14      while (fgets(eingabe, 20, datei) != NULL){
15          if (anzahl == 0){
16              gaesteliste = malloc (sizeof(struct gast));
17          }
18          else {
19              gaesteliste = realloc(gaesteliste, (anzahl + 1)
20                  * sizeof(struct gast));
21          }
22          strcpy(gaesteliste[anzahl].name, eingabe);
23          fgets(eingabe, 20, datei);
24          strcpy(gaesteliste[anzahl].tel, eingabe);
25          fgets(eingabe, 20, datei);
26          anzahl++;
27      }
28      for (int i = 0; i < anzahl; i++){
29          printf("%s%s\n", gaesteliste[i].name, gaesteliste[i].
30          tel);
31      }
32      fclose(datei);
33      return 0;
34  }
```

Eine weitere Alternative besteht darin, den Befehl `fscanf()` zu verwenden. Dieser funktioniert sehr ähnlich wie der `scanf()`-Befehl – lediglich mit dem Unterschied, dass wir Daten aus unterschiedlichen Quellen verwenden können – beispielsweise aus einer Datei. Daher müssen wir zunächst angeben, woher die Werte stammen, die wir einlesen möchten. In unserem Beispiel müssen wir daher wieder den Zeiger auf die Datei übermitteln. Danach fügen wir eine Zeichenkette mit den entsprechenden Platzhaltern ein und anschließend die Variablen, in denen wir die Werte aufnehmen möchten.

Dabei müssen wir beachten, dass sich das Verhalten dieses Befehls vom `fgets()`-Befehl in mehreren Details unterscheidet. Beispielsweise liest der `fscanf()`-Befehl immer nur ein einzelnes Wort bis zum nächsten Leerzeichen ein. Außerdem nimmt er keine Zeilenumbrüche auf. Daher müssen wir diese dann bei der Ausgabe selbst hinzufügen. Darüber hinaus wertet er keine Leerzeilen aus. Wenn eine Leerzeile auftritt, springt er automatisch zur nächsten Zeile weiter. Daher müssen wir für unsere Leerzeile in diesem Fall keinen eigenen Befehl einfügen. Ein weiterer wichtiger Unterschied besteht darin, dass wir hierbei beim Erreichen des Dateiendes keinen NULL-Zeiger zurückerhalten, sondern das Symbol EOF. Dieses steht für End of File und ist ein spezielles ASCII-Symbol. Daher müssen wir die Bedingung für den Abbruch der Schleife entsprechend anpassen.

Die Verwendung der `fscanf()`-Funktion bietet sich in erster Linie dann an, wenn wir Zahlen einlesen möchten. In diesem Fall können wir diese direkt in einer passenden Variablen aufnehmen und müssen hierfür keine Zeichenketten verwenden. Daher ändern wir nun das Programm so ab, dass es die Telefonnummer in einem `int`-Wert speichert. Wir lesen nun alle Werte mit `fscanf()`-Befehlen ein. Auch hierbei ändert sich die Ausgabe im Vergleich zu den zwei letzten Beispielen nicht.

```
#include <stdio.h>
#include <stdlib.h>
#include <string.h>
struct gast {
    char name[20];
    int tel;
};
int main () {
    FILE *datei;
    datei = fopen ("gaesteliste.txt", "r");
    char eingabe1[20] = "";
    int eingabe2;
    int anzahl = 0;
    struct gast *gaesteliste;
    while (fscanf(datei, "%s", eingabe1) != EOF){
        if (anzahl == 0){
            gaesteliste = malloc (sizeof(struct gast));
        }
        else {
            gaesteliste = realloc(gaesteliste, (anzahl + 1)
            * sizeof(struct gast));
        }
        strcpy(gaesteliste[anzahl].name, eingabe1);
        fscanf(datei, "%i", &eingabe2);
        gaesteliste[anzahl].tel = eingabe2;
        anzahl++;
    }
    for (int i = 0; i < anzahl; i++){
        printf("%s\n%i\n \n", gaesteliste[i].name,
        gaesteliste[i].tel);
    }
    fclose(datei);
    return 0;
}
```

Darüber hinaus gibt es noch einen weiteren Befehl, mit dem wir Werte aus einer Datei auslesen können. Die `fgetc()`-Funktion erlaubt es uns, einzelne Buchstaben beziehungsweise Symbole aufzunehmen. In den meisten Fällen ist die Verwendung jedoch etwas komplizierter, sodass wir hierauf an dieser Stelle nicht näher eingehen.

15.4 Übungsaufgabe: mit Dateien arbeiten

1. Gestalten Sie ein Programm, das ein Array mit vier ganzen Zahlen enthält. Beim Ausführen soll das Programm diese Zahlen in eine Datei schreiben – jede von ihnen in eine eigene Zeile. Als Ausgabe ist lediglich eine kurze Erfolgsmeldung nach dem Schreibprozess notwendig.

2. Schreiben Sie ein Programm, das die in Aufgabe 1 erstellte Datei ausliest. Sie soll alle Zahlen des Dokuments aufnehmen und daraufhin deren doppelten Wert auf dem Bildschirm ausgeben. Das Programm soll dabei jedoch nicht auf Dateien mit vier Zahlen beschränkt sein, sondern beliebig viele Werte auswerten können.

3. Schreiben Sie ein Programm, das es dem Anwender bei der Ausführung erlaubt, aus zwei verschiedenen Aktionen auszuwählen: einen neuen Nutzer hinzufügen oder sich anzumelden. Beide Aufgaben sollen in separaten Funktionen erledigt werden. Fragen Sie im ersten Fall den Nutzernamen und ein Passwort ab. Das Programm soll dann in einer weiteren Funktion überprüfen, ob der Nutzername bereits existiert und in diesem Fall eine entsprechende Nachricht ausgeben. Ist der gewählte Namen noch frei, soll das Programm die Informationen in einer Textdatei abspeichern. Dabei sollen der Nutzername und das Passwort jeweils in einer eigenen Zeile stehen. Nach jedem Block folgt eine Leerzeile. Sollten bereits Einträge in der Datei vorhanden sein, sollen diese nicht überschrieben werden. Wenn der Anwender sich anmelden will, soll das Programm seinen Nutzernamen und sein Passwort abfragen. Findet es eine Übereinstimmung in der Datei, soll es eine Erfolgsmeldung ausgeben. Ist kein entsprechender Eintrag vorhanden, soll es den Anwender informieren, dass keine Anmeldung möglich ist.

Anmerkung: Für die Musterlösung wurden die Befehle `fputs()` und `fgets()` verwendet. Es steht Ihnen jedoch auch frei, für die Umsetzung `fscanf()` und `fprintf()` zu nutzen.

Lösungen:

1.

```
#include <stdio.h>
int main () {
    int array[] = {4, 7, 15, 3};
    FILE *datei;
    datei = fopen ("zahlen.txt", "w");
    for (int i = 0; i < 4; i++){
        fprintf(datei, "%i\n", array[i]);
    }
    printf("Daten erfolgreich in die Datei geschrieben.");
    fclose(datei);
    return 0;
}
```

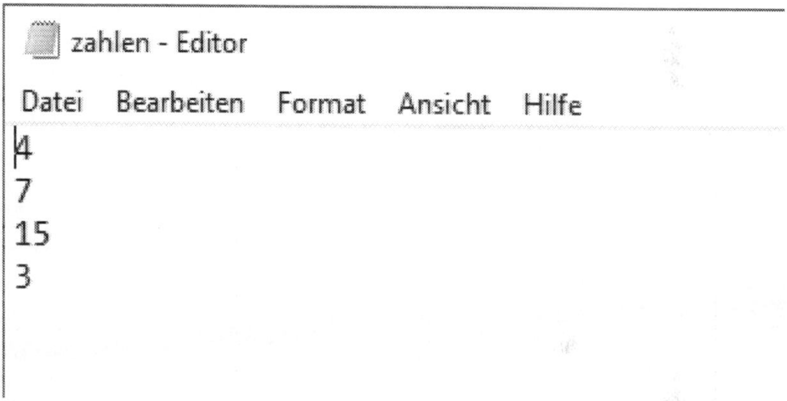

zahlen - Editor

Datei   Bearbeiten   Format   Ansicht   Hilfe

4
7
15
3

Abb. 15.4 Die Zahlen in der Textdatei

2.

```
#include <stdlib.h>
#include <string.h>
int main () {
    FILE *datei;
    datei = fopen ("zahlen.txt", "r");
    int eingabe;
    while (fscanf(datei, "%i", &eingabe) != EOF){
        printf("%i\n", eingabe * 2);
    }
    fclose(datei);
    return 0;
}
```

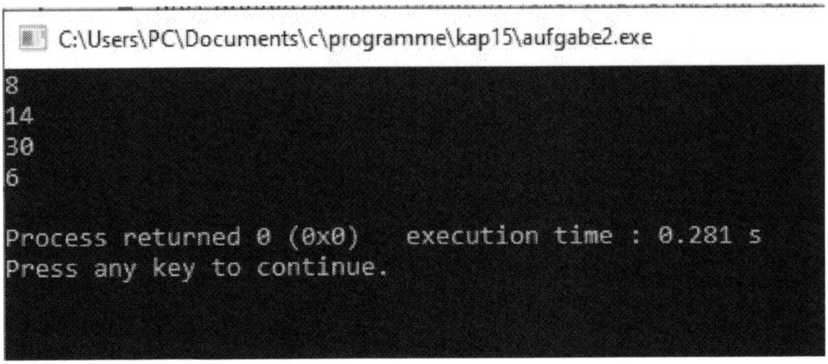

Abb. 15.5 Die Ausgabe der Zahlen im Programm

3.

```
1   #include <stdio.h>
2   #include <stdlib.h>
3   #include <string.h>
4   #include <stdbool.h>
5   bool nutzernameVergeben(char nutzername[20]){
6       FILE *datei;
7       datei = fopen ("anmeldedaten.txt", "r");
8       strcat(nutzername, "\n");
9       char eingabe[20];
10      while (fgets(eingabe, 20, datei) != NULL){
11          if (strcmp(eingabe, nutzername) == 0){
12              return true;
13          }
14      }
15      return false;
16  }
17  void datenEingeben (){
18      char nutzername[20];
19      char passwort[20];
20      printf("Geben Sie einen Benutzernamen ein: ");
21      scanf("%s", nutzername);
22      printf("Geben Sie ein Passwort ein: ");
23      scanf("%s", passwort);
24      if (!nutzernameVergeben(nutzername)){
25          FILE *datei;
26          datei = fopen ("anmeldedaten.txt", "a");
27          fputs(nutzername, datei);
28          fputs("\n", datei);
29          fputs(passwort, datei);
30          fputs("\n", datei);
31          fputs("\n", datei);
32          printf("Registrierung erfolgreich!\n\n");
33          fclose(datei);
```

```
34          }
35      else {
36          printf("Nutzername bereits vergeben!\n\n");
37      }
38  }
39  void datenPruefen (){
40      FILE *datei;
41      datei = fopen ("anmeldedaten.txt", "r");
42      char nutzername[20];
43      char passwort[20];
44      printf("Geben Sie Ihren Benutzernamen ein: ");
45      scanf("%s",nutzername);
46      strcat(nutzername, "\n");
47      printf("Geben Sie Ihr Passwort ein: ");
48      scanf("%s",passwort);
49      strcat(passwort, "\n");
50      char eingabe[20];
51      bool angemeldet = false;
52      while (fgets(eingabe, 20, datei) != NULL){
53          if (strcmp(eingabe, nutzername) == 0){
54              fgets(eingabe, 20, datei);
55              if (strcmp(eingabe, passwort) == 0){
56                  printf("Erfolgreich angemeldet!");
57                  angemeldet = true;
58                  break;
59              }
60              else {
61                  fgets(eingabe, 20, datei);
62                  continue;
63              }
64          }
65          else {
66              fgets(eingabe, 20, datei);
67              fgets(eingabe, 20, datei);
68          }
69      }
70      if (!angemeldet){
71          printf("Eingegebene Daten sind ung\x811tig!");
72      }
73  }
74  int main () {
75      int eingabe;
76      printf("W\x84hlen Sie eine der folgenden Optionen aus:\n");
77      printf("Neuen Nutzer hinzuf\x81gen: 1\n");
78      printf("Anmelden: 2\n");
79      scanf("%i", &eingabe);
80      switch (eingabe){
81      case 1:
82          datenEingeben();
83          break;
84      case 2:
85          datenPruefen();
86          break;
87      default:
```

15

```
88          printf("Ung\x81ltiger Wert!");
89          break;
90      }
91      return 0;
92  }
```

C:\Users\PC\Documents\c\programme\kap15\aufgabe3.exe

```
Wählen Sie eine der folgenden Optionen aus:
Neuen Nutzer hinzufügen: 1
Anmelden: 2
1
Geben Sie einen Benutzernamen ein: userXYZ
Geben Sie ein Passwort ein: abc123
Registrierung erfolgreich!


Process returned 0 (0x0)    execution time : 12.429 s
Press any key to continue.
```

Abb. 15.6 Der Programmablauf bei einer neuen Registrierung

C:\Users\PC\Documents\c\programme\kap15\aufgabe3.exe

```
Wählen Sie eine der folgenden Optionen aus:
Neuen Nutzer hinzufügen: 1
Anmelden: 2
2
Geben Sie Ihren Benutzernamen ein: userX
Geben Sie Ihr Passwort ein: abc123
Erfolgreich angemeldet!
Process returned 0 (0x0)    execution time : 8.707 s
Press any key to continue.
```

Abb. 15.7 Der Programmablauf bei einer erfolgreichen Anmeldung

Alle Programmcodes aus diesem Buch sind als PDF zum
Download verfügbar. Dadurch müssen Sie sie nicht abtippen:
https://bmu-verlag.de/c

Außerdem erhalten Sie die eBook Ausgabe zum Buch im
PDF Format kostenlos auf unserer Website:

https://bmu-verlag.de/c
Downloadcode: siehe Kapitel 19

Kapitel 16

Datenbanken in das Programm einbinden

Neben Dateien stellt die Verwendung von *Datenbanken* eine weitere Möglichkeit für die dauerhafte Datenspeicherung dar. Hierbei weist die Organisation der Daten und damit auch deren Handhabung große Unterschiede zur Nutzung von Dateien auf. Insbesondere bei größeren Datensätzen bieten sie einen deutlich effizienteren Zugriff. Daher ist die Verwendung von Datenbanken bei umfangreichen Programmen sehr zu empfehlen.

16.1 Was ist eine Datenbank und welche Vorteile bietet sie?

Eine Datenbank ist ein Ordnungs- und Verwaltungssystem für die Speicherung von Informationen. Sie besteht aus zwei unterschiedlichen Ebenen. Zum einen gibt es die physische Speicherebene. Diese enthält alle Daten, die wir in der Datenbank ablegen. Zum anderen ist ein *Datenbankmanagementsystem* (DBMS) erforderlich. Dieses ist für die Verwaltung und für die Organisation der Zugriffe auf das System verantwortlich. Bei der Verwendung von Dateien mussten wir uns selbst um die Anordnung der Daten kümmern. Sie wurden genau in der Reihenfolge, die wir selbst vorgegeben haben, auf der Festplatte abgespeichert. Bei der Verwendung von Datenbanken verwendet das DBMS jedoch ein eigenes Ordnungssystem. Das bedeutet, dass die Daten auf der physischen Speicherebene häufig eine andere Reihenfolge aufweisen, als wir sie in unserem Programm abspeichern.

Wie die Daten auf der Festplatte abgespeichert sind, ist hierbei jedoch unerheblich. Unser Programm kommuniziert ausschließlich mit dem DBMS. Welche Struktur dieses für die Speicherung der Werte verwendet, ist für uns ohne Bedeutung. Das DBMS liefert uns immer genau die Werte, die wir benötigen. Wenn wir mit unserem Programm auf eine externe Datenbank zugreifen, überprüft diese Software außerdem bei jeder Anfrage die Zugangsberechtigung.

Es wurde bereits gesagt, dass unsere Programme mit dem DBMS kommunizieren, um Werte abzurufen oder in der Datenbank zu speichern. Hierfür ist eine spezielle Datenbanksprache erforderlich. Das stellt einen der wesentlichen Gründe dar, weshalb viele Programmieranfänger keine Datenbanken verwenden möchten. Zwar stimmt es, dass für das Erlernen der Datenbanksprache ein zusätzlicher Aufwand notwendig ist. Allerdings ist dieser deutlich geringer, als es auf den ersten Blick erscheint. Deren Umfang ist wesentlich geringer als bei einer Programmiersprache. Es sind nur vergleichsweise wenige Befehle notwendig, um die wichtigsten Funktionen abzurufen. Außerdem ist die Komplexität dabei recht gering.

Die Verwendung von Datenbanken bietet zahlreiche Vorteile. Beispielsweise macht sie es deutlich einfacher, einen einzelnen Wert abzurufen oder diesen einzufügen. Bei der Verwendung von Dateien ist es hierbei häufig notwendig, den kompletten Datensatz einzulesen, auszuwerten und gegebenenfalls zu modifizieren und daraufhin wieder in die Datei zu schreiben. Das bringt nicht nur einen erheblichen Programmieraufwand mit sich. Darüber hinaus verbrauchen diese Vorgänge viel Rechenkapazität. Daher sind die entsprechenden Programme nicht allzu effizient.

Ein weiterer Vorteil der Datenbank besteht in einer höheren Sicherheit. Wenn wir einen Wert abrufen oder einen Eintrag hinzufügen oder verändern möchten, überprüft das DBMS, ob wir dazu berechtigt sind. Das verhindert einen unbefugten Zugriff. Darüber hinaus gibt es Systeme, die die Daten automatisch verschlüsseln. Das sorgt für einen besonders guten Schutz.

Auch wenn mehrere Anwender zeitgleich an einem Datensatz arbeiten, ist die Verwendung von Datenbanken zu empfehlen. Wenn zwei Nutzer gleichzeitig auf eine Datei zugreifen und Veränderungen daran vornehmen, kommt es hierbei häufig zu Konflikten. Das kann wiederum dazu führen, dass Informationen verloren gehen. Wenn wir hingegen Datenbanken verwenden, kann das DBMS auch mehrere Anfragen unterschiedlicher Anwender zeitgleich verarbeiten.

16.2 SQLite: gut geeignet für C-Programme

Wie bereits beschrieben, benötigen wir für die Verwendung von Datenbanken ein Datenbankmanagementsystem. Hierbei handelt es sich um eine Software, die wir auf unserem Rechner installieren können und die danach unsere Datenbankabfragen verwaltet. Für eine derartige Software gibt es mehrere Möglichkeiten. Daher besteht der erste Schritt darin, ein geeignetes DBMS auszuwählen.

In diesem Buch arbeiten wir mit SQLite. Dieses DBMS bietet mehrere Vorteile. Beispielsweise müssen wir für die Verwendung keine Lizenzgebühren

16

bezahlen. Außerdem eignet es sich hervorragend für die Interaktion mit C-Programmen. Darüber hinaus ist diese Software einfach zu installieren und anzuwenden. Bei allen gängigen Linux-Versionen und auch bei den neueren Ausführungen von MacOS ist SQLite außerdem bereits vorinstalliert. Das macht die Anwendung besonders einfach.

Darüber hinaus verwendet SQLite ein relationales Datenbankmodell. Das Datenbankmodell beschreibt, auf welche Weise die Informationen innerhalb der Datenbank organisiert sind. *Relationale Datenbanken* beruhen auf der Verwendung von Tabellen. Diese Struktur ist nicht nur einfach zu verstehen. Darüber hinaus handelt es sich hierbei um das am häufigsten verwendete Datenbankmodell. Daher fällt bei Bedarf der Umstieg auf ein anderes DBMS leicht. Dazu trägt außerdem bei, dass SQLite SQL als Datenbanksprache verwendet. Diese Sprache ist ausgesprochen weit verbreitet. Daher können wir die Befehle, die wir hier erlernen, auch für viele weitere Datenbankmanagementsysteme verwenden.

Bei SQLite handelt es sich um ein *eingebettetes Datenbanksystem*. Das bedeutet, dass unser Programm direkt das Datenbanksystem mitliefert. Daher muss sich der Anwender nicht selbst um die Installation kümmern. Das stellt eine einfache Nutzungsweise sicher.

16.3   Eine Datenbank in das Programm einbinden

Da es sich bei SQLite sich um eine eingebettete Datenbank handelt, müssen wir hierbei das Datenbankmanagementsystem direkt zu unserem Programm hinzufügen. Das bringt den Vorteil mit sich, dass der Anwender das Programm einfach aufrufen kann, ohne dass es notwendig ist, zuvor selbst ein entsprechendes Datenbanksystem zu installieren. Das bedeutet jedoch, dass wir die hierfür notwendigen Bibliotheken in jedes Programm einbinden müssen, in dem wir eine Datenbank verwenden möchten.

Zu diesem Zweck müssen wir zunächst die erforderlichen Dateien herunterladen. Dazu öffnen wir folgenden Link:

https://bmu-verlag.de/c5

Hier finden wir viele verschiedene Dateien, die wir herunterladen können. Recht weit oben auf der Seite entdecken wir unter der Überschrift Source Code folgenden Eintrag: sqlite-amalgamation-3300100.zip. Abbildung 16.1 zeigt den richtigen Download-Link. Die Nummern können sich hierbei jedoch mit dem Erscheinen neuer Versionen verändern.

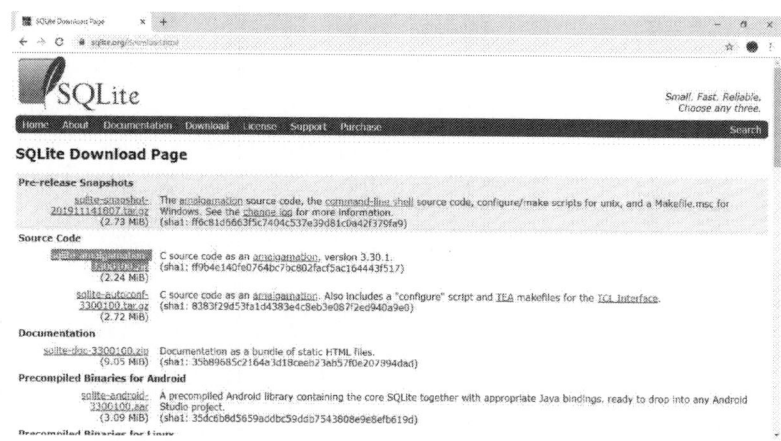

Abb. 16.1 Der Download der SQLite-Dateien

Auf diese Weise erhalten wir einen Zip-Ordner. Diesen können wir nun in einem beliebigen Verzeichnis entpacken. Dadurch erhalten wir folgende Dateien:

▸ shell.c
▸ sqlite3.c
▸ sqlite3.h
▸ sqlite3ext.h

Um eine SQLite-Datenbank in unser Programm zu integrieren, benötigen wir jedoch nur die Dateien **sqlite3.c** und **sqlite3.h**. Um diese einzubinden, gibt es verschiedene Möglichkeiten. Zum einen können wir die Dateien direkt einbinden. Dazu gestalten wir ein entsprechendes Modul, so wie wir dies in Kapitel 9 gelernt haben.

Zu diesem Zweck erstellen wir ein neues Projekt in der IDE. Dabei entsteht ein neuer Ordner. In diesen kopieren wir daraufhin die Dateien **sqlite3.c** und **sqlite3.h**. Im nächsten Schritt müssen wir diese Dateien zu unserem Projekt hinzufügen. Dazu klicken wir in der linken Spalte mit der rechten Maustaste auf den Namen unseres Projekts. Im Kontextmenü, das sich daraufhin öffnet, wählen wir „Add files" aus, so wie dies in Abbildung 16.2 zu sehen ist.

16

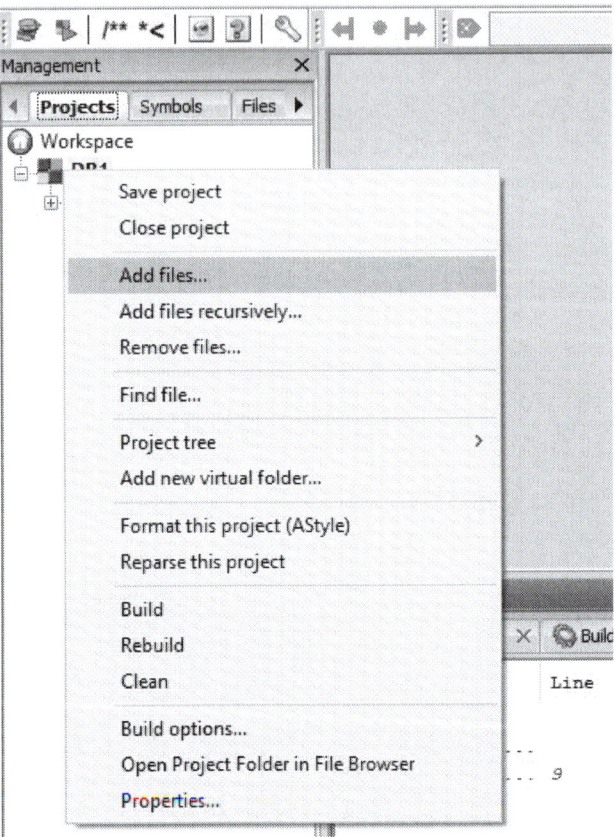

Abb. 16.2 Das Hinzufügen einer Datei zum Projekt

Nun öffnet sich ein weiteres Fenster, das den Inhalt unseres Projektord-
ners anzeigt. Hier wählen wir die Datei **sqlite3.c** aus. Daraufhin wiederholen wir den gesamten Vorgang für die Datei **sqlite3.h**. Um diese Datei-
en zu verwenden, müssen wir dann im Hauptprogramm den Befehl
`#include "sqlite3.h"` einfügen.

Im nächsten Schritt können wir im Hauptprogramm unsere erste Daten-
bankanwendung schreiben. Zu diesem Zweck binden wir zunächst die Datei
sqlite3.h ein. In der `main()`-Funktion erstellen wir dann einen Zeiger auf
unsere Datenbank, die wir mit dem Begriff `sqlite3` aufrufen. Dieser Datentyp ist in den Dateien, die wir eingebunden haben bereits definiert, sodass
wir diesen einfach übernehmen können. Die entsprechende Codezeile sieht
dann so aus:

```
1  sqlite3 *db;
```

Daraufhin öffnen wir unsere Datenbank mit dem Befehl `sqlite3_open()`. Dazu geben wir als Übergabewerte zunächst einen Namen für die Datenbank vor. Hierfür wählen wir einen beliebigen Dateinamen. Wichtig ist es, darauf zu achten, dass dieser die Endung .db verwendet. Wenn bereits eine Datenbank mit der entsprechenden Bezeichnung besteht, öffnet unser Programm diese. Ist dies nicht der Fall sorgt dieser Befehl dafür, dass sie neu erstellt wird.

Als zweiten Übergabewert fügen wir die Adresse des eben erstellten Zeigers ein. Das ermöglicht es uns im Anschluss, über diesen Zeiger auf unsere Datenbank zuzugreifen. Schließlich müssen wir den Rückgabewert dieser Funktion einer `int`-Variablen zuweisen. Diese nennen wir in der Regel `rc`, als Abkürzung für „result code". Ihr Wert gibt an, ob unsere Aktion erfolgreich war. Selbstverständlich müssen wir die entsprechende Variable zuvor deklarieren. Daher sehen die nächsten beiden Zeilen so aus:

```
1  int rc;
2  rc = sqlite3_open("test.db", &db);
```

Nun können wir eine kurze Textzeile ausgeben – beispielsweise dass wir die Datenbank erfolgreich geöffnet haben. Danach müssen wir diese wieder schließen. Hierfür verwenden wir den Befehl `sqlite3_close()`. Hier fügen wir lediglich den Zeiger auf unsere Datenbank ein:

```
1  sqlite3_close(db);
```

Mit diesen Befehlen können wir das Programm bereits einmal ausprobieren. Dabei sehen wir, dass es unsere Textzeile ausgibt. Wenn wir nun das Verzeichnis, in dem wir unser Projekt gespeichert haben, aufrufen, erkennen wir außerdem, dass hier die Datei **test.db** entstanden ist. Darin ist unsere neue Datenbank gespeichert. Das zeigt, dass wir sie mit unserem Programm erfolgreich erstellt haben.

16

Zwar haben wir auf diese Weise bereits unsere erste Datenbank erstellt. Allerdings sollten wir unser Programm noch etwas überarbeiten. Bei der Arbeit mit Datenbanken kann es zu Fehlern kommen – beispielsweise dass unser Programm die Datei nicht öffnen kann oder dass die Ausführung eines Befehls fehlschlägt. Daher sollten wir uns von Beginn an angewöhnen, für jeden Datenbankbefehl eine entsprechende Fehlerbehandlung einzufügen. Zu diesem Zweck verwenden wir den Result Code, den wir in der Variablen `rc` gespeichert haben. Beträgt dieser 0, war unser Befehl erfolgreich. Ein anderer Wert deutet auf einen Fehler hin. Daher erstellen wir nun eine `if`-Abfrage mit der entsprechenden Bedingung. Wenn der Wert ungleich 0 ist, geben wir eine Fehlermeldung aus. Über die Funktion `sqlite3_errmsg()` können wir dabei außerdem auf die Fehlerbenachrichtigung des Systems zugreifen. Sollte ein Fehler aufgetreten sein, beenden wir das Programm mit dem `exit()`-Befehl:

```
1  if(rc != 0) {
2      printf("Datenbank konnte nicht ge\x94 \bffnet werden:
3      %s\n", sqlite3_errmsg(db));
4      exit(EXIT_FAILURE);
5  }
```

Anmerkung: In diesem Beispiel folgt auf den Buchstaben ö der Buchstaben f, der ebenfalls dazu dient, Hexadezimalcode darzustellen. Wenn wir nun das entsprechende Wort als `ge\x94ffnet` eingeben, interpretiert das Programm die Zeichenfolge `\x94f` als einen zusammengehörigen Ausdruck und stellt den Umlaut nicht korrekt dar. Daher fügen wir nach dem Umlaut ein Leerzeichen ein. Daran hängen wir das Zeichen `\b` an. Dieses führt dazu, dass unser Programm wieder eine Position nach vorne springt und das entsprechende Wort korrekt anzeigt.

Nun müssen wir nur noch die ursprüngliche Erfolgsmeldung in einen `else`-Block übertragen. Damit ist unser erstes Datenbankprogramm fertiggestellt. Abbildung 16.3 zeigt die Ausgabe bei einer erfolgreichen Erstellung der Datenbank.

```
1  #include <stdio.h>
2  #include <stdlib.h>
3  #include "sqlite3.h"
4  int main() {
5      sqlite3 *db;
6      int rc;
7      rc = sqlite3_open("test.db", &db);
8      if(rc != 0) {
9          printf("Datenbank konnte nicht ge\x94 \bffnet werden:
10         %s\n", sqlite3_errmsg(db));
11         exit(EXIT_FAILURE);
12     }
13     else {
14         printf("Datenbank erfolgreich ge\x94 \bffnet.\n");
15     }
16     sqlite3_close(db);
17     return 0;
18 }
```

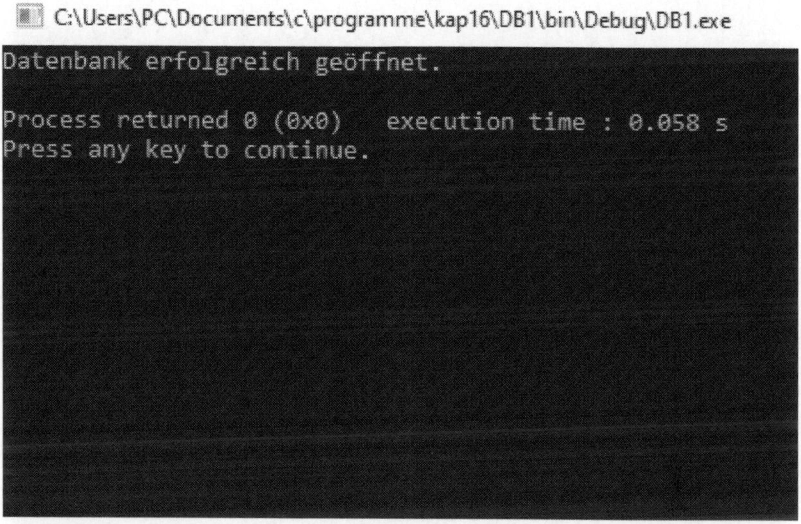

C:\Users\PC\Documents\c\programme\kap16\DB1\bin\Debug\DB1.exe

```
Datenbank erfolgreich geöffnet.

Process returned 0 (0x0)   execution time : 0.058 s
Press any key to continue.
```

Abb. 16.3 Die Nachricht über eine erfolgreiche Erstellung der Datenbank

Alternativ zur direkten Einbindung der Quelldateien ist es auch möglich, eine statische Bibliothek zu erstellen. Dazu müssen wir in Code::Blocks ein neues Projekt erstellen. Hierfür wählen wir nun jedoch nicht die „Console application" aus, sondern „Static library" – so wie dies in Abbildung 16.4 zu sehen ist.

Daraufhin kopieren wir die Datei **sqlite3.c** in den entsprechenden Ordner und fügen sie zu unserem Projekt hinzu. Danach kompilieren wir sie, indem wir auf das Zahnrad-Symbol klicken, in der Menüleiste „Build" und anschließend nochmals auf „Build" auswählen oder Strg + F9 betätigen. Daraufhin bemerken wir zunächst keine Veränderung. Nun öffnen wir jedoch den Ordner, in dem unser Projekt gespeichert ist. Hier klicken wir auf das Verzeichnis bin und danach auf Debug. Hier sehen wir nun, dass die Datei **libsqlite3.a** entstanden ist. Hierbei handelt es sich um unsere statische Bibliothek.

16

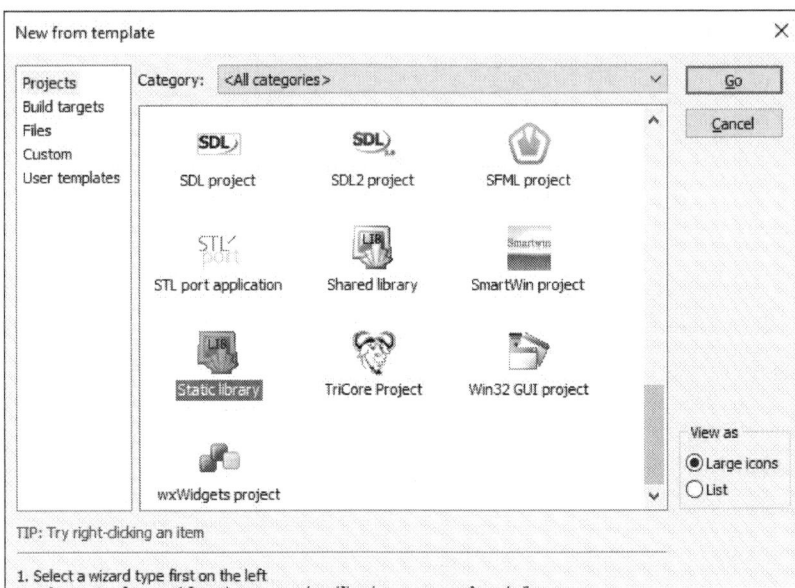

Abb. 16.4 Das Erstellen einer neuen statischen Bibliothek

Nun müssen wir die erstellte Bibliothek noch in das entsprechende Projekt einbinden. Hierfür erstellen wir ein neues Projekt, das das gleiche Hauptprogramm wie im vorigen Beispiel enthält. Dabei entfernen wir lediglich die Einbindung der Header-Datei **sqlite.h,** da wir die Funktionen nun über unsere Bibliothek einbinden möchten. Dazu klicken wir in der Menüleiste auf „Setting" und danach auf „Compiler". Im Fenster, das sich daraufhin öffnet, wählen wir den Reiter mit der Aufschrift „Linker settings" aus und klicken danach auf „Add". Nun können wir die eben erstellte Datei auswählen und zu unserem Projekt hinzufügen. Abbildung 16.5 zeigt diesen Vorgang.

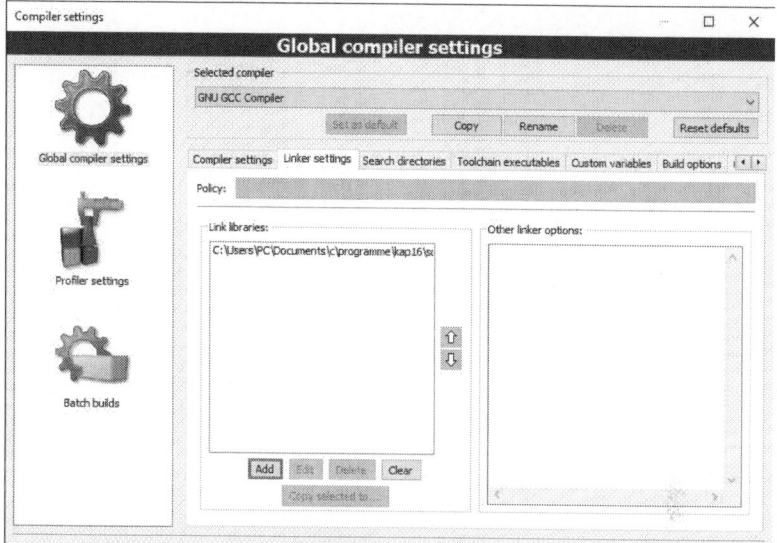

Abb. 16.5 Die Einbindung der statischen Bibliothek

Wenn wir nun das Projekt ausführen möchten, kommt es jedoch zu einem Fehler. Das liegt daran, dass die statische Bibliothek nur die Implementierungen der Funktionen enthält, nicht jedoch deren Deklarierung. Daher ist es auch hierbei notwendig, die Header-Datei **sqlite3.h** einzubinden. Deshalb fügen wir die Codezeile, die wir soeben gelöscht haben, wieder hinzu. Außerdem müssen wir die entsprechende Datei in unser Verzeichnis kopieren und zum Projekt hinzufügen (beziehungsweise den Pfadnamen entsprechend anpassen). Allerdings müssen wir nun die Datei sqlite3.c nicht mehr kopieren und auch nicht neu kompilieren. Stattdessen nutzen wir die von uns erstellte statische Bibliothek.

16.4 Tabellen gestalten

Im vorigen Abschnitt haben wir bereits eine erste Datenbank erstellt. Diese hat bislang jedoch keinerlei Inhalte. Bevor wir konkrete Werte eingeben können, müssen wir jedoch die hierfür notwendigen Strukturen schaffen. SQLite verwendet relationale Datenbanken. Das bedeutet, dass die Werte in Tabellen organisiert sind. Daher besteht der nächste Schritt darin, die Tabellen für unsere Anwendung zu erzeugen.

Zu diesem Zweck erweitern wir das Programm aus dem vorherigen Abschnitt. Wenn dieses jedoch auch in seiner bisherigen Form erhalten bleiben

229

soll, ist es auch möglich, dafür eine neue Datei zu erstellen, ohne dafür ein komplett neues Projekt zu gestalten. Zu diesem Zweck öffnen wir zunächst das bisherige Hauptprogramm und klicken daraufhin auf „File" und „Save file as" und speichern das Programm unter einem neuen Namen. Auf diese Weise bleibt eine Kopie in der bisherigen Form erhalten. Danach kehren wir wieder zur ursprünglichen main-Datei zurück und können diese nun weiter bearbeiten. Wenn wir das zuvor verwendete Programm wieder ausführen möchten, müssen wir dieses wie im vorigen Abschnitt beschrieben zu unserem Projekt hinzufügen. Außerdem ist es notwendig, das neue Hauptprogramm mit der rechten Maustaste anzuklicken und durch einen Klick auf „Remove file from project" aus dem aktuellen Projekt zu entfernen.

Nach dieser Vorarbeit können wir uns nun der Gestaltung der Tabellen widmen. Hierzu benötigen wir einen weiteren SQLite-Befehl: `sqlite3_exec()`. Das ist neben `sqlite3_open()` und `sqlite3_close()` der dritte und letzte wichtige Befehl für die Arbeit mit Datenbanken (abgesehen von den Befehlen für die Darstellung von Fehlernachrichten). Das bedeutet, dass wir hiermit bereits die wesentlichen Grundlagen von SQLite kennengelernt haben.

Der Befehl `sqlite3_exec()` dient dazu, beliebige SQL-Befehle auszuführen – beispielsweise zur Erstellung einer Tabelle. Das heißt, dass wir uns nun mit dieser Datenbanksprache befassen müssen. Es ist üblich, den entsprechenden SQL-Befehl zunächst in einer Zeichenkette zu speichern. Das sorgt für übersichtlichere Strukturen.

Um eine Tabelle für eine Datenbank zu gestalten, kommt der SQL-Befehl CREATE TABLE zum Einsatz. Danach fügen wir den Namen ein, den wir der Tabelle geben möchten. Für unsere Tabelle wollen wir wieder das Beispiel des Immobilienmaklers heranziehen, das bereits in diesem Buch verwendet wurde. Die Tabelle soll die Wohnungen aufnehmen, die er verwaltet. Daher beginnen wir den Befehl mit folgendem Ausdruck:

```
1   CREATE TABLE Wohnungen
```

Im Anschluss daran geben wir in einer Klammer die Struktur der Tabelle vor. Diese wird durch die Zahl und den Datentyp der Spalten bestimmt. Wenn wir beispielsweise die Werte von verschiedenen Wohnungen in einer Tabelle erfassen möchten, können wir jeweils eine Spalte für die Adresse, für die Größe und für den Mietpreis gestalten. Wenn wir die Datenbank um weitere Details zu unseren Wohnungen erweitern möchten, müssen wir hierfür zusätzliche Spalten hinzufügen.

Auch bei Datenbanken ist es notwendig, den Datentyp anzugeben, den wir hier abspeichern möchten. Die Bezeichnungen unterscheiden sich jedoch etwas von denen, die wir bisher in unseren C-Programmen verwendet haben. SQLite kennt viele verschiedene Datentypen. Wer sich einen genauen Überblick darüber verschaffen will, findet in der offiziellen SQLite-Dokumentation unter folgendem Link eine detaillierte Übersicht:

https://bmuverlag.de/c7

Für unsere Programme sind in erster Linie die sogenannten Speicherklassen INTEGER, TEXT und REAL von Bedeutung. Diese fassen verschiedene Datentypen für ganze Zahlen, Zeichenketten und Fließkommazahlen zusammen. Wenn wir diese Klassen verwenden, müssen wir uns nicht um die genauen Typen kümmern.

Wenn wir nun die Tabelle für den Immobilienmakler erstellen, ist es sinnvoll, zunächst eine ID einzugeben. Das ist eine Identifikationsnummer für jeden einzelnen Eintrag. Das ist zwar nicht unbedingt notwendig, doch erleichtert dies den Zugriff auf die Werte später deutlich. Daher soll unsere erste Spalte die ID enthalten. Hierfür fügen wir den folgenden Eintrag zu unserem SQL-Befehl hinzu:

```
1   ID INTEGER Primary key Not Null
```

An erster Stelle steht der Namen der Spalte. Danach fügen wir den gewünschten Datentyp hinzu. Diese beiden Angaben sind für die Erzeugung einer Spalte zwingend notwendig. Für unsere ID geben wir jedoch noch einige zusätzliche Angaben vor. Zum einen fügen wir den Ausdruck Primary key hinzu. Das bedeutet, dass wir diesen Wert als Primärschlüssel für den Zugriff auf unsere Daten verwenden möchten. Dieser Zusatz hat beispielsweise zur Folge, dass wir keine ID doppelt verwenden dürfen, um eine eindeutige Zuordnung zu erlauben. Darüber hinaus fügen wir den Zusatz Not Null hinzu. Dieser sagt aus, dass dieses Feld immer belegt sein muss. Wenn wir einen neuen Eintrag in unsere Datenbank einfügen, können wir dabei auch einige Spalten noch leer lassen. Diese erhalten dann den Wert Null. Im Falle der ID ist dies jedoch nicht sinnvoll, da auf diese Weise die Funktion des Primärschlüssels für den Zugriff verloren ginge. Daher geben wir durch den Zusatz Not Null vor, dass dieses Feld immer belegt sein muss.

Für die weiteren Spalten benötigen wir keine solchen Zusätze. Hier reicht es aus, den Namen und den Datentyp anzugeben:

16

```
1   Adresse TEXT
2   Groesse INTEGER
3   Preis INTEGER
```

Wenn wir diese Angaben nun zu unserem SQL-Befehl hinzufügen, müssen wir sie jeweils durch ein Komma trennen. Das komplette Kommando sieht dann wie folgt aus:

```
1   CREATE TABLE Wohnungen (
2       ID INTEGER Primary key Not Null,
3       Adresse TEXT,
4   Groesse INTEGER,
5   Preis INTEGER
6   );
```

Diesen SQL-Befehl müssen wir nun in einer Zeichenkette festhalten. Dazu erstellen wir zunächst einen Zeiger auf eine char-Variable mit der Bezeichnung sql. Dieser geben wir dann folgenden Wert:

```
1   sql = "CREATE TABLE Wohnungen ("
2       "ID INTEGER Primary key Not Null,"
3       "Adresse TEXT,"
4       "Groesse INTEGER,"
5       "Preis INTEGER"
6       ");";
```

Selbstverständlich wäre es hierbei auch möglich, den kompletten Befehl in eine Zeile zu schreiben. Das würde das Programm jedoch sehr unübersichtlich gestalten. Daher teilen wir ihn auf mehrere Zeilen auf. Dabei müssen wir jede Zeile separat in Anführungszeichen stellen.

Nachdem wir den SQL-Befehl gestaltet haben, können wir damit die Funktion `sqlite3_exec()` aufrufen. Diese erhält fünf Übergabewerte. Beim ersten handelt es sich um den Zeiger auf unsere Datenbank und beim zweiten um den eben erstellten SQL-Befehl. An dritter Stelle kann man eine sogenannte Callback-Funktion vorgeben. Das ist in unserem Beispiel jedoch nicht notwendig. Um anzuzeigen, dass wir diese Funktion nicht verwenden möchten, geben wir den Wert 0 an. An vierter Stelle können wir den ersten Übergabewert für diese Callback-Funktion angeben. Da wir diese jedoch nicht verwenden, setzen wir auch diesen Wert auf 0. An fünfter Stelle geben wir die Adresse einer Zeichenkette an, die wir selbstverständlich zuvor deklarieren müssen. Falls es zu einem Fehler kommen sollte, nimmt diese die zugehörige Fehlernachricht auf. Den Rückgabewert der Funktion weisen wir wieder der Variablen rc zu. Daraus ergibt sich folgende Codezeile:

```
1  rc = sqlite3_exec(db, sql, 0, 0, &fehlernachricht);
```

Auch nach diesem Befehl ist es sinnvoll, eine Fehlerbehandlung durchzuführen. Zu diesem Zweck fügen wir folgende Codezeilen ein:

```
1  if(rc != 0){
2      printf("Datenbankfehler: %s\n", fehlernachricht);
3      sqlite3_free(fehlernachricht);
4      exit(EXIT_FAILURE);
5  }
6  else {
7      printf("Tabelle erfolgreich erstellt\n");
8  }
```

Sollte der Result Code einen anderen Wert als 0 aufweisen, geben wir nun die Fehlernachricht aus, die uns die entsprechende Datenbankabfrage übermittelt hat und die wir in der Variablen fehlernachricht gespeichert haben. Danach geben wir deren Speicherplatz durch den Befehl sqlite3_free() wieder frei. Nun ist der Code vorerst fertiggestellt und wir können ihn ausprobieren. Dabei sollte die Erfolgsmeldung erscheinen, die in Abbildung 16.6 zu sehen ist.

```
1  #include <stdio.h>
2  #include <stdlib.h>
3  #include "sqlite3.h"
4  int main() {
5      sqlite3 *db;
6      int rc;
7      char *sql;
8      char *fehlernachricht;
9      rc = sqlite3_open("test.db", &db);
10     if(rc != 0) {
11         printf("Datenbank konnte nicht ge\x94 \bffnet werden:
12         %s\n", sqlite3_errmsg(db));
13         exit(EXIT_FAILURE);
14     }
15     else {
16         printf("Datenbank erfolgreich ge\x94 \bffnet.\n");
17     }
18     sql = "CREATE TABLE Wohnungen ("
19         "ID INTEGER Primary Key Not Null,"
20         "Adresse TEXT,"
21         "Groesse INTEGER,"
22         "Preis INTEGER"
23         ");";
24     rc = sqlite3_exec(db, sql, 0, 0, &fehlernachricht);
25     if(rc != 0){
26         printf("Datenbankfehler: %s\n", fehlernachricht);
27         sqlite3_free(fehlernachricht);
```

16

```
28        exit(EXIT_FAILURE);
29    }
30    else {
31        printf("Tabelle erfolgreich erstellt\n");
32    }
33    sqlite3_close(db);
34    return 0;
35 }
```

C:\Users\PC\Documents\c\programme\kap16\DB1\bin\Debug\DB1.exe

```
Datenbank erfolgreich geöffnet.
Tabelle erfolgreich erstellt

Process returned 0 (0x0)    execution time : 0.346 s
Press any key to continue.
```

Abb. 16.6 Nachricht über die erfolgreiche Erstellung der Tabelle

Als wir das Programm zum ersten Mal ausgeführt haben, lief es problemlos ab. Nun probieren wir es ein weiteres Mal aus. Dieses Mal erscheint jedoch eine Fehlermeldung: table Wohnungen already exists. Das liegt daran, dass nun unsere Tabelle bereits erstellt ist. Wir können sie nicht ein weiteres Mal erzeugen.

Aus diesem Grund ist es sinnvoll, den Zusatz IF NOT EXISTS zum Befehl CREATE TABLE hinzuzufügen. Dieser sorgt dafür, dass die Tabelle nur dann erstellt wird, wenn noch keine gleichnamige Tabelle vorhanden ist. Zu diesem Zweck müssen wir lediglich die erste Zeile unseres SQL-Befehls folgendermaßen abändern:

```
1  sql = "CREATE TABLE IF NOT EXISTS Wohnungen ("
```

Nun können wir das Programm auch erfolgreich ausführen, wenn bereits eine entsprechende Tabelle vorhanden ist. Diese wird in diesem Fall dann nicht erneut erstellt, sondern es wird die bereits vorhandene Tabelle beibehalten.

16.5   Werte einfügen, verändern oder löschen

Nachdem wir nun eine Tabelle erstellt haben, können wir in diese auch Werte einfügen. Dazu verwenden wir wieder die Funktion sqlite3_exec(). Allerdings müssen wir in diese nun einen anderen SQL-Befehl eingeben. Hierfür verwenden wir das Kommando INSERT INTO. Daran fügen wir den Namen der Tabelle an, in die wir die Werte einfügen möchten. In einer Klammer nennen wir dann die Namen der Spalten, die wir dabei belegen wollen. In unserem Beispiel füllen wir eine komplette Zeile aus, sodass wir alle Angaben für eine bestimmte Wohnung erfassen. Danach folgt der Schlüsselbegriff VALUES. In einer weiteren Klammer stehen dann die Werte, die wir in die einzelnen Spalten eintragen möchten:

```
INSERT INTO Wohnungen (ID, Adresse, Groesse, Preis) VALUES
(1, 'Hauptstraße 14', 80, 680);
```

Anmerkung: Wenn wir Text in unsere Datenbank einfügen, müssen wir diesen in Anführungszeichen setzen. Obwohl wir hierfür eigentlich auch doppelte Anführungszeichen verwenden könnten, ist es üblich, einfache Anführungszeichen zu wählen. Das ist sinnvoll, da es sonst zu Komplikationen kommen könnte, wenn wir den Befehl als Zeichenkette speichern möchten. In diesem Fall müssen wir den kompletten Befehl in doppelte Anführungszeichen schreiben. Wenn wir dann auch für den Text innerhalb des SQL-Befehls doppelte Anführungszeichen verwenden, beeinflussen sich diese gegenseitig.

Dieses Kommando speichern wir nun wieder in der Variablen sql, die wir bereits in unserem Programm verwendet haben. Danach führen wir den sqlite_exec()-Befehl aus – genau wie wir dies im vorigen Abschnitt gelernt haben. Auch in diesem Fall ist wieder eine Fehlerbehandlung notwendig. Dabei gehen wir genau gleich vor wie beim Erstellen der Tabelle. Daher fügen wir den folgenden Block in unser Programm ein:

16

```
sql = "INSERT INTO Wohnungen (ID, Adresse, Groesse, Preis)"
    "VALUES (1, 'Hauptstraße 14', 80, 680);";
rc = sqlite3_exec(db, sql, 0, 0, &fehlernachricht);
if(rc != 0){
    printf("Datenbankfehler: %s\n", fehlernachricht);
    sqlite3_free(fehlernachricht);
    exit(EXIT_FAILURE);
}
else {
    printf("Eintr\x84ge erfolgreich durchgef\x81hrt.\n");
}
```

Wenn wir dieses Programm ausführen, fügen wir eine neue Spalte in unsere Tabelle ein. Wenn wir es jedoch ein zweites Mal aufrufen, kommt es auch hierbei wieder zu einem Fehler. Das liegt daran, dass wir nun erneut einen Eintrag mit der ID 1 einfügen möchten. Da wir die ID jedoch als Primary Key gekennzeichnet haben, dürfen hierbei nicht in zwei Zeilen die gleichen Werte stehen. In diesem Fall gibt es jedoch im Gegensatz zum CREATE-TABLE-Befehl keine entsprechende Erweiterung, die dafür sorgt, dass der Wert nur eingefügt wird, wenn er bislang noch nicht vorhanden ist. Daher müssen wir darauf achten, bei jedem Eintrag eine neue ID zu verwenden, um Fehler bei der Ausführung zu vermeiden.

Im nächsten Schritt möchten wir einen bestehenden Eintrag verändern. Dazu ist es sinnvoll, ein neues Hauptprogramm zu schreiben, das sich separat ausführen lässt. Am einfachsten ist es, das bisherige Programm aus dem Projekt zu entfernen und eine neue Datei mit einer neuen `main()`-Funktion zu erstellen. Dabei können wir jedoch einige Teile des bisherigen Programms übernehmen – beispielsweise das Öffnen und das Schließen der Datenbank. Die Bereiche, in denen wir eine neue Tabelle erstellen und diese mit einem Eintrag füllen, übernehmen wir hingegen nicht.

Um einen Wert zu verändern, verwenden wir den UPDATE-Befehl. Nach diesem Schlüsselbegriff fügen wir den Namen der Tabelle ein, die wir bearbeiten wollen und anschließend den Ausdruck SET. Nun geben wir den Spaltennamen an und fügen nach einem Gleichheitszeichen den neuen Wert hinzu. Danach folgt die sogenannte WHERE-Klausel. Diese gibt an, auf welche Zeilen sich der entsprechende Befehl bezieht. Hierbei ist es sinnvoll, die Auswahl über die ID vorzunehmen. Da wir bisher nur einen Eintrag vorgenommen haben, muss diese Klausel dann so aussehen: WHERE ID = 1. Wenn wir beispielsweise den Preis der Wohnung ändern möchten, können wir folgenden Befehl verwenden:

```
1   UPDATE Wohnungen SET Preis = 650 WHERE ID = 1;
```

Dabei ist es auch möglich, mehrere Werte im gleichen Befehl zu verändern. Dazu müssen wir jeweils durch ein Komma getrennt weitere Kombinationen aus Spaltennamen, Gleichheitszeichen und neuem Wert einfügen. Wenn wir beispielsweise auch die Quadratmeterzahl korrigieren möchten, ist das mit folgendem Befehl möglich:

```
1   UPDATE Wohnungen SET Preis = 650, Groesse = 75 WHERE ID = 1;
```

Diese Befehle fügen wir wieder in die Zeichenkette `sql` ein und führen sie dann per `sqlite3_exec()`-Funktion aus. Wenn wir nun auch noch die Fehlerbehandlung entsprechend anpassen, sieht das komplette Programm so aus:

```
#include <stdio.h>
#include <stdlib.h>
#include "sqlite3.h"
int main() {
    sqlite3 *db;
    int rc;
    char *sql;
    char *fehlernachricht;
    rc = sqlite3_open("test.db", &db);
    if(rc != 0) {
        printf("Datenbank konnte nicht ge\x94 \bffnet werden:
        %s\n", sqlite3_errmsg(db));
        exit(EXIT_FAILURE);
    }
    else {
        printf("Datenbank erfolgreich ge\x94 \bffnet.\n");
    }
    sql = "UPDATE Wohnungen SET Preis = 650, Groesse = 75
    WHERE ID = 1;";
    rc = sqlite3_exec(db, sql, 0, 0, &fehlernachricht);
    if(rc != 0){
        printf("Datenbankfehler: %s\n", fehlernachricht);
        sqlite3_free(fehlernachricht);
        exit(EXIT_FAILURE);
    }
    else {
        printf("\x8Enderung erfolgreich durchgef\x81hrt.\n");
    }
    sqlite3_close(db);
    return 0;
}
```

Nun möchten wir noch einen Eintrag aus unserer Tabelle löschen. Dazu verwenden wir den DELETE-Befehl. Dieser entfernt stets eine komplette Zeile. Dazu fügen wir die Begriffe DELETE FROM und den Namen der Tabelle ein. Danach steht wieder die WHERE-Klausel. Wenn wir unseren einzigen bisherigen Eintrag löschen möchten, können wir hierfür folgenden Befehl verwenden:

```
DELETE FROM Wohnungen WHERE ID = 1;
```

Der Rest des Programms bleibt weitestgehend unverändert. Lediglich die Ausgabe für eine erfolgreiche Ausführung des Befehls sollte noch entsprechend angepasst werden.

16

Wenn wir in der WHERE-Klausel die ID verwenden, stellt das einen eindeutigen und präzisen Zugriff sicher, da jede ID nur einmal vergeben wird. Allerdings können wir für die Festlegung der Zeilen, die wir löschen möchten, auch die Inhalte jeder beliebigen andere Spalte verwenden. Wenn wir beispielsweise alle Wohnungen löschen möchten, die weniger als 200 Euro pro Monat kosten, könnten wir die WHERE-Klausel so anpassen: WHERE Preis < 200. Das zeigt auch, dass wir hierbei nicht auf die Verwendung des Gleichheitszeichens beschränkt sind. Wir können auch das Größer- und das Kleinerzeichen verwenden. In diesem Fall ist es auch möglich, dass das Programm mehrere Einträge löscht. Das tritt immer dann ein, wenn mehr als eine Zeile die aufgestellte Bedingung erfüllt.

Darüber hinaus ist es sogar möglich, mehrere Bedingungen zusammenzufassen. Dazu kommen die Ausdrücke AND und OR zum Einsatz. Wenn wir beispielsweise alle Einträge löschen möchten, bei denen sowohl die Quadratmeterzahl kleiner als 60 m² als auch der Preis größer als 600 Euro ist, können wir die folgende WHERE-Klausel verwenden:

```
1  WHERE Groesse < 60 AND Preis > 600
```

In diesem Fall findet die Löschung statt, wenn beide Bedingungen gleichzeitig erfüllt sind. Wenn es ausreicht, dass eine der beiden Bedingungen erfüllt ist, können wir die Verbindung mit OR vornehmen:

```
1  WHERE Groesse < 60 OR Preis > 600
```

Das zeigt einen großen Vorteil der Verwendung von Datenbanken. Hierbei können wir sehr detaillierte Bedingungen für die einzelnen Aktionen vorgeben. Das sorgt für eine äußerst effiziente Programmgestaltung.

16.6 Daten aus der Datenbank abfragen

Im letzten Schritt lernen wir, wie wir Daten aus der Datenbank abfragen können. Dazu ist es sinnvoll, dass sich in der Tabelle auch einige Einträge befinden. Daher führen wir vor der Bearbeitung dieses Abschnitts das Programm mit dem INSERT-Befehl mehrere Male aus. Dabei verändern wir jeweils die Werte für die entsprechenden Wohnungen.

Nach dieser Vorarbeit erstellen wir das Programm zum Abrufen der Werte. Dazu verwenden wir wieder die bisherige Vorlage, die die Datenbank zunächst öffnet, danach den sqlite3_exec()-Befehl ausführt und sie anschließend wieder schließt. Hier ändern wir nun jedoch den SQL-Befehl ab. Für unser erstes Beispiel rufen wir die komplette Tabelle ab. Hierfür verwenden wir folgenden Befehl:

```
1  SELECT * FROM Wohnungen;
```

Diesen Befehl führen wir nun wieder über die `sqlite3_exec()`-Funktion aus. Allerdings gibt es hierbei einen wichtigen Unterschied zu unseren vorherigen Beispielen. Bei diesen haben wir stets die Inhalte der Datenbank verändert. Dabei haben wir die gewünschten Aktionen direkt in den SQL-Befehl eingefügt, sodass diese an die Datenbank übermittelt wurden. Nun wollen wir jedoch einen Wert abrufen. Das bedeutet, dass der Datenbankbefehl die Inhalte anschließend wieder an unser Programm zurückgeben muss. Um diese aufzunehmen, kommt die sogenannte Callback-Funktion zum Einsatz, die bereits bei der Erklärung des `sqlite3_exec()`-Befehls kurz erwähnt wurde. Da wir diese jedoch bislang nicht benötigt haben, haben wir den entsprechenden Wert immer auf 0 gesetzt. Nun müssen wir jedoch für die Aufnahme der Werte diese Callback-Funktion erstellen. Diese wird für jede Zeile unserer Tabelle, die wir über den SELECT-Befehl abfragen, aufgerufen. Wenn wir beispielsweise drei Zeilen abfragen, ruft das Programm diese Funktion dreimal auf.

Diese Funktion erhält als ersten Übergabewert den Inhalt, den wir als viertes Argument beim `sqlite3_exec()`-Befehl angegeben haben. Da wir hier jedoch keine eigenen Werte übermitteln möchten, belassen wir diesen Wert bei 0. Dennoch ist es notwendig, diesen in der Callback-Funktion aufzunehmen, daher erstellen wir zunächst einen Zeiger mit folgender Bezeichnung: `void *nichtVerwendet`. Dieser verweist auf einen Wert, dessen Typ nicht vorgegeben ist und sein Name macht deutlich, dass wir diesen nicht nutzen möchten. Der zweite Wert gibt an, wie viele Einträge in der entsprechenden Zeile vorhanden sind. Diese Angabe nehmen wir in einer gewöhnlichen `int`-Variablen auf: `int anzahl`. Der dritte Übergabewert enthält ein Array mit allen Inhalten der Zeile. Diesen müssen wir mit einem doppelten `char`-Zeiger aufnehmen: `char **inhalte`. Das trifft auch auf den letzten Übergabewert zu. Dieser gibt uns Zugriff auf die Namen der entsprechenden Spalten. Daher nehmen wir ihn mit dem folgenden Befehl auf: `char **spaltennamen`. Daraus ergibt sich folgende Zeile für die Deklarierung der Callback-Funktion, die wir über unserem Programm anbringen:

```
1  int callback(void *nichtVerwendet, int anzahl, char
2  **inhalte, char **spaltennamen);
```

In unserem `sqlite3_exec()`-Befehl müssen wir nun das dritte Argument durch den Namen unserer Funktion ersetzen:

```
rc = sqlite3_exec(db, sql, callback, 0, &fehlernachricht);
```

Nun passen wir im Hauptprogramm nur noch die Erfolgsmeldung an die durchgeführte Aktion an. Allerdings ist noch die Implementierung der Callback-Funktion offen. Hier können wir nun alle Werte der entsprechenden Spalte ausgeben. Dazu erstellen wir eine `for`-Schleife, bei der wir die Anzahl der Durchläufe durch die Variable `anzahl` festlegen. Diese enthält wie bereits erwähnt die Menge der Einträge, die wir abgerufen haben. Innerhalb der Schleife können wir dann die beiden Arrays durchgehen und zunächst die Bezeichnung der Spalte und danach den entsprechenden Inhalt angeben. Damit ist die Callback-Funktion bereits abgeschlossen:

```
int callback(void *nichtVerwendet, int anzahl, char
**inhalte, char **spaltennamen) {
    for (int i = 0; i < anzahl; i++) {
        printf("%s = %s\n", spaltennamen[i], inhalte[i]);
    }
    printf("\n");
    return 0;
}
```

Damit haben wir auch das gesamte Programm abgeschlossen. Wenn wir es ausführen, sehen wir, dass das Programm nun alle Einträge, die wir zuvor in die Datenbank eingefügt haben, ausgibt. Das Ergebnis ist in Abbildung 16.7 zu sehen.

```
#include <stdio.h>
#include <stdlib.h>
#include "sqlite3.h"
int callback(void *nichtVerwendet, int anzahl, char
**inhalte, char **spaltennamen);
int main() {
    sqlite3 *db;
    int rc;
    char *sql;
    char *fehlernachricht;
    rc = sqlite3_open("test.db", &db);
    if(rc != 0) {
        printf("Datenbank konnte nicht ge\x94 \bffnet werden:
        %s\n", sqlite3_errmsg(db));
        exit(EXIT_FAILURE);
    }
    else {
        printf("Datenbank erfolgreich ge\x94 \bffnet.\n");
```

```
19     }
20     sql = "SELECT * FROM Wohnungen;";
21     rc = sqlite3_exec(db, sql, callback, 0,
22     &fehlernachricht);
23     if(rc != 0){
24         printf("Datenbankfehler: %s\n", fehlernachricht);
25         sqlite3_free(fehlernachricht);
26         exit(EXIT_FAILURE);
27     }
28     else {
29         printf("Daten erfolgreich abgerufen.\n");
30     }
31     sqlite3_close(db);
32     return 0;
33 }
34 int callback(void *nichtVerwendet, int anzahl, char
35 **inhalte, char **spaltennamen) {
36     for (int i = 0; i < anzahl; i++) {
37         printf("%s = %s\n", spaltennamen[i], inhalte[i]);
38     }
39     printf("\n");
40     return 0;
41 }
```

Abb. 16.7 Die Ausgabe der Inhalte der Datenbank

An dieser Abbildung sehen wir außerdem, dass auch bei Werten, die wir aus der Datenbank abrufen, das Eszett und Umlaute nicht richtig dargestellt werden. Das sollten wir fortan bei allen neuen Einträgen beachten. Wenn wir die Darstellung auch für die bisherigen Werte anpassen möchten, können wir nochmals das Programm mit dem UPDATE-Befehl aufrufen und den entsprechenden Hexadezimalwert für das Eszett eingeben. Der notwendige SQL-Befehl für die erste Wohnung sieht beispielsweise so aus:

```
1  UPDATE Wohnungen SET Adresse = 'Hauptstra\xE1 \be 42'
2  WHERE ID = 1;
```

Zum Schluss wollen wir uns nochmals etwas intensiver dem SELECT-Befehl zuwenden. Hierbei haben wir bisher die gesamte Tabelle abgerufen. Es ist jedoch auch möglich, die Auswahl auf eine oder mehrere Spalten zu begrenzen. Dazu ersetzen wir den Stern durch einen Spaltennamen. Wollen wir hier mehrere Werte angeben, müssen wir diese durch ein Komma voneinander trennen. Wollen wir beispielsweise nur die ID und den Preis abfragen, können wir hierfür folgenden Befehl verwenden:

```
1  SELECT ID,Preis FROM Wohnungen;
```

Auch die Auswahl der Zeilen können wir einschränken. Dazu verwenden wir die bereits bekannte WHERE-Klausel. Auf diese Weise können wir die Auswahl beispielsweise auf Wohnungen begrenzen, die unter 700 Euro kosten:

```
1  SELECT ID, Preis FROM Wohnungen WHERE Preis < 700;
```

Wenn wir den SELECT-Befehl entsprechend anpassen und das Programm dann erneut ausführen, erhalten wir das Ergebnis, das in Abbildung 16.8 zu sehen ist. Hier werden nur noch die ID und der Preis ausgegeben. Außerdem werden nur Wohnungen angezeigt, bei denen die Miete unter 700 Euro liegt.

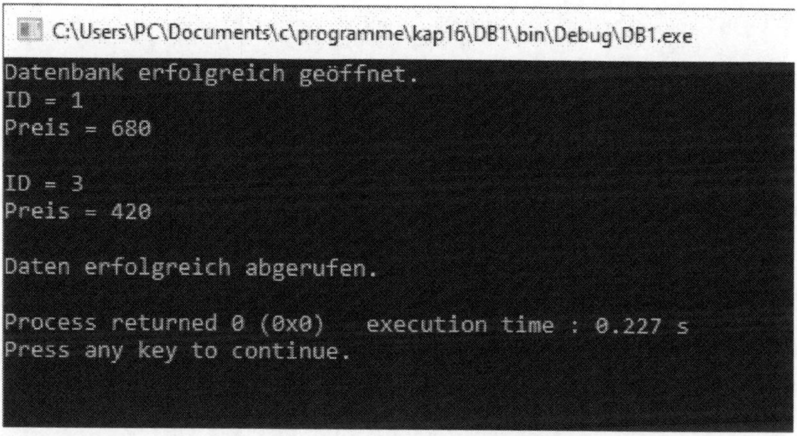

```
C:\Users\PC\Documents\c\programme\kap16\DB1\bin\Debug\DB1.exe
Datenbank erfolgreich geöffnet.
ID = 1
Preis = 680

ID = 3
Preis = 420

Daten erfolgreich abgerufen.

Process returned 0 (0x0)   execution time : 0.227 s
Press any key to continue.
```

Abb. 16.8 Die Ausgabe bei einer Beschränkung der Werte

16.7 Übungsaufgabe: mit einer Datenbank arbeiten

1. Erstellen Sie ein Programm, das eine Datenbank für einen Schuhverkäufer öffnet. Gestalten Sie eine Tabelle mit der Bezeichnung Sortiment. Diese soll die Spalten ID, Schuhgroesse und Material enthalten. Fügen Sie drei verschiedene Einträge in die Datenbank ein.

2. Erstellen Sie ein Programm, das die Inhalte der eben angelegten Tabelle komplett ausgibt.

3. Gestalten Sie ein Programm, das es dem Anwender erlaubt, einen Wert für eine ID-Nummer einzugeben. Löschen Sie den entsprechenden Eintrag dann aus der Tabelle. Dazu müssen Sie den Eintrag des Anwenders mit den übrigen Teilen des SQL-Befehls per strcat()-Funktion zusammensetzen. Zu diesem Zweck ist es sinnvoll, die Variable sql nicht als Zeiger, sondern als Array mit einer festen Größe zu deklarieren. Daraufhin können Sie den Inhalt per strcpy()-Befehl einfügen.

16

Lösungen:

1.

```
1   #include <stdio.h>
2   #include <stdlib.h>
3   #include <stdbool.h>
4   #include "sqlite3.h"
5   int main() {
6       sqlite3 *db;
7       int rc;
8       char *sql, *fehlernachricht;
9       rc = sqlite3_open("schuhverkaeufer.db", &db);
10      if(rc != 0) {
11          printf("Datenbank konnte nicht ge\x94 \bffnet werden:
12          %s\n", sqlite3_errmsg(db));
13          exit(EXIT_FAILURE);
14      }
15      else {
16          printf("Datenbank erfolgreich ge\x94 \bffnet.\n");
17      }
18      sql = "CREATE TABLE IF NOT EXISTS Sortiment ("
19          "ID INTEGER Primary Key Not Null,"
20          "Schuhgroesse INTEGER,"
21          "Material TEXT"
22          ");";
23      rc = sqlite3_exec(db, sql, 0, 0, &fehlernachricht);
24      if(rc != 0){
25          printf("Datenbankfehler: %s\n", fehlernachricht);
26          sqlite3_free(fehlernachricht);
27          exit(EXIT_FAILURE);
28      }
29      else {
30          fprintf(stdout, "Tabelle erfolgreich erstellt\n");
31      }
32      sql = "INSERT INTO Sortiment (ID, Schuhgroesse, Material)"
33          "VALUES (1, 43, 'Leder');";
34      rc = sqlite3_exec(db, sql, 0, 0, &fehlernachricht);
35      if(rc != 0){
36          printf("Datenbankfehler: %s\n", fehlernachricht);
37          sqlite3_free(fehlernachricht);
38          exit(EXIT_FAILURE);
39      }
40      else {
41          fprintf(stdout, "Eintr\x84ge erfolgreich durchgef\
42          x81hrt.\n");
43      }
44      sql = "INSERT INTO Sortiment (ID, Schuhgroesse, Material)"
45          "VALUES (2, 39, 'Gore Tex');";
46      rc = sqlite3_exec(db, sql, 0, 0, &fehlernachricht);
47      if(rc != 0){
48          printf("Datenbankfehler: %s\n", fehlernachricht);
49          sqlite3_free(fehlernachricht);
```

```
50          exit(EXIT_FAILURE);
51      }
52      else {
53          fprintf(stdout, "Eintr\x84ge erfolgreich durchgef\
54          x81hrt.\n");
55      }
56      sql = "INSERT INTO Sortiment (ID, Schuhgroesse, Material)"
57          "VALUES (3, 41, 'Stoff');";
58      rc = sqlite3_exec(db, sql, 0, 0, &fehlernachricht);
59      if(rc != 0){
60          printf("Datenbankfehler: %s\n", fehlernachricht);
61          sqlite3_free(fehlernachricht);
62          exit(EXIT_FAILURE);
63      }
64      else {
65          printf("Eintr\x84ge erfolgreich durchgef\x81hrt.\n");
66      }
67      sqlite3_close(db);
68      return 0;
69  }
```

C:\Users\PC\Documents\c\programme\kap16\Aufgaben\bin\Debug\Aufgaben.exe

```
Datenbank erfolgreich geöffnet.
Tabelle erfolgreich erstellt
Einträge erfolgreich durchgeführt.
Einträge erfolgreich durchgeführt.
Einträge erfolgreich durchgeführt.

Process returned 0 (0x0)   execution time : 0.746 s
Press any key to continue.
```

Abb. 16.9 Die Ausgabe für die erfolgreichen Eintragungen

2.

16

```
1   #include <stdio.h>
2   #include <stdlib.h>
3   #include "sqlite3.h"
4   int callback(void *nichtVerwendet, int anzahl, char
5   **inhalte, char **spaltennamen);
6   int main() {
7       sqlite3 *db;
8       int rc;
9       char *sql;
10      char *fehlernachricht;
11      rc = sqlite3_open("schuhverkaeufer.db", &db);
12      if(rc != 0) {
```

```
13          printf("Datenbank konnte nicht ge\x94 \bffnet werden:
14          %s\n", sqlite3_errmsg(db));
15          exit(EXIT_FAILURE);
16      }
17      else {
18          printf("Datenbank erfolgreich ge\x94 \bffnet.\n");
19      }
20      sql = "SELECT * FROM Sortiment;";
21      rc = sqlite3_exec(db, sql, callback, 0, &fehlernachricht);
22      if(rc != 0){
23          printf("Datenbankfehler: %s\n", fehlernachricht);
24          sqlite3_free(fehlernachricht);
25          exit(EXIT_FAILURE);
26      }
27      else {
28          printf("Daten erfolgreich abgerufen.\n");
29      }
30      sqlite3_close(db);
31      return 0;
32  }
33  int callback(void *nichtVerwendet, int anzahl, char
34  **inhalte, char **spaltennamen) {
35      for (int i = 0; i < anzahl; i++) {
36          printf("%s = %s\n", spaltennamen[i], inhalte[i]);
37      }
38      printf("\n");
39      return 0;
40  }
```

🔳 C:\Users\PC\Documents\c\programme\kap16\Aufgaben\bin\Debug\Aufgaben.exe

```
Datenbank erfolgreich geöffnet.
ID = 1
Schuhgroesse = 43
Material = Leder

ID = 2
Schuhgroesse = 39
Material = Gore Tex

ID = 3
Schuhgroesse = 41
Material = Stoff

Daten erfolgreich abgerufen.

Process returned 0 (0x0)   execution time : 0.248 s
Press any key to continue.
```

Abb. 16.10 Die Ausgabe der Tabelle

3.

```
1   #include <stdio.h>
2   #include <stdlib.h>
3   #include <string.h>
4   #include "sqlite3.h"
5   int main() {
6       sqlite3 *db;
7       int rc;
8       char sql[50];
9       char *fehlernachricht;
10      char eingabe[10];
11      rc = sqlite3_open("schuhverkaeufer.db", &db);
12      if(rc != 0) {
13          printf("Datenbank konnte nicht ge\x94 \bffnet werden:
14          %s\n", sqlite3_errmsg(db));
15          exit(EXIT_FAILURE);
16      }
17      else {
18          printf("Datenbank erfolgreich ge\x94 \bffnet.\n");
19      }
20      printf("Welche Zeile wollen Sie l\x94schen?\n");
21      scanf("%s", eingabe);
22      strcpy(sql,"DELETE FROM Sortiment WHERE ID = ");
23      strcat(sql, eingabe);
24      strcat(sql, ";");
25      rc = sqlite3_exec(db, sql, 0, 0, &fehlernachricht);
26      if(rc != 0){
27          printf("Datenbankfehler: %s\n", fehlernachricht);
28          sqlite3_free(fehlernachricht);
29          exit(EXIT_FAILURE);
30      }
31      else {
32          fprintf(stdout, "\x8Enderung erfolgreich durchgef\
33          x81hrt.\n");
34      }
35      sqlite3_close(db);
36      return 0;
37  }
```

```
C:\Users\PC\Documents\c\programme\kap16\Aufgaben\bin\Debug\Aufgaben.exe

Datenbank erfolgreich geöffnet.
Welche Zeile wollen Sie löschen?
1

Änderung erfolgreich durchgeführt.

Process returned 0 (0x0)   execution time : 1.997 s
Press any key to continue.
```

Abb. 16.11 Das Löschen einer Zeile

Alle Programmcodes aus diesem Buch sind als PDF zum
Download verfügbar. Dadurch müssen Sie sie nicht abtippen:
https://bmu-verlag.de/c

Außerdem erhalten Sie die eBook Ausgabe zum Buch im
PDF Format kostenlos auf unserer Website:

https://bmu-verlag.de/c
Downloadcode: siehe Kapitel 19

Kapitel 17

Grafische Benutzeroberflächen in C gestalten

Bei allen Programmen, die wir bisher in diesem Buch erstellt haben, handelte es sich um Konsolenprogramme. Das bedeutet, dass die Interaktion mit dem Nutzer über den Kommandozeileninterpreter in Textform stattfindet. Die Unterschiede zu den meisten modernen Anwenderprogrammen sind dabei jedoch erheblich. Hierbei kommen meistens *grafische Benutzeroberflächen* (GUI –graphical user interface) zum Einsatz. Diese lassen sich per Maus über Buttons und weitere Bedienelemente steuern. Das ermöglicht eine einfache und intuitive Bedienung.

In der Einleitung zu diesem Buch wurde bereits erwähnt, dass die Stärke der Programmiersprache C nicht in der Erstellung grafischer Benutzeroberflächen liegt. Es gibt andere Programmiersprachen, mit denen diese Aufgabe deutlich leichter fällt. Allerdings ist es auch in C möglich, GUIs zu gestalten. In diesem Kapitel wollen wir auch auf diese Technik eingehen. Da die Einbindung grafischer Benutzeroberflächen in C jedoch relativ kompliziert ist, gehen wir dabei nur auf die wichtigsten Grundlagen ein.

17.1 Eine passende Technik für die Erstellung grafischer Benutzeroberflächen

Wenn wir eine grafische Benutzeroberfläche gestalten, erstellen wir diese nicht von Grund auf selbst. Stattdessen verwenden wir eine vorgefertigte Bibliothek, die diese Aufgabe deutlich erleichtert. Diese stellt uns verschiedene Funktionen zur Verfügung. Wenn wir diese aufrufen, entsteht ein Fenster. Darüber hinaus können wir über andere Funktionen weitere Elemente in das Fenster einfügen und auf Aktionen des Anwenders reagieren.

Für diese vorgefertigten Bibliotheken gibt es verschiedene Möglichkeiten. Daher besteht der erste Schritt stets darin, eine passende Technik auszuwählen. Das hat nicht nur Einfluss darauf, wie die Programme optisch wirken. Darüber hinaus ist dies auch entscheidend für den Programmieraufwand unserer grafischen Benutzeroberflächen.

Wenn wir nun betrachten, welche Auswahlmöglichkeiten für die Programmiersprache C bestehen, wird schnell klar, weshalb wir zu Beginn dieses Kapitels gesagt haben, dass in dieser Sprache der Schwerpunkt nicht auf diesem Bereich liegt. In C kommen in erster Linie zwei Bibliotheken infrage: GTK (GIMP-Toolkit) und WinAPI. Beide zeichnen sich jedoch dadurch aus, dass die Gestaltung von Fenstern damit im Vergleich zu den Bibliotheken, die wir in vielen anderen Programmiersprachen zu diesem Zweck verwenden können, recht aufwendig ist. Viele Funktionen müssen hierbei selbst implementiert werden.

Allerdings kann in dieser Beziehung GTK noch etwas mehr überzeugen als WinAPI. Hierbei ist die Anzahl der vorgefertigten Funktionen größer, was die Programmerstellung erleichtert. Ein weiterer Aspekt ist die Plattformabhängigkeit der verschiedenen Systeme. WinAPI lässt sich ausschließlich auf Windows-Betriebssystemen verwenden. GTK wurde zwar für Linux entwickelt, doch können wir diese Technik auch auf allen weiteren gängigen Betriebssystemen verwenden – auch wenn der Aufwand hier etwas größer ist. Da zusammenfassend GTK für Anfänger etwas einfacher ist als WinAPI, entscheiden wir uns in diesem Buch für diese Technik. Auf diese Weise können auch Leser mit unterschiedlichen Betriebssystemen die entsprechenden Programme erstellen. Wenn dabei jedoch ein Windows-Rechner zum Einsatz kommt, sind die Vorbereitungsmaßnahmen hierfür etwas aufwendiger.

Wie bereits erwähnt, wurde GTK für Linux-Systeme entwickelt. Dabei handelt es sich um ein UNIX-artiges System. Wenn wir diese Technik nun unter Windows verwenden möchten, empfehlen uns die Entwickler, hierfür MSYS zu verwenden. Hierbei handelt es sich um eine UNIX-artige Umgebung, die die Verwendung von GTK erleichtert. Darüber hinaus gibt es noch eine weitere Alternative, die jedoch nur zusammen mit der IDE Visual Studio nutzbar ist. Da wir Visual Studio im Rahmen dieses Buchs jedoch nicht verwenden, scheidet diese Möglichkeit für unsere Projekte aus.

Der erste Schritt besteht daher darin MSYS zu installieren. Hierfür rufen wir folgenden Link auf:

https://bmu-verlag.de/c6

In Abbildung 17.1 sehen wir, dass wir hier nun zwei Möglichkeiten für den Download vorfinden. Die erste ist für 32-Bit-Systeme vorgesehen. Die meisten Leser werden jedoch über einen 64-Bit-Rechner verfügen, sodass der zweite Download-Link auszuwählen ist.

Abb. 17.1 Die Downloadseite von MSYS

Während des Installationsprozesses können wir stets die Standardeinstellungen übernehmen. Nachdem dieser abgeschlossen ist, öffnet sich ein Fenster, das ähnlich aussieht wie unser Kommandozeileninterpreter – lediglich mit einer etwas farbigeren Gestaltung. Die Shell – wie dieses Eingabefenster genannt wird – ist in Abbildung 17.2 zu sehen. Sollte sich das Fenster nicht automatisch öffnen, erreichen wir es auch über das Startmenü unter dem Eintrag MSYS.

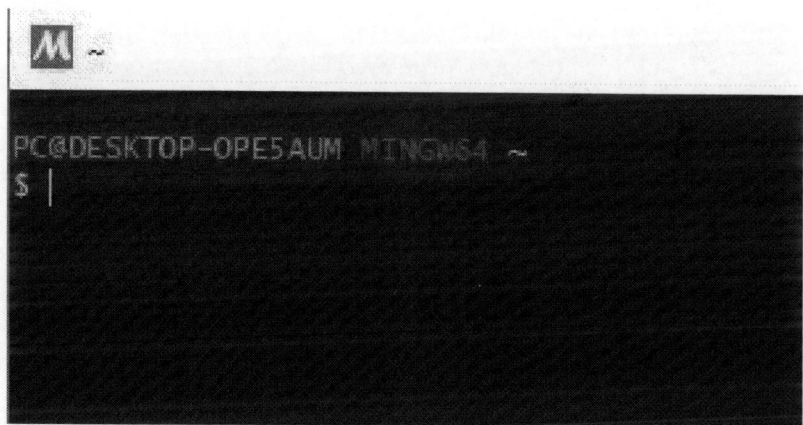

Abb. 17.2 Die Eingabe-Shell von MSYS

Unsere erste Aufgabe besteht nun darin, das Programm zu aktualisieren. Dazu geben wir den folgenden Befehl ein:

```
1   pacman -Syu
```

Hierbei werden wir nach einiger Zeit gefragt, ob wir die Installation bestätigen möchten. Hierbei geben wir den Buchstaben J zur Bestätigung ein. Nun kommt es jedoch häufig vor, dass nach einiger Zeit eine Warnmeldung erscheint und dass das Programm nicht mit der Installation fortfährt. In diesem Fall müssen wir die Shell schließen und daraufhin erneut öffnen. Nun geben wir diesen Befehl ein: `pacman -Su`. Daraufhin wird der Installationsprozess fortgesetzt. Das kann einige Minuten dauern.

Damit haben wir die MSYS-Umgebung installiert. Wenn diese einsatzbereit ist, besteht der nächste Schritt darin, das GTK-Paket herunterzuladen und zu installieren. Dazu geben wir folgenden Befehl in die MSYS-Shell ein:

```
1  pacman -S mingw-w64-x86_64-gtk3
```

Auch hierbei müssen wir wieder die Installation bestätigen und einige Minuten warten. Daraufhin ist es noch notwendig, den Compiler zu installieren. Hierzu dient folgender Befehl:

```
1  pacman -S mingw-w64-x86_64-toolchain base-devel
```

Nun werden wir nach einiger Zeit gefragt, welche Bestandteile wir installieren möchten. Hierbei drücken wir einfach auf die Eingabetaste, um das gesamte Paket zu nutzen. Bei der nächsten Auswahlmöglichkeit drücken wir ebenfalls nur auf Enter, um alle Bestandteile zu übernehmen. Auch hierbei werden wir dann nochmals dazu aufgefordert, die Installation zu bestätigen.

Nach einer weiteren längeren Wartezeit ist GTK nun einsatzbereit. Allerdings müssen wir noch eine weitere Aufgabe erledigen: das Hinzufügen der Systemvariablen. Hierbei gehen wir genau nach dem gleichen Muster vor, wie wir dies in Kapitel 2 gelernt haben. Allerdings fügen wir hier nun den Eintrag C:\msys64\mingw64\bin hinzu – vorausgesetzt dass wir den Installationsordner nicht verändert haben. In diesem Fall müssen wir selbstverständlich den Pfadnamen anpassen. Das ist auch der Fall, wenn wir die 32-Bit-Version installiert haben, da hierfür ein Verzeichnis mit einer anderen Bezeichnung erstellt wird.

17.2   Ein erstes Fenster erstellen

Nun können wir damit beginnen, unser erstes Fenster zu gestalten. Dafür erstellen wir in Code::Blocks eine neue C-Datei. Hier beginnen wir dann mit der `main()`-Funktion. In diesem Fall verwenden wir im Gegensatz zu unseren bisherigen Programmen jedoch keine leere Klammer, sondern folgenden Ausdruck:

```
int main (int argc, char **argv){
```

Diese Übergabewerte erlauben es, spezielle Zusatzangaben aufzunehmen, die der Anwender beim Aufruf des Programms macht. GTK kann diese dann auswerten. In unseren Beispielen werden wir diese Werte nicht verwenden. Allerdings sind sie als Übergabewerte für verschiedene GTK-Funktionen erforderlich, sodass wir sie trotzdem aufnehmen müssen.

Im nächsten Schritt erstellen wir einen Zeiger auf eine sogenannte GtkApplication. Dieser Datentyp ist in GTK definiert, sodass wir ihn einfach übernehmen können. Er stellt die Grundlage jedes Programms mit GTK-Fenstern dar:

```
GtkApplication *fensterAnwendung;
```

Danach definieren wir noch eine int-Variable, um den Status unseres Programms aufzunehmen:

```
int status;
```

Nun müssen wir unsere Fenster-Anwendung mit der Funktion gtk_application_new() initialisieren. Diese benötigt als Übergabewert zunächst eine sogenannte Application ID, die als Bezeichner für unsere Anwendung dient. Über diesen Ausdruck können wir diese dann später wieder identifizieren. Sie muss aus mindestens zwei Bestandteilen bestehen, die durch einen Punkt voneinander getrennt sind. Für unser Beispiel wählen wir "gtk.beispiel". Als zweiten Übergabewert kann man noch verschiedene weitere Vorgaben machen. Das ist in unserem Fall jedoch nicht notwendig. Um dies deutlich zu machen, fügen wir den Begriff G_APPLICATION_FLAGS_NONE ein. Den Rückgabewert dieser Funktion weisen wir unserer Variablen fensterAnwendung zu. Daraus ergibt sich folgender Befehl:

```
fensterAnwendung = gtk_application_new ("gtk.beispiel",
G_APPLICATION_FLAGS_NONE);
```

Anschließend müssen wir die Funktion g_signal_connect() aufrufen. Diese verbindet unsere Fensteranwendung mit einer bestimmten Funktion, die diese dann aufruft. Als Übergabewerte verwenden wir zunächst wieder unsere fensterAnwendung. Danach folgt der Begriff „activate". Dieser gibt an, dass die entsprechende Aktion beim Aktivieren der Anwendung durch-

17

geführt werden soll. Schließlich müssen wir ähnlich wie bei unseren Beispielen für die Datenbanken eine Callback-Funktion angeben. Diese werden
wir `erstellen()` nennen und später implementieren. Allerdings müssen
wir deren Namen auf folgende Weise einfügen: `G_CALLBACK (erstellen)`.
Danach folgt der Begriff `NULL`. Dieser Wert gibt an, dass wir keine weiteren
Daten an unsere Callback-Funktion übermitteln wollen. Der komplette Befehl sieht dann so aus:

```
1  g_signal_connect (fensterAnwendung, "activate", G_CALLBACK
2  (erstellen), NULL);
```

Nun führen wir unsere Anwendung mit der Funktion `g_application_run()`
aus. Diese erhält als Übergabewert zunächst den Ausdruck `G_APPLICATION`
`(fensterAnwendung)`, mit dessen Hilfe wir angeben, dass sich die Ausführung auf die von uns erstellte Anwendung bezieht. Danach geben wir die
Übergabewerte ein, die unsere `main()`-Funktion erhalten hat. Diese haben
für uns jedoch wie bereits erwähnt keine Bedeutung. Den Rückgabewert
nehmen wir in der Variable `status` auf. Das führt zu dieser Befehlszeile:

```
1  status = g_application_run (G_APPLICATION (fensterAnwendung),
2  argc, argv);
```

Zum Schluss beenden wir unsere Anwendung und geben damit deren Speicherplatz wieder frei. Hierfür fügen wir folgenden Befehl ein:

```
1  g_object_unref (fensterAnwendung);
```

Nun fügen wir noch das `return`-Statement ein. Dabei geben wir jedoch nicht
wie üblich den Wert 0 zurück, sondern den Inhalt der Variablen `status`. Das
führt dazu, dass unser Programm angibt, ob die Anwendung erfolgreich ver-
laufen ist oder nicht. Das Hauptprogramm sieht dann so aus:

```
1   int main (int argc, char **argv){
2       GtkApplication *fensterAnwendung;
3       int status;
4       fensterAnwendung = gtk_application_new ("gtk.beispiel",
5       G_APPLICATION_FLAGS_NONE);
6       g_signal_connect (fensterAnwendung, "activate",
7       G_CALLBACK (erstellen), NULL);
8       status = g_application_run (G_APPLICATION
9       (fensterAnwendung), argc, argv);
10      g_object_unref (fensterAnwendung);
11      return status;
12  }
```

Nun müssen wir noch die Funktion `erstellen()` implementieren, die wir im Hauptprogramm aufrufen. Als Übergabewerte erhält diese automatisch einen Zeiger zu einer `GtkApplication` und einen Wert vom Typ `gpointer`, der ebenfalls in GTK definiert ist. Der erste Übergabewert enthält unsere Anwendung, die wir im Hauptprogramm erstellt haben. Der zweite dient der Übergabe optionaler Daten. Da wir diese Möglichkeit jedoch nicht nutzen, müssen wir diese Variable lediglich in der Funktionsdefinition angeben, um den entsprechenden Übergabewert aufzunehmen. Wir wenden sie dann jedoch nicht weiter an. Das führt zu folgender Einleitung der Funktion:

```
void erstellen (GtkApplication *fensterAnwendung,
gpointer daten);
```

Um ein Fenster zu verwalten, verwenden wir einen Zeiger auf ein `GtkWidget`. Unter einem Widget versteht man eine Komponente einer grafischen Benutzeroberfläche – beispielsweise das Fenster selbst, einen darin enthaltenen Text-Block, einen Button oder ein Eingabefeld. Für jedes dieser Elemente müssen wir einen Zeiger auf ein `GtkWidget` erstellen. Daher beginnen wir die Funktion mit folgender Deklaration:

```
GtkWidget *fenster;
```

Danach rufen wir die Funkion `gtk_application_window_new()` auf und übergeben ihr als Übergabewert unsere Anwendung. Diese erstellt unser Fenster. Ihren Rückgabewert nehmen wir in der Variablen `fenster` auf:

```
fenster = gtk_application_window_new (fensterAnwendung);
```

Im nächsten Schritt machen wir einige Vorgaben für die Gestaltung. Zum einen fügen wir mit der `gtk_window_set_title()`-Funktion einen Titel in unser Fenster ein. Dieser übergeben wir den Wert `GTK_WINDOW (fenster)` und den gewünschten Titel. Danach geben wir die Größe mit der `gtk_window_set_default_size()`-Funktion vor. Auch hierbei verwenden wir den Wert `GTK_WINDOW (fenster)`. Danach geben wir die gewünschte Breite und die Höhe in Pixeln an. Abschließend sorgen wir mit der `gtk_widget_show_all()`-Funktion dafür, dass unser Fenster angezeigt wird. Damit ist die Funktion `erstellen()` bereits abgeschlossen:

```
void erstellen (GtkApplication *fensterAnwendung,
gpointer daten)
{
```

17

```
4   GtkWidget *fenster;
5   fenster = gtk_application_window_new (fensterAnwendung);
6   gtk_window_set_title (GTK_WINDOW (fenster), "Mein erstes
7   Fenster");
8   gtk_window_set_default_size (GTK_WINDOW (fenster), 300, 400);
9   gtk_widget_show_all (fenster);
10  }
```

Damit ist auch das Programm für unser erstes Fenster fertiggestellt. Allerdings können wir es nicht wie gewohnt kompilieren und ausführen. Hierfür müssen wir es innerhalb des Installationsverzeichnisses von MSYS abspeichern. Wir nennen das Programm fenster1.c. Die Wahl eines Speicherorts innerhalb des MSYS-Installationsverzeichnisses ist notwendig, da wir mit der Shell diesen Bereich nicht verlassen können. Es ist jedoch sinnvoll, hierfür ein eigenes Unterverzeichnis zu erstellen – beispielsweise mit der Bezeichnung programme. Nun öffnen wir die MSYS-Shell und wechseln mit dem cd-Befehl in dieses Verzeichnis. Hier geben wir nun diesen Befehl zum Kompilieren ein:

```
1   gcc 'pkg-config --cflags gtk+-3.0' -o fenster1 fenster1.c
2   'pkg-config --libs gtk+-3.0'
```

Dieser enthält neben dem bereits bekannten Compiler-Befehl gcc noch mehrere weitere Zusätze. Diese dienen dazu, die benötigten Bibliotheken zu unserem Projekt hinzuzufügen. Wenn wir weitere Fenster gestalten möchten, können wir diesen Befehl einfach übernehmen. Dabei müssen wir lediglich den Dateinamen unserer C-Datei und den Namen, den wir der ausführbaren Datei geben möchten, anpassen.

Nachdem wir diesen Befehl ausgeführt haben, wechseln wir in den Ordner, in dem wir die Datei abgespeichert hatten. Hier erkennen wir nun die neu entstandene Datei fenster1.exe. Diese klicken wir doppelt an. Daraufhin wird unser erstes Fenster angezeigt, das wir mit GTK erstellt haben. Das Ergebnis ist in Abbildung 17.3 zu sehen.

Abb. 17.3 Unser erstes selbst erstelltes Fenster

17.3 Inhalte in das Fenster einfügen

Nachdem wir im vorigen Abschnitt ein leeres Fenster erstellt haben, wollen wir dieses nun mit Inhalten füllen. Zu diesem Zweck bringen wir ein kleines Textfeld darin an. Das Hauptprogramm lassen wir dabei unverändert. Wir bearbeiten lediglich die Funktion `erstellen()`.

Hier erstellen wir nun nicht nur einen Zeiger auf ein `GtkWidget` für unser Fenster, sondern auch für den Text den wir eingeben wollen. Hierfür kommt ein sogenanntes Label zum Einsatz. Obwohl es sich hierbei um ein etwas anderes Objekt handelt, verwenden wir für die Handhabung den gleichen Zeigertyp. Daher beginnen wir die Funktion mit folgender Deklaration:

```
1  GtkWidget *fenster, *text;
```

Die Erzeugung des Fensters sowie die Festlegung des Titels und der Größe laufen dabei genau nach dem gleichen Muster ab wie im vorigen Beispiel. Daher werden diese Befehle nicht nochmals erklärt. Allerdings passen wir für das neue Beispiel den Titel an und wählen eine Größe von 300 auf 200 Pixel.

Danach erstellen wir mit der `gtk_label_new()`-Funktion unsere Textausgabe. Dafür müssen wir lediglich den gewünschten Text in die Klammer eingeben. Den Rückgabewert weisen wir unserem Zeiger `text` zu:

```
1  text = gtk_label_new ("Hier steht ein beliebiger Text, den
2  wir mit unserem Fenster ausgeben wollen.");
```

Wenn wir den Text ohne weitere Vorgaben ausgeben, beginnt er direkt am Rand des Fensters. Diese Darstellung ist jedoch nur wenig ansprechend. Daher geben wir nun einen Rand vor:

```
1  g_object_set (text, "margin", 20, NULL);
```

Die `g_object_set()`-Funktion erlaubt es, die Eigenschaften verschiedener Objekte zu verändern. Wir übergeben ihr als erstes den Zeiger auf unser Textfeld. Danach machen wir mit dem Begriff „`margin`" deutlich, dass wir einen Rand festlegen wollen. Der dritte Übergabewert gibt die Breite des Randes in Pixeln an. Auch hier ist es bei anderen Anwendungen notwendig, noch weitere Werte zu übergeben. Da wir dies für unseren Text jedoch nicht benötigen, setzen wir den vierten Übergabewert auf NULL.

Im nächsten Schritt fügen wir das Label in unser Fenster ein. Dafür verwenden wir die Funktion `gtk_container_add ()`. Diese erhält als ersten Übergabewert das Fenster, das den Text aufnimmt. Danach geben wir den Zeiger auf unser Text-Label ein:

```
1  gtk_container_add (GTK_CONTAINER (fenster), text);
```

Zum Schluss nehmen wir noch mit der `gtk_label_set_line_wrap()`-Funktion eine kleine Änderung vor. Diese führt dazu, dass unser Text automatisch mit Zeilenumbrüchen versehen wird. Ohne diese Vorgabe passt das Programm die Breite des Fensters an unsere Textlänge an. Das ist in der Regel jedoch nicht erwünscht. Daher fügen wir den folgenden Befehl ein:

```
1  gtk_label_set_line_wrap (GTK_LABEL (text), TRUE);
```

Der erste Übergabewert gibt an, dass sich diese Vorgabe auf unser Text-Label bezieht. Der Wert TRUE gibt vor, dass wir Zeilenumbrüche einfügen wollen. Geben wir hier FALSE an, erscheint der Text ohne Zeilenumbrüche.

Damit ist unser Fenster mit Textausgabe bereits weitestgehend abgeschlossen. Wir müssen es nun nur noch mit der gtk_widget_show_all()-Funktion anzeigen – genau wie im vorigen Beispiel. Das Ergebnis ist in Abbildung 17.4 zu sehen. Der Code für die neue erstellen()-Funktion sieht dann so aus:

```
1   void erstellen (GtkApplication *fensterAnwendung, gpointer daten)
2   {
3       GtkWidget *fenster, *text;
4       fenster = gtk_application_window_new (fensterAnwendung);
5       gtk_window_set_title (GTK_WINDOW (fenster), "Fenster mit
6       Text");
7       gtk_window_set_default_size (GTK_WINDOW (fenster), 300, 200);
8       text = gtk_label_new ("Hier steht ein beliebiger Text, den
9       wir mit unserem Fenster ausgeben wollen.");
10      g_object_set (text, "margin", 20, NULL);
11      gtk_container_add (GTK_CONTAINER (fenster), text);
12      gtk_label_set_line_wrap (GTK_LABEL (text), TRUE);
13      gtk_widget_show_all (fenster);
14  }
```

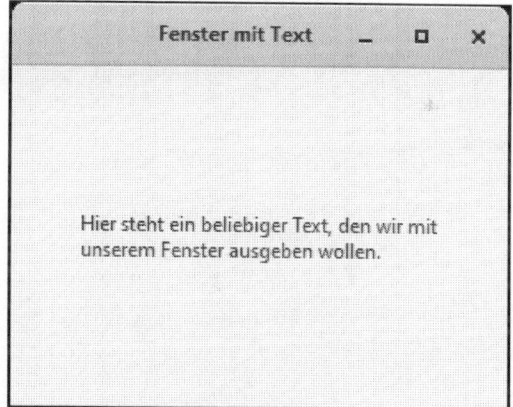

Abb. 17.4 Das Fenster mit einer Textausgabe

17.4   Schaltflächen für unterschiedliche Aktionen gestalten

Nachdem wir in unserem zweiten Beispiel unser Fenster bereits mit etwas Text gefüllt haben, wollen wir in diesem Abschnitt lernen, wie wir eine Interaktion mit dem Anwender durchführen können. Dazu erstellen wir ein weiteres Fenster. Dieses enthält nun jedoch zwei Elemente: einen Button und ein Textfeld. Das Textfeld bleibt jedoch zunächst leer. Erst wenn der Anwender den Button betätigt, soll hier eine kleine Begrüßung ausgegeben werden.

Das Hauptprogramm bleibt auch bei diesem Beispiel unverändert. Die Funktion `erstellen()` müssen wir jedoch neu gestalten. Wir beginnen wieder damit, Zeiger auf unsere GTK-Widgets zu definieren. In diesem Fall benötigen wir neben dem Fenster und dem Textfeld noch einen Button. Außerdem erstellen wir eine Box. Das Fenster selbst kann nur ein einziges Element aufnehmen. Wenn wir mehrere Elemente einfügen möchten, müssen wir daher eine Box zwischenschalten. Auf diese Weise fügen wir nur diese in das Fenster ein. Die Box kann jedoch beliebig viele Elemente enthalten. Daher sieht die erste Zeile der Funktion so aus:

```
1   GtkWidget *fenster, *text, *button, *box;
```

Die Erzeugung des Fensters läuft wieder nach dem gleichen Muster ab wie in unseren bisherigen Beispielen. Dabei können wir wieder den Titel und bei Bedarf auch die Größe anpassen. Danach erzeugen wir unsere Box:

```
1   box = gtk_box_new(GTK_ORIENTATION_VERTICAL, 5);
```

Der erste Übergabewert der `gtk_box_new()`-Funktion gibt an, ob die Elemente in der Box in vertikaler oder in horizontaler Form angeordnet werden sollen. Für die horizontale Anordnung wäre in diesem Fall der Ausdruck `GTK_ORIENTATION_HORIZONTAL` notwendig. Der zweite Wert gibt an, welchen Abstand die einzelnen Elemente haben sollen.

Im Anschluss daran erstellen wir wieder ein Label für den Text. Die Vorgehensweise ist dabei die gleiche wie im vorigen Beispiel – mit der Ausnahme, dass wir nun einen leeren Text einfügen. Danach gestalten wir unseren Button. Mit der `gtk_button_new_with_label()`-Funktion können wir dabei gleich eine Beschriftung vorgeben:

```
1   button = gtk_button_new_with_label ("Hier klicken!");
```

Danach rufen wir wieder die `g_signal_connect()`-Funktion auf, die wir bereits im Hauptprogramm verwendet haben. An dieser Stelle ist es sinnvoll, etwas intensiver auf deren Funktion einzugehen. GTK arbeitet mit sogenannten Events. Das bedeutet, dass bei verschiedenen Aktionen – sei es durch das Programm oder durch den Anwender ausgelöst – Events erstellt werden. Diese Aufgabe übernehmen die internen Prozesse von GTK selbstständig, sodass wir uns darum nicht kümmern müssen. Wir können diese Events jedoch nutzen, um auf die entsprechenden Ereignisse zu reagieren. In unserem Hauptprogramm haben wir auf das Event „`activate`" reagiert. Dieses wird ausgelöst, wenn die Anwendung gestartet wird. Daher hat unser Programm automatisch beim Starten die Funktion `erstellen()` aufgerufen und das entsprechende Fenster erzeugt. Nun möchten wir jedoch darauf reagieren, wenn der Anwender auf unseren Button klickt. Dafür müssen wir den Begriff „`clicked`" eingeben.

Zuvor steht jedoch das Element, das mit diesem Event in Verbindung stehen soll. Wenn wir beispielsweise später mehrere Buttons einfügen, müssen wir genau unterscheiden, welche Aktion mit welchem Event in Zusammenhang steht. In diesem Beispiel geben wir hier den Zeiger `button` ein, der auf unseren Button verweist. Als dritten Übergabewert geben wir wieder eine Funktion vor, die beim Auftreten des entsprechenden Events aufgerufen werden soll. Diese nennen wir `textAusgeben()`. Später müssen wir diese dann noch implementieren. Bei der Erklärung zum Hauptprogramm haben wir gesagt, dass wir als vierten Übergabewert weitere Daten übermitteln können. In unserem ersten Beispiel haben wir dies jedoch nicht benötigt und daher den Wert `NULL` vorgegeben. Jetzt ist es jedoch notwendig, auch eine Verbindung zu unserem Text-Label zu erstellen – schließlich wollen wir dessen Text in der Callback-Funktion verändern. Daher geben wir den Zeiger, der auf dieses verweist, als vierten Übergabewert vor:

```
g_signal_connect (button, "clicked", G_CALLBACK
(textAusgeben), text);
```

Im nächsten Schritt fügen wir dann zuerst den Button mit der `gtk_box_pack_start()`-Funktion in unsere Box ein. Danach wiederholen wir diesen Schritt mit der `gtk_box_pack_end()`-Funktion und dem Text-Label. Der Aufbau ist in beiden Fällen identisch. Zunächst geben wir die Box und danach das Element an, das wir einfügen möchten. Anschließend folgt eine boolesche Variable (die in GTK jedoch komplett groß geschrieben werden muss). Diese Werte bestimmen die Platzaufteilung. Ist der erste Wert FALSE, werden die Elemente direkt untereinander angeordnet – lediglich mit dem Abstand, den wir später noch angeben müssen. Ist der Wert hingegen TRUE, werden die Elemente gleichmäßig auf die Box aufgeteilt. Der zweite Wert gibt an, ob wir die einzelnen Elemente so weit vergrößern möchten, dass sie den verfügbaren Platz komplett ausfüllen. Beim fünften Wert handelt es sich um eine ganze Zahl. Diese bestimmt den Abstand zwischen den einzelnen Elementen:

17

```
1  gtk_box_pack_start(GTK_BOX(box), button, TRUE, TRUE, 5);
2  gtk_box_pack_end(GTK_BOX(box), text, TRUE, TRUE, 5);
```

Nun fügen wir noch die Box in das Fenster ein und zeigen das Fenster an – genau wie in unserem letzten Beispiel. Damit ist die Funktion `erstellen()` abgeschlossen:

```
1   void erstellen (GtkApplication *fensterAnwendung, gpointer daten)
2   {
3       GtkWidget *fenster, *text, *button, *box;
4       fenster = gtk_application_window_new (fensterAnwendung);
5       gtk_window_set_title (GTK_WINDOW (fenster), "Fenster mit
6       Button");
7       gtk_window_set_default_size (GTK_WINDOW (fenster), 300, 200);
8       box = gtk_box_new(GTK_ORIENTATION_VERTICAL, 5);
9       text = gtk_label_new ("");
10      g_object_set (text, "margin", 20, NULL);
11      button = gtk_button_new_with_label ("Hier klicken!");
12      g_signal_connect (button, "clicked", G_CALLBACK
13      (textAusgeben), text);
14      gtk_box_pack_start(GTK_BOX(box), button, TRUE, TRUE, 5);
15      gtk_box_pack_end(GTK_BOX(box), text, TRUE, TRUE, 5);
16      gtk_container_add (GTK_CONTAINER (fenster), box);
17      gtk_widget_show_all (fenster);
18  }
```

Nun müssen wir noch die Funktion `textAusgeben()` implementieren, die beim Klick auf den Button aufgerufen wird. Diese erhält automatisch als Übergabewert einen Zeiger auf das Element übergeben, das für den Aufruf der Funktion verantwortlich ist – in unserem Beispiel also den Button. Obwohl wir diesen nicht benötigen, müssen wir ihn entsprechend aufnehmen. In diesem Beispiel haben wir nun jedoch auch einen weiteren Übergabewert eingefügt. Dabei handelt es sich um einen Zeiger auf unser Text-Label. Die einzige Aufgabe der Funktion besteht darin, den Inhalt dieses Labels zu verändern. Dazu nutzen wir die Funktion `gtk_label_set_text()`. Diese erhält als Übergabewerte das Label, auf das sie sich beziehen soll und den neuen Text. Damit ist die Funktion bereits abgeschlossen:

```
1  void textAusgeben (GtkWidget *widget, gpointer text){
2      gtk_label_set_text(text, "Hallo");
3  }
```

Nun können wir das Programm ausprobieren. Zunächst ist hier nur unser Button zu sehen. Sobald wir diesen betätigen, erscheint darunter jedoch das Text-Label mit der Begrüßung, so wie dies in Abbildung 17.5 zu erkennen ist.

Abb. 17.5 Die Ausgabe der Begrüßung in unserem Fenster

Mit diesem kleinen Programm beenden wir bereits unseren Exkurs zur GUI-Gestaltung in C. Es ist klar, dass wir hierbei nur leicht an der Oberfläche gekratzt haben. Um sich tiefgreifend mit diesem Thema zu befassen, wären eigene Bücher mit Hunderten Seiten notwendig. Dennoch wurde hier ein kleiner Einblick in diese Technik gegeben und interessierte Leser können sich in diesem Bereich selbstverständlich noch eigenständig weiterbilden. Es wurde jedoch auch klar, weshalb C nicht die beliebteste Sprache für die Gestaltung von GUI-Anwendungen ist. Selbst für unsere einfachen Beispiele mit minimalen Funktionen haben wir einen sehr umfangreichen Code erstellen müssen.

17.5 Übungsaufgabe: eigene Fenster erstellen

Erstellen Sie ein Fenster mit einer Breite von 600 und mit einer Höhe von 200 Pixeln. Darin sind nebeneinander zwei Buttons und ein Textfeld angeordnet. Das Textfeld soll zunächst den Inhalt „Keine Eingabe" enthalten. Beim Klick auf den ersten Button soll dann „Button 1" und beim Klick auf den zweiten Button „Button 2" erscheinen.

Lösung:

```
1   #include <gtk/gtk.h>
2   void erstellen (GtkApplication *fensterAnwendung, gpointer daten);
3   void button1Anzeigen (GtkWidget *widget, gpointer text);
4   void button2Anzeigen (GtkWidget *widget, gpointer text);
5   int main (int argc, char **argv){
6       GtkApplication *fensterAnwendung;
7       int status;
8       fensterAnwendung = gtk_application_new ("gtk.beispiel",
9       G_APPLICATION_FLAGS_NONE);
10      g_signal_connect (fensterAnwendung, "activate", G_CALLBACK
11      (erstellen), NULL);
12      status = g_application_run (G_APPLICATION (fensterAnwendung),
13      argc, argv);
14      g_object_unref (fensterAnwendung);
15      return status;
16  }
17  void erstellen (GtkApplication *fensterAnwendung, gpointer daten)
18  {
19      GtkWidget *fenster, *text, *button1, *button2, *box;
20      fenster = gtk_application_window_new (fensterAnwendung);
21      gtk_window_set_title (GTK_WINDOW (fenster), "Fenster mit
22      Button");
23      gtk_window_set_default_size (GTK_WINDOW (fenster), 600, 200);
24      box = gtk_box_new(GTK_ORIENTATION_HORIZONTAL, 5);
25      text = gtk_label_new ("Keine Eingabe");
26      g_object_set (text, "margin", 20, NULL);
27      button1 = gtk_button_new_with_label ("Button 1");
28      g_signal_connect (button1, "clicked", G_CALLBACK
29      (button1Anzeigen), text);
30      button2 = gtk_button_new_with_label ("Button 2");
31      g_signal_connect (button2, "clicked", G_CALLBACK
32      (button2Anzeigen), text);
33      gtk_box_pack_start(GTK_BOX(box), button1, TRUE, TRUE, 5);
34      gtk_box_pack_start(GTK_BOX(box), button2, TRUE, TRUE, 5);
35      gtk_box_pack_end(GTK_BOX(box), text, TRUE, TRUE, 5);
36      gtk_container_add (GTK_CONTAINER (fenster), box);
37      gtk_widget_show_all (fenster);
38  }
39  void button1Anzeigen (GtkWidget *widget, gpointer text){
40      gtk_label_set_text(text, "Button 1");
41  }
42  void button2Anzeigen (GtkWidget *widget, gpointer text){
43      gtk_label_set_text(text, "Button 2");
44  }
```

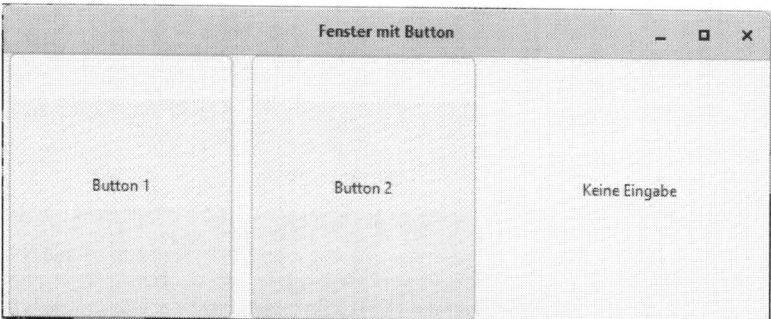

Abb. 17.6 Das Fenster mit den beiden Buttons und der Textausgabe

17

Alle Programmcodes aus diesem Buch sind als PDF zum Download verfügbar. Dadurch müssen Sie sie nicht abtippen:

https://bmu-verlag.de/c

Außerdem erhalten Sie die eBook Ausgabe zum Buch im PDF Format kostenlos auf unserer Website:

https://bmu-verlag.de/c

Downloadcode: siehe Kapitel 19

Kapitel 18

Anwendungsbeispiel: Ein Programm für einen Immobilienmakler erstellen

In den vorigen Kapiteln haben wir die wichtigsten Grundzüge der Programmiersprache C kennengelernt. Zunächst widmeten wir und den grundlegenden Aspekten wie Variablen, Operatoren und der Ablaufsteuerung. Diese kommen in fast jedem Programm zum Einsatz. Danach haben wir uns mit etwas weiter fortgeschrittenen Techniken wie der Verwendung von Zeigern, Dateien, Datenbanken und grafischen Benutzeroberflächen beschäftigt.

Die Programme, die wir dabei als Beispiele erzeugt haben, dienten jedoch in der Regel nur der Erledigung einer ganz spezifischen Aufgabe. Daher waren sie stets recht kurz gehalten. Wenn man jedoch eine Software für die Anwendung in der Praxis schreibt, muss diese fast immer deutlich mehr Funktionalitäten bereithalten. Daher sind derartige Programme wesentlich umfangreicher.

Im letzten Kapitel wollen wir daher ein etwas größeres Praxisbeispiel erstellen. Auf diese Weise vertiefen wir nicht nur die Kenntnisse, die wir in den vorherigen Kapiteln erworben haben. Darüber hinaus lernen wir, wie wir die Strukturen planen und die verschiedenen Elemente zusammenfügen und in ein gemeinsames Programm einbinden.

In diesem Buch haben wir bereits mehrfach das Beispiel eines Immobilienmaklers verwendet, der für die Verwaltung der Wohnungen ein C-Programm nutzt. Dieses Beispiel wollen wir nun weiter ausbauen. Das Programm soll es erlauben, eine neue Wohnung in das Sortiment aufzunehmen. Darüber hinaus soll es möglich sein, die notwendigen Anpassungen vorzunehmen, wenn der Makler eine Wohnung vermietet oder verkauft. Schließlich wollen wir die verfügbaren Objekte anzeigen. Damit die Daten nach dem Beenden des Programms nicht verloren gehen, speichern wir die Werte in einer Datenbank ab.

18.1 Die Aufgaben des Programms bestimmen und Module einteilen

Die wesentliche Aufgabe unseres Programms haben wir bereits in der Einleitung erwähnt:

1. Eine neue Immobilie zum Sortiment hinzufügen
2. Ein Objekt vermieten
3. Ein Objekt verkaufen
4. Die Objekte anzeigen

Für jede dieser Aufgaben erstellen wir eine eigene Funktion. Das gestaltet das Programm übersichtlicher und macht es einfacher, die Aufgaben nach und nach abzuarbeiten. Außerdem wollen wir diese jeweils in ein eigenes Modul auslagern.

Darüber hinaus erstellen wir ein weiteres Modul mit einer Funktion mit der Bezeichnung `initialisieren()`. Diese dient dazu, unsere Datenbank zu initialisieren und soll jedes Mal ausgeführt werden, wenn wir unser Programm starten. Auch hierfür erstellen wir ein eigenes Modul. Wie immer bei Programmen, die Module verwenden, ist es auch bei dieser Aufgabe notwendig, hierfür ein eigenes Projekt zu erstellen.

Bevor wir uns der Implementierung der einzelnen Funktionen widmen, erstellen wir unser Hauptprogramm. Dessen Funktionsweise ist recht einfach. Zunächst soll es eine Begrüßung ausgeben und die Funktion `initialisieren()` aufrufen. Daher beginnen wir es mit folgenden Codezeilen:

```
1  printf("Willkommen zum Verwaltungsprogramm f\x81r Ihre
2  Immobilien!\n\n\n");
3  initialisieren();
```

Danach erstellen wir eine Schleife. Diese soll dem Anwender die vier oben beschrieben Auswahlmöglichkeiten präsentieren. Die Abbruchbedingung soll sich an der Variablen `auswahl` orientieren, die wir zuvor definieren und mit dem Wert 0 initialisieren müssen. Der Wert 5 soll später der Auswahloption zum Beenden des Programms entsprechen. Daher fügen wir folgende Codezeilen an:

```
1  int auswahl = 0;
2  while (auswahl != 5){
```

Nun präsentieren wir die verschiedenen Möglichkeiten. Da hierfür nur einfache `printf()`-Befehle notwendig sind, muss dieser Schritt nicht weiter erklärt werden. Danach nehmen wir die Eingabe in der Variablen `auswahl` auf.

Im nächsten Schritt erstellen wir ein `switch`-Statement. Dessen Aufgabe besteht darin, in Abhängigkeit von der Eingabe des Anwenders die passende

Funktion aufzurufen. Wenn der Wert 5 eingegeben wurde, geben wir eine Verabschiedung aus. Außerdem fügen wir ein default-Statement für ungültige Eingaben ein:

```
switch (auswahl){
case 1:
    hinzufuegen();
    break;
case 2:
    vermieten();
    break;
case 3:
    verkaufen();
    break;
case 4:
    anzeigen();
    break;
case 5:
    printf("Auf Wiedersehen!");
    break;
default:
    printf("Ung\x81ltige Eingabe!\n\n");
    break;
}
```

Damit ist unser Hauptprogramm bereits abgeschlossen. Wir müssen später dann nur noch die Header-Dateien unserer Module einbinden, sobald wir diese erstellt haben. Der komplette Code dafür sieht dann so aus:

```
#include <stdio.h>
int main()
{
    printf("Willkommen zum Verwaltungsprogramm f\x81r
    Ihre Immobilien!\n\n\n");
    initialisieren();
    int auswahl = 0;
    while (auswahl != 5){
        printf("W\x84hlen Sie eine Aktion aus:\n\n");
        printf("1: Neue Immobilie hinzuf\x81gen\n");
        printf("2: Immobilie vermieten\n");
        printf("3: Immobilie verkaufen\n");
        printf("4: Wohnungen anzeigen\n");
        printf("5: Programm beenden\n\n");
        printf("Ihre Eingabe: ");
        scanf("%i", &auswahl);
        switch (auswahl){
        case 1:
            hinzufuegen();
            break;
        case 2:
            vermieten();
```

18

```
23          break;
24      case 3:
25          verkaufen();
26          break;
27      case 4:
28          anzeigen();
29          break;
30      case 5:
31          printf("Auf Wiedersehen!");
32          break;
33      default:
34          printf("Ung\x8lltige Eingabe!\n\n");
35          break;
36      }
37  }
38  return 0;
39 }
```

Wenn wir das Programm jetzt ausführen möchten, kommt es jedoch zu einer Fehlermeldung. Das liegt daran, dass wir die Funktionen, die wir hier aufrufen, noch nicht definiert haben. Um dennoch bereits einen Eindruck davon zu erhalten, wie unser Programm aussehen wird, können wir die fünf Funktionen jeweils durch einen doppelten Schrägstrich als Kommentar kennzeichnen. Auf diese Weise ist die Ausführung möglich. Abbildung 18.1 zeigt die Ausgabe der Auswahlmöglichkeiten. Wenn wir eine von ihnen eingeben, passiert jedoch noch nichts – mit Ausnahme der Option 5, die zur Beendigung des Programms führt. Wenn wir später die einzelnen Funktionen nach und nach erstellen, müssen wir die Kommentarzeichen dann wieder entfernen, damit unser Programm die entsprechende Aktion durchführt.

Abb. 18.1 Die Auswahlmöglichkeiten für unser Programm

Nun erstellen wir die Funktion `initialisieren()`. Diese ist eigentlich nur bei der ersten Ausführung des Programms notwendig. Sie dient dazu, die Datenbanktabelle für unsere Werte zu erstellen. Da wir jedoch bei der Programmerstellung nicht wissen können, ob dies zum Zeitpunkt der Ausführung bereits erledigt ist, führen wir diese Funktion bei jedem neuen Aufruf des Programms aus. Zu diesem Zweck erstellen wir die Dateien initialisieren.c und initialisieren.h und fügen sie zu unserem Projekt hinzu. Die Funktion verwendet weder Rückgabe- noch Übergabewerte. Daher sieht die Datei initialisieren.h so aus:

```
1  #ifndef INITIALISIEREN_H_INCLUDED
2  #define INITIALISIEREN_H_INCLUDED
3  void initialisieren();
4  #endif // INITIALISIEREN_H_INCLUDED
```

Bevor wir diese Funktion implementieren, müssen wir beachten, dass wir hierfür Datenbanken verwenden möchten. Daher müssen wir die Dateien **sqlite3.c** und **sqlite.h** in unseren Projektordner kopieren und zum Projekt hinzufügen. Letztere Datei müssen wir außerdem in das Modul initialisieren.c einbinden.

Zunächst erstellen wir eine Verbindung zu einer Datenbank mit der Bezeichnung **makler.db**. Diese wird bei der ersten Ausführung automatisch erstellt. Dabei gehen wir nach dem gleichen Muster vor wie in Kapitel 16. Wir entfernen dabei lediglich die Meldung über ein erfolgreiches Öffnen der Datenbank. Derartige Meldungen würden den Ablauf des Programms stören, sodass wir künftig darauf verzichten. Lediglich im Falle eines Fehlers geben wir eine entsprechende Nachricht aus.

Nun müssen wir uns überlegen, welche Werte wir in unserer Datenbank erfassen möchten. Wie in unseren bisherigen Beispielen benötigen wir eine ID, die Adresse der Wohnung und ihre Größe. Statt eine einzelne Variable für den Preis anzugeben, teilen wir diese nun auf, da unser Programm es erlauben soll, die Objekte sowohl zu vermieten als auch zu verkaufen. Daher erstellen wir nun zwei Spalten – eine für den Mietpreis und eine für den Kaufpreis.

Zum Abschluss möchten wir auch noch festhalten, ob eine Wohnung im Moment vermietet ist oder nicht. Das ist wichtig, um später die Verfügbarkeit zu ermitteln. Im Prinzip wäre hierfür eine boolesche Variable sinnvoll. SQLite unterstützt diesen Datentyp jedoch nicht. Daher ver-

18

wenden wir einen Integer-Wert. Die Zahl 0 bedeutet, dass die Wohnung nicht vermietet ist. Liegt der Wert bei 1, bedeutet das, dass die Wohnung vermietet ist. Daher speichern wir den folgenden Befehl in unsere sql-Variablen ab:

```
1  sql = "CREATE TABLE IF NOT EXISTS Wohnungen ("
2     "ID INTEGER Primary Key Not Null,"
3     "Adresse TEXT,"
4     "Groesse INTEGER,"
5     "Mietpreis INTEGER,"
6     "Kaufpreis INTEGER,"
7     "Vermietet INTEGER"
8     ");";
```

Diesen führen wir dann wie gewohnt mit der `sqlite3_exec()`-Funktion aus. Auch hierbei geben wir wieder nur im Falle eines Fehlers eine Meldung aus. Damit ist dieses Modul abgeschlossen. Im Hauptprogramm müssen wir nun noch die Datei **initialisieren.h** einbinden und das Kommentarzeichen vor dem Funktionsaufruf entfernen. Die Auswirkungen unserer neuen Funktion sind bei der Ausführung jedoch noch nicht zu sehen. Allerdings erstellt unser Programm jetzt die Tabelle, die wir für die weitere Bearbeitung benötigen. Der komplette Code sieht so aus:

```
1  #include <stdio.h>
2  #include <stdlib.h>
3  #include "initialisieren.h"
4  #include "sqlite3.h"
5  void initialisieren() {
6      sqlite3 *db;
7      int rc;
8      char *sql;
9      char *fehlernachricht;
10     rc = sqlite3_open("makler.db", &db);
11     if(rc != 0) {
12         printf("Datenbank konnte nicht ge\x94 \bffnet werden:
13         %s\n", sqlite3_errmsg(db));
14         exit(EXIT_FAILURE);
15     }
16     sql = "CREATE TABLE IF NOT EXISTS Wohnungen ("
17         "ID INTEGER Primary Key Not Null,"
18         "Adresse TEXT,"
19         "Groesse INTEGER,"
20         "Mietpreis INTEGER,"
21         "Kaufpreis INTEGER,"
22         "Vermietet INTEGER"
23         ");";
24     rc = sqlite3_exec(db, sql, 0, 0, &fehlernachricht);
25     if(rc != 0){
```

```
26      printf("Datenbankfehler: %s\n", fehlernachricht);
27      sqlite3_free(fehlernachricht);
28      exit(EXIT_FAILURE);
29    }
30    sqlite3_close(db);
31 }
```

18.2 Neue Immobilie hinzufügen

Die erste Funktion, die wir implementieren, trägt den Namen hinzufuegen().
Wir erstellen hierfür die Dateien hinzufuegen.c und hinzufuegen.h, und binden sie in unser Projekt ein. Auch in diesem Fall ist die Header-Datei wieder sehr einfach aufgebaut, da wir hier nur eine Funktion ohne Rückgabe- und Übergabewerte verwenden:

```
1 #ifndef HINZUFUEGEN_H_INCLUDED
2 #define HINZUFUEGEN_H_INCLUDED
3 void hinzufuegen ();
4 #endif // HINZUFUEGEN_H_INCLUDED
```

Danach wenden wir uns der Datei hinzufuegen.c zu. Hier müssen wir wieder die Header für dieses Modul und für unsere Datenbank einbinden. In dieser Funktion wollen wir zunächst den Anwender nach den Werten für die neue Wohnung fragen. Daher benötigen wir für alle Eingaben eine entsprechende Zeichenkette. Da wir diese Werte später mit der strcat()-Funktion zusammenfügen müssen, ist es etwas einfacher, hierbei mit konkreten Arrays zu arbeiten. Für unsere Eingabewerte sollte eine Länge von jeweils 20 Zeichen ausreichend sein. Da unser SQL-Befehl in diesem Fall etwas länger wird, geben wir hierbei eine Größe von 300 Zeichen vor. Darüber hinaus erstellen wir eine Zeichenkette mit der Bezeichnung sqlTeil. Diese dient dazu, einzelne Teile unseres SQL-Befehls aufzunehmen, um diesen später korrekt zusammenzusetzen. Daher deklarieren wir zunächst die folgenden Zeichenketten:

```
1 char id[20], adresse[20], quadratmeter[20], mietpreis[20],
2 kaufpreis[20], vermietet[20], sql[300], sqlTeil[10];
```

18

Hinzu kommen alle Variablen, die wir auch bisher für unseren Datenbankzugriff benötigt haben. Danach öffnen wir die Datenbank genau auf die gleiche Weise wie in den bisherigen Beispielen. Daraufhin schreiben wir folgenden Befehl in das Programm:

```
1 fflush(stdin);
```

Der Grund hierfür besteht darin, dass wir in den folgenden Beispielen mit dem `gets()`-Befehl arbeiten müssen. Das ist notwendig, da davon auszugehen ist, dass die Adresse ein Leerzeichen enthält. Daher können wir hierfür nicht den `scanf()`-Befehl verwenden. Da wir diesen jedoch bereits im Hauptprogramm genutzt haben, kann es dabei zu Interferenzen mit dem `gets()`-Befehl kommen. Der Grund dafür besteht darin, dass der `scanf()`-Befehl den Zeilenumbruch, den wir durch die Betätigung der Eingabetaste erzeugen, nicht einliest. Daher bleibt dieser im `stdin`-Stream erhalten. Wenn wir daraufhin den `gets()`-Befehl verwenden, wertet dieser den Zeilenumbruch aus und springt dann gleich zum nächsten Befehl über, ohne eine Eingabe aufzunehmen. Daher reinigen wird zunächst den `stdin`-Stream mit dem genannten Befehl.

Nun fordern wir den Anwender zur Eingabe der einzelnen Werte auf und speichern diese mit dem `gets()`-Befehl in den zugehörigen Variablen. Da diese Technik bereits bekannt sein sollte, wird sie an dieser Stelle nicht weiter erläutert.

Im folgenden Schritt müssen wir diese Eingaben mit den übrigen Elementen zu einem einheitlichen SQL-Befehl zusammensetzen. In der Übungsaufgabe zu Kapitel 16 haben wir bereits ein Beispiel umgesetzt, bei dem wir eine Eingabe per `strcat()`-Befehl in einen SQL-Befehl eingesetzt haben. Da wir nun jedoch nicht nur einen Wert, sondern fünf Angaben abfragen, wird diese Aufgabe allerdings etwas komplizierter. Zunächst speichern wir in der Variablen `sql` den Teil des Befehls ab, bei dem keine Anpassung an die Eingaben des Anwenders notwendig ist:

```
1  strcpy(sql, "INSERT INTO Wohnungen (ID, Adresse, Groesse,
2  Mietpreis,"
3          "Kaufpreis, Vermietet) VALUES (");
```

Nun müssen wir die erste Eingabe des Anwenders anhängen – die ID:

```
1  strcat(sql, id);
```

Bevor wir den nächsten Wert eingeben können, müssen wir zunächst ein Komma einfügen. Außerdem handelt es sich beim nächsten Eintrag um eine Zeichenkette. Daher ist ein öffnendes einfaches Anführungszeichen erforderlich. Diese Zeichenfolge speichern wir daher in der Variablen `sqlTeil` ab und fügen sie anschließend zu unserem SQL-Befehl hinzu:

```
1  strcpy(sqlTeil, ", '");
2  strcat(sql, sqlTeil);
```

Anschließend geben wir die Adresse ein. Danach stehen wieder ein einfaches Anführungszeichen und ein Komma. Daher weisen wir jetzt diesen Wert der Variablen `sqlTeil` zu und fügen ihn daraufhin ebenfalls zu unserem SQL-Befehl hinzu:

```
1  strcat(sql, adresse);
2  strcpy(sqlTeil, "', ");
3  strcat(sql, sqlTeil);
```

Bei den übrigen Werten handelt es sich ausschließlich um ganze Zahlen. Daher ist nun lediglich ein Komma (und optional ein Leerzeichen) notwendig, um die Eingaben voneinander zu trennen. Daher müssen wir die Zeichenkette `sqlTeil` für die folgenden Werte nur ein einziges Mal abändern und können sie dann in der gleichen Form wiederverwenden. Wir fügen sie im Wechsel mit den übrigen Angaben zu unserem SQL-Befehl hinzufügen:

```
1  strcpy(sqlTeil, ", ");
2  strcat(sql, quadratmeter);
3  strcat(sql, sqlTeil);
4  strcat(sql, mietpreis);
5  strcat(sql, sqlTeil);
6  strcat(sql, kaufpreis);
7  strcat(sql, sqlTeil);
8  strcat(sql, vermietet);
```

Zum Schluss müssen wir noch die schließende Klammer und das Semikolon an unseren Befehl anfügen. Damit ist dieser abgeschlossen:

```
1  strcpy(sqlTeil, ");");
2  strcat(sql, sqlTeil);
```

Nun ist es nur noch notwendig, den Befehl auszuführen und eine entsprechende Fehlerbehandlung hinzuzufügen. Damit ist die Datei **hinzufuegen.c** ebenfalls fertiggestellt:

```
1   #include <stdio.h>
2   #include <stdlib.h>
3   #include <string.h>
4   #include "hinzufuegen.h"
5   #include "sqlite3.h"
6   void hinzufuegen (){
7       sqlite3 *db;
8       int rc;
9       char *fehlernachricht;
10      char id[20], adresse[20], quadratmeter[20], mietpreis[20],
11      kaufpreis[20], vermietet[20], sql[300], sqlTeil[10];
12      rc = sqlite3_open("makler.db", &db);
```

18

275

```
13    if(rc != 0) {
14        printf("Datenbank konnte nicht ge\x94 \bffnet werden:
15        %s\n", sqlite3_errmsg(db));
16        exit(EXIT_FAILURE);
17    }
18    fflush(stdin);
19    printf("Geben Sie die ID ein: ");
20    gets(id);
21    printf("Geben Sie die Adresse ein: ");
22    gets(adresse);
23    printf("Geben Sie die Gr\x94\xe1 \be ein: ");
24    gets(quadratmeter);
25    printf("Geben Sie den Mietpreis ein (0, wenn Wohnung nicht
26    vermietet wird): ");
27    gets(mietpreis);
28    printf("Geben Sie den Kaufpreis ein (0, wenn Wohnung nicht
29    verkauft wird): ");
30    gets(kaufpreis);
31    printf("Geben Sie ein, ob die Wohnung vermietet ist
32    (0: nicht vermietet, 1: vermietet): ");
33    gets(vermietet);
34    strcpy(sql, "INSERT INTO Wohnungen (ID, Adresse, Groesse,
35    Mietpreis,"
36        "Kaufpreis, Vermietet) VALUES (");
37    strcat(sql, id);
38    strcpy(sqlTeil, ", '");
39    strcat(sql, sqlTeil);
40    strcat(sql, adresse);
41    strcpy(sqlTeil, "', ");
42    strcat(sql, sqlTeil);
43    strcpy(sqlTeil, ", ");
44    strcat(sql, quadratmeter);
45    strcat(sql, sqlTeil);
46    strcat(sql, mietpreis);
47    strcat(sql, sqlTeil);
48    strcat(sql, kaufpreis);
49    strcat(sql, sqlTeil);
50    strcat(sql, vermietet);
51    strcpy(sqlTeil, ");");
52    strcat(sql, sqlTeil);
53    rc = sqlite3_exec(db, sql, 0, 0, &fehlernachricht);
54    if(rc != 0){
55        printf("Datenbankfehler: %s\n", fehlernachricht);
56        sqlite3_free(fehlernachricht);
57        exit(EXIT_FAILURE);
58    }
59    sqlite3_close(db);
60 }
```

Wenn wir nun das Kommentarzeichen im Hauptprogramm entfernen und das Modul hier einbinden, können wir die Funktion ausprobieren. Das Ergebnis ist in Abbildung 18.2 zu sehen.

Abb. 18.2 Die Eingabe der Werte für eine neue Wohnung

18.3 Eine Vermietung oder einen Verkauf registrieren

Im nächsten Schritt wollen wir eine Vermietung oder einen Verkauf im Programm vermerken. Dazu erstellen wir die entsprechenden Programm- und Headerdateien, fügen sie in das Projekt ein und binden sie in das Hauptprogramm ein. Wir beginnen mit der Funktion `vermieten()`. Die hierfür notwendige Datei **vermieten.h** ist beinahe identisch aufgebaut wie bei unseren bisherigen Modulen:

```
#ifndef VERMIETEN_H_INCLUDED
#define VERMIETEN_H_INCLUDED
void vermieten ();
#endif // VERMIETEN_H_INCLUDED
```

Zu Beginn der Funktion führen wir wieder die bereits bekannten Aufgaben aus: die Deklarierung der erforderlichen Variablen und das Öffnen der Datenbank.

Im nächsten Schritt müssen wir uns überlegen, auf welche Weise wir die Vermietung registrieren möchten. Die Wohnung komplett aus der Datenbank zu entfernen, ist in diesem Fall nicht sinnvoll. Der Immobilienmakler ist eventuell auch weiterhin für die Betreuung zuständig und außerdem kann es vorkommen, dass der Mietvertrag nach einiger Zeit beendet wird, sodass die Wohnung neu vermietet werden muss. Aus diesem Grund haben wir die Spalte Vermietet in unsere Datenbanktabelle eingefügt. Diese gibt an, ob die Wohnung vermietet ist oder nicht. Daher müssen wir in dieser Funktion lediglich den Wert in dieser Spalte auf 1 setzen.

Um herauszufinden, welche Wohnung vermietet werden soll, fragen wir den Anwender zunächst nach der ID und nehmen diese in der entsprechenden Variablen auf. Mit diesem Wert müssen wir daraufhin den UPDATE-Befehl zusammensetzen:

```
1  strcpy(sql, "UPDATE Wohnungen SET Vermietet = 1 WHERE ID = ");
2  strcat(sql, eingabe);
3  strcpy(sqlTeil, ";");
4  strcat(sql, sqlTeil);
```

Diesen Befehl können wir nun wieder mit der sqlite3_exec()-Funktion ausführen. Nach der zugehörigen Fehlerbehandlung geben wir noch eine kurze Erfolgsnachricht aus. Damit ist auch dieses Modul fertiggestellt. Wie der entsprechende Prozess abläuft, ist in Abbildung 18.3 zu sehen.

```
1  #include <stdio.h>
2  #include <stdlib.h>
3  #include <string.h>
4  #include "funktionen.h"
5  #include "sqlite3.h"
6  void vermieten (){
7      sqlite3 *db;
8      int rc;
9      char *fehlernachricht;
10     char eingabe[10];
11     char sql[100];
12     char sqlTeil[5];
13     rc = sqlite3_open("makler.db", &db);
14     printf("Geben Sie die ID der Wohnung ein, die vermietet
15     werden soll: ");
16     scanf("%s", eingabe);
17     strcpy(sql, "UPDATE Wohnungen SET Vermietet = 1 WHERE ID = ");
18     strcat(sql, eingabe);
19     strcpy(sqlTeil, ";");
20     strcat(sql, sqlTeil);
21     printf("\n\n\n");
22     rc = sqlite3_exec(db, sql, 0, 0, &fehlernachricht);
23     if(rc != 0){
24         printf("Datenbankfehler: %s\n", fehlernachricht);
25         sqlite3_free(fehlernachricht);
26         exit(EXIT_FAILURE);
27     }
28  }
```

C:\Users\PC\Documents\c\programme\kap18\Immobilienmakler\bin\Debug\Immobilienmakler.exe

```
Willkommen zum Verwaltungsprogramm für Ihre Immobilien!


Wählen Sie eine Aktion aus:

1: Neue Immobilie hinzufügen
2: Immobilie vermieten
3: Immobilie verkaufen
4: Wohnungen anzeigen
5: Programm beenden

Ihre Eingabe: 2
Geben Sie die ID der Wohnung ein, die vermietet werden soll: 2


Vermietung der Wohnung mit der ID 2 erfolgreich registriert.


Wählen Sie eine Aktion aus:

1: Neue Immobilie hinzufügen
2: Immobilie vermieten
3: Immobilie verkaufen
4: Wohnungen anzeigen
5: Programm beenden

Ihre Eingabe:
```

Abb. 18.3 Die Vermietung einer Wohnung

Nun wenden wir uns dem Verkauf einer Wohnung zu. Im Gegensatz zur Vermietung ist hierbei die Transaktion komplett abgeschlossen und der Immobilienmakler hat in der Regel kein Interesse daran, die Wohnung weiterhin in seinem Sortiment aufzulisten. Daher entfernen wir sie mit dem DELETE-Befehl. Die entsprechende Funktion ist beinahe identisch wie beim vorigen Beispiel. Wir müssen lediglich einen anderen SQL-Befehl gestalten. Daher kann der Code hier ohne weitere Erklärungen angegeben werden. Die Datei **verkaufen.h** sieht wie folgt aus:

```
1  #ifndef VERKAUFEN_H_INCLUDED
2  #define VERKAUFEN_H_INCLUDED
3  void verkaufen ();
4  #endif // FUNKTIONEN_H_INCLUDED
```

Für die C-Datei verwenden wir den Code, der im Anschluss angegeben ist. Der Ablauf der Funktion ist in Abbildung 18.4 zu sehen.

```
1  #include <stdio.h>
2  #include <stdlib.h>
3  #include <string.h>
4  #include "verkaufen.h"
5  #include "sqlite3.h"
6  void verkaufen (){
```

18

```
7    sqlite3 *db;
8    int rc;
9    char *fehlernachricht;
10   char eingabe[10];
11   char sql[100];
12   char sqlTeil[5];
13   rc = sqlite3_open("makler.db", &db);
14   printf("Geben Sie die ID der Wohnung ein, die verkauft
15   werden soll: ");
16   scanf("%s", eingabe);
17   strcpy(sql, "DELETE FROM Wohnungen WHERE ID = ");
18   strcat(sql, eingabe);
19   strcpy(sqlTeil, ";");
20   strcat(sql, sqlTeil);
21   printf("\n\n");
22   rc = sqlite3_exec(db, sql, 0, 0, &fehlernachricht);
23   if(rc != 0){
24       printf("Datenbankfehler: %s\n", fehlernachricht);
25       sqlite3_free(fehlernachricht);
26       exit(EXIT_FAILURE);
27   }
28   printf("Verkauf der Wohnung mit der ID %s erfolgreich
29   registriert.\n\n\n", eingabe);
30   }
```

```
C:\Users\PC\Documents\c\programme\kap18\Immobilienmakler\bin\Debug\Immobilienmakler.exe

Willkommen zum Verwaltungsprogramm für Ihre Immobilien!


Wählen Sie eine Aktion aus:

1: Neue Immobilie hinzufügen
2: Immobilie vermieten
3: Immobilie verkaufen
4: Wohnungen anzeigen
5: Programm beenden

Ihre Eingabe: 3
Geben Sie die ID der Wohnung ein, die verkauft werden soll: 2


Verkauf der Wohnung mit der ID 2 erfolgreich registriert.


Wählen Sie eine Aktion aus:

1: Neue Immobilie hinzufügen
2: Immobilie vermieten
3: Immobilie verkaufen
4: Wohnungen anzeigen
5: Programm beenden

Ihre Eingabe:
```

Abb. 18.4 Der Verkauf einer Wohnung

18.4 Verfügbare Objekte anzeigen lassen

Die letzte Funktion hat die Aufgabe, die verschiedenen Wohnungen, die wir in unserer Datenbank gespeichert haben, anzuzeigen. Auf diese Weise kann sich der Anwender einen Überblick über das Angebot verschaffen. Auch hierfür erstellen wir wieder die notwendigen Dateien und binden diese in das Projekt und in das Hauptprogramm ein. Die Datei anzeigen.h ist praktisch genau gleich aufgebaut wie in unseren bisherigen Beispielen:

```
1  #ifndef ANZEIGEN_H_INCLUDED
2  #define ANZEIGEN_H_INCLUDED
3  void anzeigen ();
4  #endif // FUNKTIONEN_H_INCLUDED
```

In der C-Datei deklarieren wir zunächst die erforderlichen Variablen. Daraufhin öffnen wir die Datenbank. Nun wollen wir dem Anwender jedoch eine weitere Auswahlmöglichkeit geben. Wenn ein Kunde eine Wohnung kaufen will, interessieren ihn die Angebote für Vermietungen normalerweise nicht. Auch bei Kunden, die nach einer Wohnung zur Miete suchen, ist es nicht sinnvoll, die Objekte anzuzeigen, die nur zum Verkauf stehen. Daher wollen wir die entsprechenden Filtermöglichkeiten anbieten. Dennoch soll es als dritte Option auch möglich sein, alle Wohnungen auszugeben:

```
1  printf("W\x84hlen Sie eine der folgenden Aktionen aus:\n\n");
2  printf("1: Zu vermietende Wohnungen anzeigen\n");
3  printf("2: Zu verkaufende Wohnungen anzeigen\n");
4  printf("3: Alle Objekte anzeigen\n");
5  printf("Ihre Eingabe: ");
6  scanf("%i", &auswahl);
```

Nun müssen wir uns überlegen, wie wir diesen Filter umsetzen. Eine Möglichkeit würde darin bestehen, drei verschiedene Callback-Funktionen zu erstellen. Dort müssten wir dann die einzelnen Einträge auswerten und die Ausgabe entsprechend filtern. Deutlich einfacher ist es jedoch, wenn wir die Auswahl bereits bei der Datenbankabfrage per WHERE-Klausel vornehmen. In diesem Fall können wir in allen drei Fällen die gleiche Callback-Funktion verwenden. Diese muss lediglich die kompletten Inhalte ausgeben.

In der Funktion hinzufuegen() haben wir den Anwender dazu aufgefordert, beim Miet- beziehungsweise beim Kaufpreis den Wert 0 einzugeben, wenn die entsprechende Wohnung nicht vermietet oder verkauft wird. Diesen

18

Wert machen wir uns nun für den Filter zunutze. Im Falle der Vermietung müssen wir jedoch auch den Wert der Variable Vermietet berücksichtigen. Nur wenn dieser 0 beträgt, ist das entsprechende Objekt verfügbar. Daher sieht unser erster SQL-Befehl wie folgt aus:

```
1  SELECT * FROM Wohnungen WHERE Mietpreis > 0 AND Vermietet = 0;
```

Im zweiten Fall müssen wir dann nur noch überprüfen, ob der Kaufpreis größer als 0 ist:

```
1  SELECT * FROM Wohnungen WHERE Kaufpreis > 0;
```

Im dritten Fall rufen wir hingegen die komplette Tabelle ab:

```
1  SELECT * FROM Wohnungen;
```

Diese drei Optionen fügen wir nun in ein switch-Statement ein. Bei einem ungültigen Wert springen wir per goto-Statement wieder zum Anfang zurück, um die Eingabe zu wiederholen:

```
1   switch (auswahl){
2   case 1:
3       sql = "SELECT * FROM Wohnungen WHERE Mietpreis > 0 AND
4       Vermietet = 0;";
5       break;
6   case 2:
7       sql = "SELECT * FROM Wohnungen WHERE Kaufpreis > 0;";
8       break;
9   case 3:
10      sql = "SELECT * FROM Wohnungen;";
11      break;
12  default:
13      printf("\nUng\x81ltige Eingabe!\n");
14      goto neueEingabe;
15      break;
16  }
```

Nun müssen wir nur noch den SQL-Befehl mit der sqlite3_exec()-Funktion ausführen. Da der SELECT-Befehl eine Callback-Funktion erfordert, müssen wir diese ebenfalls angeben. Diese hat jedoch genau die gleiche Aufgabe wie in unserem Beispiel in Kapitel 16.6: Sie muss alle Werte, die wir per SELCET-Befehl abgefragt haben, ausgeben. Daher können wir diese Funktion unverändert übernehmen. Abbildung 18.5 zeigt, dass wir damit die verfügbaren Angebote gemäß unseren Anforderungen auflisten können. Das vollständige Modul sieht dann so aus:

```
1   #include <stdio.h>
2   #include <stdlib.h>
3   #include "anzeigen.h"
4   #include "sqlite3.h"
5   int callback(void *nichtVerwendet, int anzahl, char **inhalte,
6   char **spaltennamen);
7   void anzeigen (){
8       sqlite3 *db;
9       int rc;
10      char *sql;
11      char *fehlernachricht;
12      int auswahl;
13      rc = sqlite3_open("makler.db", &db);
14      if(rc != 0) {
15          printf("Datenbank konnte nicht ge\x94 \bffnet werden:
16          %s\n", sqlite3_errmsg(db));
17          exit(EXIT_FAILURE);
18      }
19      //neueEingabe:
20      printf("W\x84hlen Sie eine der folgenden Aktionen aus:\n\n");
21      printf("1: Zu vermietende Wohnungen anzeigen\n");
22      printf("2: Zu verkaufende Wohnungen anzeigen\n");
23      printf("3: Alle Objekte anzeigen\n");
24      printf("Ihre Eingabe: ");
25      scanf("%i", &auswahl);
26      printf("\n\n");
27      switch (auswahl){
28      case 1:
29          sql = "SELECT * FROM Wohnungen WHERE Mietpreis > 0 AND
30          Vermietet = 0;";
31          break;
32      case 2:
33          sql = "SELECT * FROM Wohnungen WHERE Kaufpreis > 0;";
34          break;
35      case 3:
36          sql = "SELECT * FROM Wohnungen;";
37          break;
38      default:
39          printf("\nUng\x81ltige Eingabe!\n");
40          goto neueEingabe;
41          break;
42      }
43      rc = sqlite3_exec(db, sql, callback, 0, &fehlernachricht);
44      if(rc != 0){
45          printf("Datenbankfehler: %s\n", fehlernachricht);
46          sqlite3_free(fehlernachricht);
47          exit(EXIT_FAILURE);
48      }
49      sqlite3_close(db);
50  }
51  int callback(void *nichtVerwendet, int anzahl, char **inhalte,
52  char **spaltennamen) {
53          for (int i = 0; i < anzahl; i++) {
54              printf("%s = %s\n", spaltennamen[i], inhalte[i]);
```

18

```
55          }
56          printf("\n\n\n");
57      return 0;
58  }
```

```
C:\Users\PC\Documents\c\programme\kap18\Immobilienmakler\bin\Debug\Immobilienmakler.exe

1: Zu vermietende Wohnungen anzeigen
2: Zu verkaufende Wohnungen anzeigen
3: Alle Objekte anzeigen
Ihre Eingabe: 1


ID = 3
Adresse = Bahnhofstraße 134
Groesse = 140
Mietpreis = 870
Kaufpreis = 0
Vermietet = 0



ID = 5
Adresse = Am Marktplatz 26
Groesse = 67
Mietpreis = 540
Kaufpreis = 0
Vermietet = 0



Wählen Sie eine Aktion aus:

1: Neue Immobilie hinzufügen
2: Immobilie vermieten
```

Abb. 18.5 Die Anzeige der verfügbaren Wohnungen

Alle Programmcodes aus diesem Buch sind als PDF zum
Download verfügbar. Dadurch müssen Sie sie nicht abtippen:
https://bmu-verlag.de/c

Außerdem erhalten Sie die eBook Ausgabe zum Buch im
PDF Format kostenlos auf unserer Website:

https://bmu-verlag.de/c
Downloadcode: siehe Kapitel 19

Kapitel 19
Ausblick

Mit diesem Projekt sind wir am Ende des Buchs angelangt. Wir haben dabei die grundlegenden Eigenschaften der Programmiersprache und viele wichtige Befehle kennengelernt. Das stellt eine sehr gute Grundlage für alle weiteren Programmiertätigkeiten dar.

Für viele Leser stellt sich nun jedoch die Frage, wie es nach der Lektüre dieses Buchs und der Bearbeitung der darin enthaltenen Aufgaben weitergehen soll – schließlich ist es noch ein weiter Weg, bis man als professioneller Programmierer arbeiten kann. Die Möglichkeiten hierfür sind ausgesprochen vielfältig. Wer das feste Ziel hat, beruflich im Bereich der Informatik zu arbeiten, sollte am besten eine Berufsausbildung oder ein Studium aufnehmen. Sehr wichtig ist jedoch die praktische Erfahrung. Nur wer regelmäßig selbst Programme erstellt, wird die erforderlichen Fähigkeiten für diese Aufgabe erwerben. Dabei ist es nicht nur wichtig, die notwendigen Befehle zu lernen. Von großer Bedeutung ist es auch, selbstständig nach Lösungen für Probleme zu suchen.

Zu diesem Zweck kann man sich einfach selbst Aufgaben stellen. Ein erster Schritt bestünde beispielsweise darin, unser Praxisprojekt um einige Funktionen zu erweitern. Beispielsweise wäre es sinnvoll, eine Möglichkeit einzufügen, um den Miet- oder Kaufpreis zu verändern. Eine weitere sinnvolle Funktion bestünde darin, Termine für die Besichtigung in der Datenbank zu vermerken und in Abhängigkeit von der Systemzeit des Computers eine entsprechende Meldung auszugeben, wenn das entsprechende Datum kurz bevorsteht.

Für derartige Projekte sind jedoch Befehle notwendig, die wir in diesem Buch noch nicht kennengelernt haben. Eine der wesentlichen Fähigkeiten eines Programmierers besteht jedoch gerade darin, auch Lösungen für bislang unbekannte Probleme zu finden. In diesem Buch wurden bereits einige Links zu Seiten angegeben, die hierbei behilflich sein können. Über eine Internetrecherche ist es außerdem möglich, zu fast jedem Befehl Erklärungen und Anwendungsbeispiele zu finden. Schließlich gibt es zahlreiche Blogs und Foren, in denen man selbst eine Frage stellen kann, wenn man einmal nicht weiterkommt. Auf diese Weise ist es möglich, die Kenntnisse deutlich auszuweiten.

https://bmu-verlag.de/c
Downloadcode: c0elk3kde

Besuchen Sie auch unsere Website:

Hier finden Sie alle unsere Programmierbücher und können sich Leseproben gratis downloaden:

www.bmu-verlag.de

Probleme? Fragen? Anregungen?

Sie können den Autor jederzeit unter neumann@bmu-verlag.de kontaktieren!

Hat Ihnen das Buch gefallen?

Helfen Sie anderen Lesern und bewerten Sie das Buch auf Amazon:

http://amazon.de/ryp

Glossar

Assemblersprache

Eine Assemblersprache ist eine spezielle Programmiersprache, deren Befehle genau am jeweiligen Computertyp ausgerichtet sind. Das bedeutet, dass jeder Assembler-Befehl einem konkreten Befehl in der Maschinensprache entspricht.

Ablaufsteuerung

Die Ablaufsteuerung gibt die Reihenfolge vor, mit der die Befehle eines Programms abgearbeitet werden. Auf diese Weise lassen sich Verzweigungen mit alternativen Abläufen oder Schleifen für Wiederholungen erstellen.

Arithmetische Operatoren

Arithmetische Operatoren dienen der Durchführung mathematischer Berechnungen. Es gibt beispielsweise Operatoren für die vier Grundrechenarten. Sie stellen die Grundlage der Verarbeitung der Werte in einem Computerprogramm dar.

ASCII

ASCII steht für American Standard Code for Information Interchange. Hierbei handelt es sich um eine Sammlung der Schriftzeichen des lateinischen Alphabets, der arabischen Ziffern sowie einiger weiterer Zeichen. In seiner ursprünglichen Form entspricht jedes ASCII-Zeichen einem Code mit 7 Bits. Damit ist es nicht möglich, Umlaute oder andere nicht im ursprünglichen lateinischen Alphabet enthaltene Zeichen darzustellen.

Adresse

Die Adresse einer Variablen bezeichnet den Ort, an dem sie im Arbeitsspeicher abgespeichert ist. Hierbei handelt es sich um eine Nummer, die das Byte bezeichnet, an dem der entsprechende Wert beginnt.

Array

Ein Array ist eine zusammengesetzte Datenstruktur, die es erlaubt, mehrere Variablen des gleichen Typs aufzunehmen. Diese werden in einem zusammenhängenden Bereich des Arbeitsspeichers aufgenommen.

Betriebssystem

Das Betriebssystem ist ein spezielles Computerprogramm, das die Systemressourcen – beispielsweise den Arbeitsspeicher die Festplatte und den Prozessor – verwaltet. Darüber hinaus stellt es die Schnittstelle zwischen der Hardware und den Anwenderprogrammen dar und bietet dem Nutzer die Möglichkeit, das System zu verwalten und zu konfigurieren.

Compiler

Ein Compiler ist eine Software, die den Quellcode eines Programms in Maschinensprache übersetzt. Dazu überträgt er die einzelnen Befehle in Schriftform in eine Abfolge an einzelnen Bits, die der Prozessor direkt ausführen kann.

C-Standardbibliothek

Die C-Standardbibliothek ist eine Sammlung von verschiedenen Funktionen, Typdeklarationen und Prototypen. Sie muss dabei alle Vorgaben des C-Standards umsetzen und alle hier aufgelisteten Funktionen enthalten. Ein C-Programm kann auf alle Funktionen der Standardbibliothek zugreifen.

Dynamische Speicherbelegung

Die dynamische Speicherbelegung erlaubt es, Speicherplatz während der Ausführung des Programms anzufordern. Das ist wichtig, um mit variablen Datenmengen umgehen zu können.

Dateien

Eine Datei ist eine abgeschlossene Abfolge zusammengehöriger Daten, die auf einem bestimmten Speichermedium abgespeichert ist. Die Interpretation dieser Daten findet entweder direkt durch das Betriebssystem oder durch ein Anwenderprogramm statt.

Datenbanken

Eine Datenbank ist eine Organisationsform für die dauerhafte Speicherung von Daten. Sie besteht zum einen aus dem physischen Speicherbereich, der die Daten aufnimmt. Zum anderen ist ein Datenbankmanagementsystem für die Verwaltung und Organisation notwendig.

Datenbankmanagementsystem

Ein Datenbankmanagementsystem ist ein Bestandteil einer Datenbank. Es ermöglicht die Verwaltung der Inhalte und ist für die Kommunikation mit dem Anwender notwendig. Außerdem kann es den Zugriff auf die Datenbank kontrollieren.

Datenbanksprache

Eine Datenbanksprache ist eine Sammlung von Befehlen, die eine Interaktion zwischen dem Anwender und der Datenbank erlaubt. Auf diese Weise kann das Programm eine Anfrage an das Datenbankmanagementsystem stellen – beispielsweise um Werte abzurufen oder diese in die Datenbank einzutragen.

Eingebettetes Datenbanksystem

Ein eingebettetes Datenbanksystem wird direkt in ein Anwendungsprogramm eingebunden. Das bedeutet, dass das Programm bereits das Datenbankmanagementsystem mitliefert. Der Anwender muss dieses daher nicht vor der Ausführung des Programms installieren.

Funktion

Eine Funktion ist eine Abfolge verschiedener Befehle. Diese lässt sich durch die Nennung des Funktionsnamens aufrufen. Funktionen ermöglichen eine einfachere, übersichtlichere und effizientere Gestaltung des Programms.

Grafische Benutzeroberflächen

Grafische Benutzeroberflächen basieren in der Regel auf Fenstern, die die Steuerung des Programms über Schaltflächen erlauben. Sie ermöglichen eine einfache und intuitive Bedienung und kommen daher in fast allen modernen Anwenderprogrammen zum Einsatz.

Haldenspeicher

Der Haldenspeicher stellt eine Erweiterung des zugewiesenen Stapelspeichers dar. Er kann auch nachträglich noch verändert werden. Da es sich hierbei jedoch nicht um einen zusammenhängenden Block handelt, ist der Zugriff etwas weniger effizient.

Informatik

Die Informatik ist die Wissenschaft von der Verarbeitung, Speicherung und Übertragung digitaler Daten mithilfe digitaler Rechengeräte. Theoretisch beruht sie auf mathematischen und logischen Aspekten. In der Praxis sind auch ingenieurwissenschaftliche Ansätze von Bedeutung, um die Ausführung der Rechenprozesse zu ermöglichen.

Interpreter

Ein Interpreter ist eine Software, die den Quellcode eines Programms direkt ausführen kann. Die Übersetzung in Maschinensprache wird dabei zum Zeitpunkt der Ausführung vorgenommen. Es entsteht keine dauerhaft vorhandene ausführbare Datei.

Interface

Ein Interface ist eine Datei, die Definitionen von Funktionen enthält, ohne diese jedoch zu implementieren. Das Interface, das auch als Header-Datei bezeichnet wird, ist in C ein wichtiger Bestandteil der modularen Programmgestaltung.

Integrierte Entwicklungsumgebung

Eine integrierte Entwicklungsumgebung ist eine Software, die die Durchführung aller Aufgaben für die Programmerstellung vereint. Von besonderer Bedeutung sind dabei die Funktionen als Texteditor und als Compiler. Darüber hinaus sind zahlreiche Zusatzfunktionen enthalten, die die Programmerstellung erleichtern.

Kommandozeileninterpreter

Der Kommandozeileninterpreter ist eine Software, die es ermöglicht, eine Befehlszeile in Schriftform aufzunehmen und diese dann auszuführen. Viele Computerprogramme, die nicht auf grafischen Benutzeroberflächen basieren, verwenden den Kommandozeileninterpreter für die Interaktion mit dem Anwender. Alternative Bezeichnungen sind Shell, Konsole und Terminal.

Modul

Ein Modul ist ein Bestandteil eines Programms, der sich in einer eigenen Datei befindet. Die modulare Gestaltung sorgt für übersichtlichere Strukturen und erleichtert die Zusammenarbeit mit anderen Programmierern.

Operatoren

Operatoren sind bestimmte Symbole oder Ausdrücke, mit deren Hilfe es möglich ist, Werte und Variablen zu bearbeiten oder auszuwerten. Operatoren werden in mehrere größere Gruppen zusammengefasst – beispielsweise arithmetische Operatoren, logische Operatoren und Vergleichsoperatoren.

Programmiersprache

Eine Programmiersprache ist ein formales Regelwerk, das anhand bestimmter Strukturen und Schlüsselbegriffe die Erstellung eines Computerprogramms ermöglicht. Sie hat eine spezielle Syntax, die die Regeln für die Zusammensetzung der Befehle beschreibt.

Relationales Datenbankmodell

Das Datenbankmodell gibt die Struktur für die Datenspeicherung in einer Datenbank vor. Das relationale Datenbankmodell verwendet hierfür Tabellen und stellt die am häufigsten verwendete Organisationsform dar.

Syntax

Die Syntax ist ein Regelwerk, das vorgibt, auf welche Weise Symbole und zusammengesetzte Zeichen verwendet werden können. In der Informatik versteht man unter der Syntax die formalen Regeln, die der Programmcode berücksichtigen muss, damit eine Ausführung möglich ist.

Strukturen

Strukturen bieten in der Programmiersprache C und in einigen weiteren Sprachen die Möglichkeit, selbst definierte Kombinationen aus verschiedenen Datentypen zu erstellen. Sie lassen sich an die individuellen Anforderungen des Programms anpassen.

Schleifen

Eine Schleife stellt eine Möglichkeit der Ablaufsteuerung dar und ermöglicht es, eine bestimmte Befehlsfolge zu wiederholen. Sie ist stets an eine Bedingung geknüpft, die für jede weitere Wiederholung erfüllt sein muss. Ist sie nicht mehr erfüllt, kommt es zum Abbruch der Schleife.

Stapelspeicher

Der Stapelspeicher ist ein zusammenhängender Speicherbereich, der einem Programm zu Beginn der Ausführung zugewiesen wird. Dieser Wert ist fest, sodass er während der Ausführung nicht mehr verändert werden kann.

Syntaxhervorhebung

Die Syntaxhervorhebung ist eine Funktion zahlreicher Texteditoren, die bestimmte Begriffe, die in der jeweiligen Programmiersprache eine besondere Bedeutung haben, farblich oder durch eine andere Schriftart kennzeichnet. Das führt zu einer übersichtlicheren Gestaltung des Quellcodes und macht es einfacher, die Bedeutung zu verstehen.

Texteditor

Ein Texteditor ist eine Software, die es erlaubt, Texte in reiner Textform zu erstellen. Das ist eine wesentliche Voraussetzung, um den Quellcode für ein Computerprogramm zu erzeugen. Häufig sind dabei Zusatzfunktionen wie Syntaxhervorhebung oder automatische Einrückungen integriert, die zu einer übersichtlichen Gestaltung beitragen.

Variablen

Variablen ermöglichen es in einem Computerprogramm, einen bestimmten Wert aufzunehmen. Sie verwenden einen Variablennamen, der eine eindeutige Identifizierung zulässt. Dieser ist mit dem Speicherort verknüpft und enthält außerdem Informationen über den verwendeten Datentyp.

Vergleichsoperatoren

Vergleichsoperatoren ermöglichen es, zwei verschiedene Werte miteinander zu vergleichen. Der Vergleich gibt als Wert true zurück, wenn die hier aufgestellte Bedingung zutrifft. Ist dies nicht der Fall, wird als Ergebnis false zurückgegeben. Vergleichsoperatoren kommen in erster Linie für die Ablaufsteuerung eines Programms zum Einsatz.

Zuweisungsoperator

Der Zuweisungsoperator ist einer der wichtigsten Operatoren in der Informatik. Er ermöglicht es, einer Variablen einen Wert zuzuweisen. Diese speichert diesen daraufhin ab und macht es möglich, später wieder auf ihn zuzugreifen.

Zeiger

Ein Zeiger ist eine spezielle Variable, die keinen Wert enthält, sondern den Ort, an dem dieser abgespeichert ist. Die Verwendung von Zeigern ist eines der wesentlichen Merkmale der Programmiersprache C und ermöglicht eine präzise Kontrolle des verwendeten Speicherplatzes.

Index

C++ Programmieren für Einsteiger: Der leichte Weg zum C++- Experten (278 Seiten)

Beginnend mit den Grundlagen der Programmierung wird die Programmiersprache C++ vermittelt, ohne, dass dabei Vorkenntnisse vorausgesetzt werden. Besonderer Fokus liegt dabei auf Objektorientierter Programmierung und dem Erstellen grafischer Oberflächen mit Hilfe von MFC.

Auch auf C++ Besonderheiten, wie die Arbeit mit Zeigern und Referenzen, wird ausführlich eingegangen. Jedes Kapitel beinhaltet Übungsaufgaben, durch die man das Gelernte direkt anwenden kann. Nach dem Durcharbeiten des Buches kann der Leser eigene komplexe C++ Anwendungen inklusive grafischer Oberflächen erstellen.

2. Auflage: aktualisiert und erweitert

Hier informieren: http://bmu-verlag.de/cpp_programmieren/

Java Programmieren für Einsteiger: Der leichte Weg zum Java-Experten (357 Seiten)

Java ist eine der beliebtesten Programmiersprachen der Welt, und das nicht ohne Grund: Java ist besonders leicht zu erlernen, vielfältig einsetzbar und läuft auf so gut wie allen Systemen. Egal ob du Apps für das Smartphone, Computerspiele oder Serveranwendungen schreiben willst, mit dieser Programmiersprache kannst du all diese Projekte umsetzen.

Dieses Buch wird dich dabei unterstützen. Beginnend mit den Grundlagen wird die Programmierung in Java leicht und verständlich erklärt. Besonderer Fokus wird dabei auf die Objektorientierte Programmierung und das Erstellen von grafischen Oberflächen mit Hilfe von JavaFX gelegt. Jedes Kapitel beinhaltet Übungsaufgaben, durch die man das Gelernte direkt anwenden kann. Nach dem Durcharbeiten des Buches kann der Leser eigene komplexere Java Anwendungen inklusive grafischer Oberfläche programmieren.

2. Auflage: komplett neu verfasst

Hier informieren: http://bmu-verlag.de/java-programmieren/

Python 3 Programmieren für Einsteiger: Der leichte Weg zum Python-Experten (310 Seiten)

Python ist eine weit verbreitete, universell einsetzbare und leicht zu erlernende Programmiersprache und eignet sich daher bestens zum Programmieren lernen!

In diesem Buch wird das Programmieren in Python beginnend mit den Grundlagen leicht und verständlich erklärt, ohne dass dabei Vorkenntnisse vorausgesetzt werden. Ein besonderer Fokus wird dabei auf die Objektorientiere Programmierung (OOP) und das Erstellen von grafischen Oberflächen gelegt.

Jedes Kapitel beinhaltet Übungsaufgaben, durch die man das Gelernte direkt anwenden kann. Nach dem Durcharbeiten des Buches kann der Leser eigene komplexere Python Anwendungen inklusive grafischer Oberfläche programmieren.

2. Auflage: aktualisiert und erweitert

Hier informieren: http://bmu-verlag.de/python/

JavaScript Programmieren für Einsteiger: Der leichte Weg zum Java-Script-Experten (374 Seiten)

JavaScript ist die wichtigste clientseitige Programmiersprache zur Erstellung moderner dynamischer Webseiten, und zudem überaus einfach zu erlernen. Mit diesem Buch lernen Sie das Programmieren mit JavaScript verständlich und praxisorientiert, ohne dass dabei Vorkenntnisse vonnöten wären. Aufbauend auf den Grundlagen werden fortgeschrittene Themen wie die objektorientierte Programmierung, Eventbehandlung, AJAX, CSS und jQuery behandelt, so dass Sie bald eigene anspruchsvolle, interaktive Webseiten mit JavaScript entwickeln können. Durch praxisnahe Erklärungen, Übungsaufgaben mit Lösungen nach jedem Kapitel und umfangreiche Praxisprojekte als Vorlage für eigene Projekte ist der nachhaltige Lernerfolg mit diesem Buch sicher!

Hier informieren: https://bmu-verlag.de/javascript

PHP und MySQL für Einsteiger: Dynamische Webseiten durch PHP 7, SQL und Objektorientierte Programmierung (224 Seiten)

PHP ist eine der wichtigsten serverseitigen Webprogrammiersprachen und in Kombination mit dem Datenbanksystem MySQL und der Datenbanksprache SQL eine einfach zu erlernende aber auch sehr leistungsfähige Programmiersprache, um dynamische Webseiten zu erstellen.

Mit diesem Buch lernen Sie beginnend mit den Grundlagen anhand vieler Praxisbeispiele, wie auch Sie eigene dynamische Webseiten mit PHP erstellen können. Dabei gibt es zu jedem Kapitel Übungsaufgaben mit ausführlichen Lösungen, um das Erlernte direkt selbst anwenden zu können.

2. Auflage: aktualisiert und erweitert

Hier informieren: http://bmu-verlag.de/php-mysql/

Printed by Amazon Italia Logistica S.r.l.
Torrazza Piemonte (TO), Italy